SV

Gilles Deleuze
Félix Guattari
Was ist
Philosophie?

Aus dem Französischen
von Bernd Schwibs
und Joseph Vogl

Suhrkamp Verlag

Titel der Originalausgabe:
Q'est-ce que la philosophie?
© Les Éditions de Minuit, 1991

Veröffentlicht mit Unterstützung
der Maison des Sciences de l'Homme, Paris,
und des Ministère français chargé de la culture

Erste Auflage 1996
© der vorliegenden Ausgabe Suhrkamp Verlag
Frankfurt am Main 1996
Alle Rechte vorbehalten
Druck: Nomos Verlagsgesellschaft, Baden-Baden
Printed in Germany

Einleitung
So ist denn die Frage...

Vielleicht läßt sich die Frage *Was ist Philosophie?* erst spät stellen, wenn das Alter naht und die Stunde, um konkret zu werden. In der Tat ist die Bibliographie dazu sehr schmal. Es ist dies eine Frage, die man in einer verhaltenen Erregung stellt, gegen Mitternacht, wenn es nichts mehr zu fragen gibt. Zuvor stellte man sie, man stellte sie immer wieder, allerdings allzu mittelbar oder schief, allzu künstlich, allzu abstrakt, man legte sie dar, man beherrschte sie eher im Vorübergehen, als daß man sich von ihr mitreißen ließ. Man war noch nicht nüchtern genug. Man hatte allzugroße Lust daran, Philosophie zu betreiben, man fragte sich nicht, was sie war, es sei denn in Stilübungen; man war noch nicht an jenen Punkt von Nicht-Stil gelangt, an dem man schließlich sagen kann: Was war das denn nun, was ich während meines ganzen Lebens gemacht habe? Es gibt Fälle, in denen das Alter keine ewige Jugend, wohl aber eine souveräne Freiheit verleiht, eine reine Notwendigkeit, in der man über einen Augenblick der Gnade zwischen Leben und Tod verfügt und alle Teile der Maschine sich verbinden, um einen Strahl in die Zukunft zu senden, der die Zeitalter durchquert: Tizian, Turner, Monet.[1] Im Alter hat Turner das Recht erlangt oder errungen, die Malerei auf einen Wüstenweg, auf einen Weg ohne Wiederkehr zu führen, der sich nicht mehr von einer letzten Frage unterscheidet. Vielleicht markiert *La vie de Rancé* das Alter Chateaubriands und zugleich den Anfang der modernen Literatur.[2] Auch das Kino bietet uns zuweilen

---

1 Vgl. *L'œuvre ultime. De Cézanne à Dubuffet*, Fondation Maeght, Vorwort von Jean-Louis Prat, Paris 1989.
2 Pierre Barbéris, *Chateaubriand. Une réaction au monde moderne*, Paris o.J.: »Rancé, ein Buch über das Alter als unmöglichen Wert, wurde gegen die Herrschaft des Alters geschrieben: ein Buch allumfassender Ruinen, wo einzig die Macht des Schreibens sich beweist.«

die Gaben des fortgeschrittenen Alters, in dem Ivens etwa sein Lachen im Sturmwind mit dem der Hexe vereint. Ebenso in der Philosophie: Kants *Kritik der Urteilskraft* ist ein Alterswerk, ein stürmisches Werk, dem seine Nachkommen stets hinterherlaufen werden – alle Vermögen des Geistes überschreiten ihre Grenzen, eben jene, die Kant in seinen Büchern der Reifezeit so sorgfältig gezogen hatte.

Wir können nicht den Anspruch auf einen derartigen Status erheben. Es ist nur die Zeit gekommen, uns zu fragen, was Philosophie sei. Und wir haben dies schon früher unablässig getan und die stets gleiche Antwort gegeben: Die Philosophie ist die Kunst der Bildung, Erfindung, Herstellung von Begriffen. Die Antwort mußte allerdings nicht nur die Frage einholen, sie mußte auch eine Stunde, eine Gelegenheit, Umstände, Landschaften und Personen bestimmen, Bedingungen und Unbekannte der Frage. Man mußte sie »unter Freunden« stellen können, vertraulich oder vertrauensvoll, oder als eine Herausforderung dem Feind gegenüber, und gleichzeitig jene Stunde der Dämmerung erreichen, in der man selbst dem Freund mißtraut. Dies ist die Zeit, zu der man sagt: »Das war es, aber ich weiß weder, ob ich es gut gesagt habe, noch ob ich überzeugend genug war.« Und man erkennt, wie unwichtig es ist, ob man es gut gesagt hat oder überzeugend gewesen war, da es das jedenfalls jetzt ist.

Die Begriffe benötigen, wir werden das sehen, Begriffspersonen, die zu ihrer Definition beitragen. *Freund* ist eine derartige Person, von der es sogar heißt, sie belege einen griechischen Ursprung der Philo-Sophie: Die anderen Kulturen hatten Weise, die Griechen aber präsentierten jene »Freunde«, die nicht bloß bescheidenere Weise sind. Die Griechen hätten den Tod des Weisen beglaubigt und ihn durch die Philosophen, die Freunde der Weisheit ersetzt, durch jene, die die Weisheit suchen, aber nicht formell besitzen.[3] Es bestünde aber zwischen dem Philosophen und dem

---

3 Alexandre Kojève, »Tyrannis und Weisheit«, in: Leo Strauss, *Über Tyran-*

Weisen nicht nur ein Gradunterschied wie auf einer Skala: Der alte Weise aus dem Orient denkt vielleicht bildlich, während der Philosoph den Begriff erfindet und denkt. Die Weisheit hat sich stark verändert. Um so schwerer ist zu erkennen, was gerade und vor allem bei den Griechen »Freund« bedeutet. Sollte »Freund« eine gewisse kompetente Vertrautheit, eine Vorliebe zum Material und eine Potentialität bezeichnen, wie die des Tischlers zum Holz? Die Frage ist wichtig, weil der Freund, wie er in der Philosophie erscheint, nicht mehr eine äußere Person, ein Beispiel oder einen empirischen Umstand bezeichnet, sondern eine innere Gegenwart im Denken, eine Möglichkeitsbedingung des Denkens selbst, eine lebendige Kategorie, ein transzendentales Erleben. Mit der Philosophie unterziehen die Griechen den Freund einem Kraftakt: Er ist nun nicht mehr auf einen anderen bezogen, sondern auf eine Entität, eine Objekthaftigkeit, ein Wesen. Platons Freund, aber mehr noch Freund der Weisheit, des Wahren oder des Begriffs, Philalethes und Theophilos... Der Philosoph versteht sich auf Begriffe und den Mangel an Begriffen, er weiß, welche davon unerträglich, willkürlich oder haltlos sind, nicht einen Augenblick standhalten, welche im Gegenteil triftig sind und von einer Schöpfung zeugen, die sogar beunruhigend oder gefährlich sein mag.

Was bedeutet »Freund«, wenn er Begriffsperson oder Bedingung für den Vollzug des Denkens wird? Oder Liebhaber, ist es nicht eher Liebhaber? Und wird der Freund nicht selbst ins Denken noch ein vitales Verhältnis zum Anderen wiedereinführen, den man aus dem reinen Denken ausgeschlossen geglaubt hatte? Oder handelt es sich nicht noch um jemand anderen als den Freund oder Liebhaber? Denn ist der Philosoph nicht deshalb Freund oder Liebhaber der Weisheit, weil er Anspruch auf sie erhebt, weil er sich eher potentiell

nis. Eine Interpretation von Xenophons »Hieron«, Neuwied u. a. 1963, S. 160.

um sie bemüht, als daß er sie tatsächlich besitzt? Der Freund wäre also auch der Bewerber, und wessen Freund er sich nennen würde, wäre das Ding, auf das er Anspruch erhöbe, nicht aber der Dritte, der im Gegenteil zum Rivalen würde? Die Freundschaft enthielte also im selben Maße eiferndes Mißtrauen gegenüber dem Rivalen wie zärtliche Gespanntheit gegenüber dem Objekt der Begierde. Wenn sich die Freundschaft auf das Wesen richten würde, wären die beiden Freunde gleichsam Bewerber und Rivale (wer aber würde sie unterscheiden?). Mit diesem ersten Merkmal scheint die Philosophie eine griechische Angelegenheit zu sein und fällt mit dem Beitrag der Stadtstaaten zusammen: nämlich eine Gesellschaft aus Freunden oder Gleichen gebildet zu haben, zugleich aber auch Rivalitätsverhältnisse zwischen ihnen und in jeder davon befördert zu haben, und zwar mit der Entgegensetzung von Bewerbern auf allen Gebieten, in der Liebe, in den Spielen, in den Gerichten, den Ämtern, der Politik und selbst im Denken, das seine Voraussetzung nicht nur im Freund, sondern auch im Bewerber und im Rivalen hätte (die Dialektik, die Platon durch die *Amphysbetesis* definiert). Die Rivalität der freien Männer, ein verallgemeinerter Wettkampf: der Agon.[4] Der Freundschaft obliegt es, die Unversehrtheit des Wesens und die Rivalität der Bewerber zu versöhnen. Ist dies nicht eine allzu große Aufgabe?

Der Freund, der Liebhaber, der Bewerber, der Rivale sind transzendentale Bestimmungen, die darum nicht ihre intensive und belebte Existenz in einer einzigen oder in mehreren Personen verlieren. Und wenn heute Maurice Blanchot, der zu den seltenen Denkern gehört, die den Sinn des Wortes »Freund« in der Philosophie abwägen, diese innere Frage der Voraussetzungen des Denkens als solches aufgreift, führt er dann nicht ins Innere des reinsten Gedankens Begriffsperso-

---

4 Vgl. etwa Xenophon, *Staat der Lakedaimonier*, IV, 5. Detienne und Vernant haben insbesondere diesen Aspekte der Polis analysiert.

nen ein, die nun wenig Griechisches haben und anderswoher kommen, als ob sie eine Katastrophe erfahren hätten, die sie zu neuen lebendigen und mit dem Status von apriorischen Merkmalen versehenen Relationen treibt: eine Abwendung, eine gewisse Müdigkeit, eine gewisse Verzweiflung zwischen Freunden, die die Freundschaft selbst zum Denken des Begriffs als unendliches Mißtrauen und unendliche Geduld wandelt?[5] Die Liste der Begriffspersonen ist niemals abgeschlossen und spielt damit eine wichtige Rolle in der Evolution oder in den Mutationen der Philosophie; ihre Verschiedenartigkeit muß begriffen werden, ohne daß man sie auf die schon komplexe Einheit des griechischen Philosophen reduziert.

Der Philosoph ist der Freund des Begriffs, er erliegt der Macht des Begriffs. Das bedeutet, daß die Philosophie nicht eine bloße Kunst der Bildung, Erfindung oder Herstellung der Begriffe ist, denn die Begriffe sind nicht notwendig Formen, Fundstücke oder Produkte. Im strengeren Sinn ist die Philosophie die Disziplin, die in der *Erschaffung* der Begriffe besteht. Der Freund wäre der Freund seiner eigenen Schöpfungen? Oder ist es der Akt des Begriffs, der auf die Macht des Freundes verweist, und zwar in der Einheit des Schöpfers mit seinem Doppelgänger? Stets neue Begriffe erschaffen ist der Gegenstand der Philosophie. Weil der Begriff erschaffen werden muß, verweist er auf den Philosophen als denjenigen, der ihn potentiell innehat oder der über die Macht und die Kompetenz dazu verfügt. Man kann nicht einwenden, daß die Schöpfung eher für das Sinnliche und die Künste gilt, so sehr verleiht die Kunst spirituellen Entitäten Existenz, und so sehr sind die philosophischen Begriffe auch »Sensibilia«. Eigentlich sind die Wissenschaften, die Künste, die Philoso-

---

[5] Zum Verhältnis von Freundschaft und der Möglichkeit zu denken in der modernen Welt vgl. Maurice Blanchot, *L'amitié* (Paris 1971) und *L'entretien infini* (Paris 1969; den Dialog zwischen zwei Ermüdeten). Ebenso Dionys Mascolo, *Autour d'un effort de mémoire. Sur une lettre de Robert Antelme*, Paris 1987.

phien gleichermaßen schöpferisch, obwohl einzig der Philosophie die Erschaffung von Begriffen im strengen Sinne zukommt. Die Begriffe warten auf uns nicht als schon bestehende, wie etwa Himmelskörper. Es gibt keinen Himmel für die Begriffe. Sie müssen erfunden, hergestellt oder vielmehr erschaffen werden und wären nichts ohne die Signatur derer, die sie erschaffen. Nietzsche hat die Aufgabe der Philosophie bestimmt, als er schrieb: Die Philosophen »müssen sich die Begriffe nicht mehr nur schenken lassen, sie nicht nur reinigen und aufhellen, sondern sie allererst *machen, schaffen*, hinstellen und zu ihnen überreden. Bisher vertraute man im ganzen seinen Begriffen, wie als einer wunderbaren *Mitgift* aus irgendwelcher Wunder-Welt«, aber man muß das Vertrauen durch Mißtrauen ersetzen, und gerade den Begriffen muß der Philosoph am meisten mißtrauen, solange er sie nicht selbst erschaffen hat (Platon war sich dessen sehr wohl bewußt, wenngleich er das Gegenteil gelehrt hat...).[6] Platon sagte, man müsse sich in die Betrachtung der Ideen versenken, zuvor aber mußte er den Begriff der Idee geschaffen haben. Was wäre ein Philosoph wert, von dem man sagen könnte: Er hat keinen Begriff erschaffen, er hat seine Begriffe nicht erschaffen?

Wir sehen zumindest, was die Philosophie nicht ist: Sie ist weder Kontemplation noch Reflexion, noch Kommunikation, selbst wenn sie mal das eine, mal das andere zu sein glauben konnte, und zwar aufgrund der Fähigkeit jeder Disziplin, ihre eigenen Illusionen zu erzeugen und sich hinter einem Nebel zu verbergen, den sie speziell absondert. Sie ist nicht Kontemplation, weil die Kontemplationen die Dinge selbst sind, gesehen in der Erschaffung ihrer eigenen Begriffe. Sie ist nicht Reflexion, weil niemand Philosophie benötigt, um über irgend etwas zu reflektieren: Man glaubt der Philosophie viel zu geben, indem man aus ihr die Kunst

---

6 Friedrich Nietzsche, *Aus dem Nachlaß der Achtziger Jahre*, in: *Werke*, hg. v. K. Schlechta, München [6]1969, Bd. 3, S. 844.

der Reflexion macht, nimmt ihr aber alles, denn die echten Mathematiker haben niemals auf die Philosophen gewartet, um über die Mathematik zu reflektieren, und ebensowenig die Künstler, um über die Malerei oder die Musik zu reflektieren; zu sagen, sie würden dann zu Philosophen, ist ein schlechter Scherz, so sehr gehört ihre Reflexion zu ihrer jeweiligen Schöpfung. Und die Philosophie findet keinerlei letzte Zuflucht in der Kommunikation, die potentiell nur Meinungen bearbeitet, um »Konsens« und nicht Begriffe zu schaffen. Die Idee eines abendländischen demokratischen Gesprächs zwischen Freunden hat niemals den geringsten Begriff erzeugt; sie stammt vielleicht von den Griechen, diese aber mißtrauten ihr so sehr und behandelten sie so grob, daß der Begriff eher wie der ironische Vogel im Selbstgespräch war, der das Schlachtfeld der vernichteten rivalisierenden Meinungen (die trunkenen Gäste des Gastmahls) überflog. Die Philosophie betreibt keine Kontemplation, reflektiert nicht, kommuniziert nicht, obwohl sie Begriffe für diese Aktionen oder Passionen schaffen muß. Die Kontemplation, die Reflexion, die Kommunikation sind keine Disziplinen, sondern Maschinen zur Bildung von Universalien in allen Disziplinen. Die Universalien der Kontemplation, dann der Reflexion sind gleichsam die beiden Illusionen, die die Philosophie in ihrem Traum von der Herrschaft über die anderen Disziplinen schon durchlaufen hat (objektiver Idealismus und subjektiver Idealismus), und die Philosophie macht sich ebensowenig Ehre, wenn sie sich als neues Athen vorstellt und sich an die Universalien der Kommunikation hält, die die Regeln einer imaginären Beherrschung der Märkte und Medien liefern sollen (intersubjektiver Idealismus). Jede Schöpfung ist singulär, und der Begriff als genuin philosophische Schöpfung ist immer eine Singularität. Das erste Prinzip der Philosophie ist, daß die Universalien nichts erklären, sie müssen selbst erklärt werden.
Sich selbst erkennen; denken lernen; so tun, als ob nichts von selbst ginge; staunen, »staunen darüber, daß Seiendes ist«: –

diese Bestimmungen der Philosophie und viele andere ergeben interessante, wenngleich auf lange Sicht auch ermüdende Haltungen, sie machen aber – nicht einmal unter einem pädagogischen Gesichtspunkt – keine wohldefinierte Beschäftigung, keine präzise Tätigkeit aus. Als entscheidend kann man dagegen folgende Definition der Philosophie ansehen: Erkenntnis durch reine Begriffe. Es besteht allerdings kein Grund, die Erkenntnis durch Begriffe und die Erkenntnis durch Konstruktion von Begriffen in der möglichen Erfahrung oder Anschauung gegeneinander zu stellen. Denn Nietzsches Urteil zufolge erkennen wir nichts durch Begriffe, wenn wir sie nicht zunächst erschaffen, d. h. konstruiert haben in einer ihnen eigentümlichen Anschauung: einem Feld, einer Ebene, einem Boden, der sich nicht mit ihnen deckt, aber die Keime und die Personen, die sie pflegen, in sich birgt. Der Konstruktivismus verlangt, daß jede Schöpfung eine Konstruktion auf einer Ebene ist, die ihr eine autonome Existenz verleiht. Begriffe erschaffen heißt zumindest, etwas tun. Die Frage nach Anwendung und Nutzen der Philosophie – oder gar nach ihrer Schädlichkeit (wem schadet sie?) – wird dadurch modifiziert.

Viele Probleme drängen sich unter den verwirrten Augen eines alten Mannes, der alle Arten von philosophischen Begriffen und Begriffspersonen miteinander konkurrieren sah. Und zunächst sind und bleiben die Begriffe signiert, Substanz des Aristoteles, Descartes' Cogito, Leibnizens Monade, Kants Bedingung, Schellings Potenz, Bergsons Dauer... Manche verlangen aber auch ein außergewöhnliches, bisweilen barbarisches oder schockierendes Wort, das sie bezeichnen muß, während andere sich mit einem geläufigen, ganz gewöhnlichen Wort begnügen, das sich mit so fernen harmonischen Obertönen anfüllt, daß sie für ein nicht-philosophisches Ohr womöglich unhörbar bleiben. Manche rufen Archaismen auf den Plan, andere Neologismen, die von nahezu verrückten etymologischen Übungen durchzogen werden: die Etymologie als spezifisch philosophischer Wettkampf. Dabei muß es in jedem Fall eine seltsame Notwendigkeit für diese Wörter und ihre Wahl als Stilelement geben. Die Taufe des Begriffs beansprucht einen spezifisch philosophischen *Geschmack*, der gewaltsam oder einschmeichelnd verfährt und in der Sprache eine philosophische Sprache ausbildet, und zwar nicht nur ein Vokabular, sondern auch eine Syntax, die ans Erhabene oder an eine große Schönheit rührt. Nun haben die Begriffe – obwohl datiert, signiert und getauft – zwar ihre eigene Art von Unsterblichkeit und sind doch Zwängen der Erneuerung, der Ersetzung, der Mutation ausgesetzt, die der Philosophie eine bewegte Geschichte und ebenso eine bewegte Geographie verschaffen, in denen sich alle Momente, alle Orte erhalten, allerdings in der Zeit, und vorübergehen, allerdings außerhalb der Zeit. Wenn sich die Begriffe fortwährend ändern, wird man fragen, welche Einheit den Philosophien bleibt. Ist es dasselbe für die Wissenschaften, für die Künste, die nicht mit Begriffen arbeiten? Und wie steht es mit deren jeweiliger Geschichte? Wenn die Philosophie diese *creatio continua* von Begriffen ist, wird man natürlich fragen, was ein Begriff als philosophische Idee ist, aber auch, worin die anderen schöpferischen Ideen bestehen, die keine Begriffe sind, die den Wissenschaften und den Künsten zukommen, die ihre eigene Geschichte und ihr eigenes Werden und ihre eigenen variablen Beziehungen untereinander und zur Philosophie besitzen. Die Ausschließlichkeit der Erschaffung von Begriffen sichert der Philosophie eine Funktion, verleiht ihr aber keinerlei Vorrang, keinerlei Privileg, gibt es doch so viele andere Arten des Denkens und Erschaffens, andere Weisen der Ideenbildung, die nicht über Begriffe verlaufen müssen, wie etwa das wissenschaftliche Denken. Und stets wird man auf die Frage zurückkommen, wozu diese Tätigkeit der Begriffsschöpfung diene, gerade in ihrem Unterschied zur wissenschaftlichen oder künstlerischen Tätigkeit: Warum muß man Begriffe und stets neue Begriffe erschaffen, mit welcher Notwendigkeit, zu welchem Gebrauch? Um was zu tun? Die

Antwort, nach der die Größe der Philosophie gerade in ihrer Nutzlosigkeit bestünde, ist eine Koketterie, die nicht einmal mehr die Jüngeren hinters Licht führt. Jedenfalls haben wir niemals ein Problem mit dem Tod der Metaphysik oder der Überwindung der Philosophie gehabt: das ist nutzloses, peinliches Gewäsch. Man spricht vom Scheitern der Systeme heute, während sich doch nur der Systembegriff geändert hat. Wenn sich ein Ort und eine Zeit zur Erschaffung von Begriffen bietet, so wird sich das daraus entspringende Unternehmen stets Philosophie nennen oder sich selbst mit einem anderen Namen nicht von ihr unterscheiden.

Wir wissen jedoch, daß der Freund oder Liebhaber als Bewerber nicht ohne Rivalen auftritt. Wenn die Philosophie – wie man meint – einen griechischen Ursprung hat, so deshalb, weil die Polis im Unterschied zu den Imperien oder Staaten den Agon als Regel einer Gesellschaft von »Freunden«, die Gemeinschaft der freien Männer als Rivalen (Bürger) erfindet. Das ist die Ausgangslage, die Platon beschreibt: Wenn jeder Bürger Anspruch auf etwas erhebt, begegnet er notwendig Rivalen, so daß es erforderlich ist, die Wohlbegründetheit der Ansprüche beurteilen zu können. Der Tischler erhebt Anspruch auf das Holz, trifft aber auf den Förster, den Holzfäller, den Zimmermann, die sagen: Ich bin es, ich bin der Freund des Holzes. Wenn es um die Pflege des Menschen geht, gibt es viele Bewerber, die sich als Freund des Menschen vorstellen, den Bauern, der ihn nährt, den Weber, der ihn kleidet, den Arzt, der ihn pflegt, den Krieger, der ihn beschützt.[7] Und wenn in all diesen Fällen die Auswahl trotz allem aus einem etwas beschränkten Kreis getroffen wird, so gilt dies nicht mehr für die Politik, in der jeder Beliebige Anspruch auf alles mögliche erheben kann – in der athenischen Demokratie, wie Platon sie sieht. Von daher ergibt sich für Platon die Notwendigkeit, eine Ordung wiederherzustellen, in der man die Instanzen schafft, mit de-

---

7 Platon, *Politikos*, 268 a, 279 a.

nen sich über die Wohlbegründetheit der Ansprüche urteilen läßt: Dies sind die Ideen als philosophische Begriffe. Wird man nicht aber auch hier allen möglichen Bewerbern begegnen, die sagen: Der wahre Philosoph bin ich, ich bin der Freund der Weisheit oder der Wohlbegründetheit? Die Rivalität kulminiert in der zwischen Philosoph und Sophist, die sich um die Überreste des alten Weisen reißen, wie aber läßt sich der falsche Freund vom wahren und der Begriff vom Trugbild unterscheiden? Der Simulant und der Freund: das ist ein regelrechtes platonisches Theater, das die Begriffspersonen wuchern läßt, indem es sie mit den Mächten des Komischen und des Tragischen versieht.
In größerer Nähe zu uns ist die Philosophie vielen neuen Rivalen begegnet. Zunächst waren es die Humanwissenschaften und insbesondere die Soziologie, die sie ersetzen wollten. Da aber die Philosophie mehr und mehr ihre Bestimmung – nämlich Begriffe zu schaffen – verkannt hatte, um Zuflucht bei den Universalien zu nehmen, wußte man nicht recht, was zur Debatte stand. Ging es um den Verzicht auf jede Begriffsschöpfung zugunsten einer strengen Wissenschaft vom Menschen oder ganz im Gegenteil um eine Transformation der Natur der Begriffe, indem man sie bald zu Kollektivvorstellungen, bald zu Weltanschauungen machte, die durch die Völker, ihre vitalen, historischen und geistigen Kräfte geschaffen wurden? Dann kam die Epistemologie an die Reihe, die Linguistik oder gar die Psychoanalyse – und die logische Analyse. Von Prüfung zu Prüfung stieß die Philosophie auf immer unverschämtere, immer unheilvollere Rivalen, die selbst Platon sich in seinen komischsten Augenblicken nicht hätte vorstellen können. Schließlich wurde der Tiefpunkt der Schmach erreicht, als die Informatik, das Marketing, das Design, die Werbung, alle Fachrichtungen der Kommunikation sich des Wortes Begriff, Konzept, selbst bemächtigten und sagten: Das ist unsere Sache, wir sind die Kreativen, wir sind die *Konzeptemacher*! Wir sind die Freunde des Begriffs, des Konzepts, wir bringen ihn

in unsere Computer. Information und Kreativität, Konzept und Unternehmen: schon eine ausufernde Bibliographie... Das Marketing hat am Gedanken eines gewissen Bezugs von *Begriff* und *Ereignis* festgehalten; gerade hier aber ist der Begriff zur Gesamtheit der Präsentationen eines (historischen, wissenschaftlichen, künstlerischen, sexuellen, pragmatischen...) Produkts und das Ereignis die Zurschaustellung geworden, die verschiedene Präsentationen und den von ihr erwarteten »Ideenaustausch« inszeniert. Die einzigen Ereignisse sind Ausstellungen und die einzigen Begriffe Produkte, die man verkaufen kann. Die allgemeine Bewegung, die die Kritik durch *promotion* ersetzte, hat ihre Wirkung auf die Philosophie nicht verfehlt. Das Trugbild, das Simulacrum, die Simulation einer Nudelpackung ist zum wahren Begriff, Konzept, geworden, und der An- und Darbieter des Produkts – Ware oder Kunstwerk – ist zum Philosophen, zur Begriffsperson oder zum Künstler geworden. Wie könnte die Philosophie, eine betagte Person, gemeinsam mit jungen Managern zu einem Wettlauf um die Universalien der Kommunikation antreten, um die Warenform des Konzepts – MERZ – zu bestimmen? Gewiß ist es schmerzlich zu erfahren, daß »Konzept« eine Gesellschaft von Dienstleistungen und Informations-Engineering bezeichnet. Je mehr aber die Philosophie mit schamlosen und albernen Rivalen aneinandergerät, desto mehr begegnet sie ihnen in ihrem eigenen Innern, desto mehr fühlt sie sich zur Erfüllung der Aufgabe getrieben, nämlich Begriffe zu schaffen, die eher Meteoriten als Waren sind. Mit schallendem Gelächter vertreibt sie ihre Tränen. So ist denn die Frage der Philosophie der singuläre Punkt, an dem sich Begriff und Schöpfung aufeinander beziehen.

Die Philosophen haben sich nicht genügend um die Natur des Begriffs als philosophischer Realität gekümmert. Sie haben es vorgezogen, ihn als gegebene Erkenntnis oder Repräsentation zu betrachten, die sich durch Vermögen zu seiner Bildung (Abstraktion oder Verallgemeinerung) oder seinem

Gebrauch (Urteil) erklärten. Aber der Begriff ist nicht gegeben, er ist geschaffen und muß geschaffen werden; er ist nicht gebildet, er setzt sich selbst in sich selbst – Selbstsetzung. Beides impliziert sich wechselseitig, da das wahrhaft Geschaffene – vom Lebewesen bis zum Kunstwerk – eben darum über eine Selbst-Setzung seiner selbst oder über einen autopoietischen Charakter verfügt, an dem man es erkennt. Je mehr der Begriff erschaffen ist, desto mehr setzt er sich. Was von einer freien schöpferischen Tätigkeit abhängt, ist auch das, was sich in sich selbst unabhängig und notwendig setzt: Das Subjektivste wird das Objektivste sein. Die Postkantianer haben in diesem Sinne dem Begriff als philosophischer Realität die meiste Aufmerksamkeit gewidmet, insbesondere Schelling und Hegel. Hegel hat dem Begriff durch die Gestalten seiner Erschaffung und die Momente seiner Selbstsetzung eine starke Definition verliehen: Die Gestalten sind Bestandteile des Begriffs geworden, weil sie die Seite ausprägen, unter der der Begriff vom und im Bewußtsein geschaffen wird, und zwar über die Stufenfolge des Geistes hinweg, während die Momente die andere Seite entwerfen, der zufolge der Begriff sich selbst setzt und die Stufen des Geistes im Absoluten des Selbst vereint. Hegel zeigte damit, daß der Begriff nichts mit einer allgemeinen oder abstrakten Idee zu tun hat, ebensowenig mit einer unerschaffenen Weisheit, die nicht von der Philosophie selbst abhängen würde. Dies geschah aber um den Preis einer unbestimmten Ausdehnung der Philosophie, die die unabhängige Bewegung der Wissenschaften und Künste kaum bestehen ließ, weil sie Universalien mit ihren eigenen Momenten wiederherstellte und die Personen ihrer eigenen Schöpfung nur mehr als gespensterhafte Statisten behandelte. Die Postkantianer kreisten um eine universale *Enzyklopädie* des Begriffs, die dessen Erschaffung auf eine reine Subjektivität zurückführte, anstatt sich eine bescheidenere Aufgabe zu stellen, eine *Pädagogik* des Begriffs nämlich, die die Bedingungen des Erschaffens als Faktoren von singulär bleibenden Momenten analysieren müßte.⁸ Wenn die drei Zeitalter des Begriffs Enzyklopädie, Pädagogik und kommerzielle Berufsbildung sind, so kann uns nur das zweite daran hindern, von den Spitzen des ersten in das absolute Desaster des dritten zu fallen, ein absolutes Desaster für das Denken, was immer auch – wohlgemerkt – dessen soziale Wohltaten vom Standpunkt des universalen Kapitalismus aus sein mögen.

---

8 In einer bewußt didaktischen Form hat Frédéric Cossutta eine sehr interessante Pädagogik des Begriffs vorgelegt: *Eléments pour la lecture des textes philosophiques*, Paris 1989.

I. Philosophie

1. Was ist ein Begriff?

Es gibt keinen einfachen Begriff. Jeder Begriff besitzt Komponenten und definiert sich durch sie. Er hat also eine Ziffer. Er ist eine Mannigfaltigkeit, wenngleich nicht jede Mannigfaltigkeit begrifflich ist. Es gibt keinen Begriff mit nur einer Komponente: Selbst der erste Begriff, jener, mit dem eine Philosophie »beginnt«, hat mehrere Komponenten, da es sich ja nicht von selbst versteht, daß die Philosophie einen Anfang haben muß, und da sie, wenn sie einen Anfang bestimmt, einen Standpunkt oder einen Grund hinzufügen muß. Descartes, Hegel, Feuerbach beginnen nicht nur nicht jeweils mit demselben Begriff, sondern haben auch nicht denselben Begriff von Anfang. Jeder Begriff ist wenigstens zweifach, oder dreifach usw. Ebensowenig gibt es einen Begriff mit allen Komponenten, denn dies wäre schlicht und einfach Chaos: Selbst die sogenannten Universalien als letzte Begriffe müssen aus dem Chaos heraustreten, indem sie ein Universum umschreiben, das sie expliziert (Kontemplation, Reflexion, Kommunikation...). Jeder Begriff hat einen unregelmäßigen Umriß, der durch die Ziffer seiner Komponenten definiert ist. Darum stößt man von Platon bis Bergson auf den Gedanken, der Begriff sei eine Sache der Gliederung, des Zuschnitts und der Überschneidung. Er ist ein Ganzes, weil er seine Komponenten totalisiert, allerdings ein fragmentarisches Ganzes. Nur unter dieser Bedingung kann er aus dem mentalen Chaos heraustreten, das ihn weiterhin bedroht und an ihm klebt, um ihn von neuem in sich aufzusaugen.

Unter welchen Bedingungen ist ein Begriff der erste, nicht in absoluter Hinsicht, sondern im Verhältnis zu einem anderen? Ist zum Beispiel der *Andere* notwendig sekundär im Verhältnis zu einem Ich? Wenn er dies ist, so in dem Maße, wie sein Begriff der eines jeweils anderen – eines Subjekts, das sich als Objekt darstellt –, eines speziellen anderen im Verhältnis

zum Ich ist: Dies sind zwei Komponenten. Wenn wir ihn nämlich mit einem speziellen Objekt gleichsetzen, so ist der Andere bereits nur mehr das andere Subjekt, wie es mir erscheint; und wenn wir ihn mit einem anderen Subjekt gleichsetzen, so bin ich ein Anderer in der Weise, wie ich ihm erscheine. Jeder Begriff verweist auf ein Problem, auf Probleme, ohne die er keinen Sinn hätte und die selber nur nach Maßgabe ihrer Lösung herausgestellt oder begriffen werden können: Wir stecken hier in einem Problem, das die Pluralität der Subjekte, ihre Beziehung, ihre wechselseitige Darstellung betrifft. Selbstverständlich aber ändert sich alles, wenn wir ein anderes Problem zu entdecken glauben: Worin besteht die Stellung des Anderen, die das andere Subjekt bloß »besetzt«, wenn er mir als spezielles Objekt erscheint, und die ich meinerseits als spezielles Objekt besetze, wenn ich ihm erscheine? Unter diesem Gesichtspunkt ist der Andere niemand, weder Subjekt noch Objekt. Es gibt mehrere Subjekte, weil es einen Anderen gibt, nicht umgekehrt. Der Andere verlangt also einen Begriff a priori, aus dem sich das spezielle Objekt, das andere Subjekt und das Ich herleiten müssen, nicht umgekehrt. Die Reihenfolge hat sich geändert, ebenso die Natur der Begriffe, ebenso die Probleme, auf die sie als Antwort gelten sollen. Wir lassen die Frage beiseite, welcher Unterschied zwischen einem wissenschaftlichen und einem philosophischen Problem besteht. Aber selbst in der Philosophie erschafft man Begriffe nur in Abhängigkeit von Problemen, die man für schlecht gesehen oder schlecht gestellt hält (Pädagogik des Begriffs).
Gehen wir summarisch vor: Wir betrachen ein Erfahrungsfeld, das nicht mehr im Verhältnis zu einem Ich, sondern im Verhältnis zu einem bloßen »es gibt...« als reale Welt angesehen wird. Es gibt, zu einem bestimmten Moment, eine stille und in sich ruhende Welt. Plötzlich taucht ein angsterfülltes Gesicht auf, das nach etwas jenseits des Feldes blickt. Der Andere erscheint hier weder als Subjekt noch als Objekt, sondern – was etwas ganz anderes ist – als eine mög-

liche Welt, als die Möglichkeit einer grauenerregenden Welt. Diese mögliche Welt ist nicht real oder ist es noch nicht, existiert aber dennoch: Sie ist ein Ausgedrücktes, das nur in seinem Ausdruck existiert, im Gesicht oder Äquivalent des Gesichts. Der Andere ist zunächst diese Existenz einer möglichen Welt. Und diese mögliche Welt hat auch eine eigene Realität an sich selbst, und zwar als mögliche: Es genügt, daß der Ausdrückende spricht und »Ich habe Angst« sagt, um dem Möglichen als solchem eine Realität zu verleihen (selbst wenn seine Worte lügen). Das »ich« als sprachlicher Index hat keinen anderen Sinn. Es ist freilich nicht unentbehrlich: China ist eine mögliche Welt, gewinnt aber Realität, sobald man Chinesisch oder von China in einem gegebenen Erfahrungsfeld spricht. Dies ist ganz verschieden von dem Fall, in dem sich China verwirklicht, indem es selbst zum Erfahrungsfeld wird. Hier liegt also ein Begriff des Anderen vor, der nichts anderes als die Bestimmung einer sinnlichen Welt als Bedingung voraussetzt. Der Andere taucht unter dieser Bedingung als der Ausdruck eines Möglichen auf. Der Andere ist eine mögliche Welt, wie sie in einem Gesicht, das sie ausdrückt, existiert und in einer Sprache wirksam wird, die ihr Realität verleiht. In diesem Sinne ist er ein Begriff mit drei unzertrennbaren Komponenten: mögliche Welt, existierendes Gesicht, reale Sprache oder Rede.
Selbstverständlich hat jeder Begriff eine Geschichte. Jener Begriff des Anderen verweist auf Leibniz zurück, auf die möglichen Welten bei Leibniz und auf die Monade als Ausdruck von Welt; allerdings ist dies nicht dasselbe Problem, da das jeweils Mögliche bei Leibniz nicht in der realen Welt existiert. Er verweist ebenso auf die Modallogik der Propositionen, diese aber verleihen den möglichen Welten nicht die Realität, die ihren Wahrheitsbedingungen entspricht (selbst wenn Wittgenstein Schreckens- und Schmerzsätze betrachtet, sieht er in ihnen keine Modalitäten, die sich in einer Position des Anderen ausdrücken ließen, da er den Anderen zwischen einem anderen Subjekt und einem speziellen Ob-

jekt oszillieren läßt). Die möglichen Welten haben eine lange Geschichte.¹ Kurz, wir behaupten von jedem Begriff, er habe stets eine *Geschichte*, wenn diese Geschichte auch ein Zickzack ergeben mag und notfalls über andere Probleme oder auf verschiedenen Ebenen verläuft. In einem Begriff befinden sich meist Stücke oder Komponenten aus anderen Begriffen, die anderen Problemen entsprachen und andere Ebenen bedingten. Dies ist zwangsläufig so, weil jeder Begriff einen neuen Schnitt vollzieht, neue Konturen annimmt, von neuem aktiviert oder zugeschnitten werden muß.
Außerdem aber hat ein Begriff ein *Werden*, das nun sein Verhältnis zu anderen Begriffen auf derselben Ebene betrifft. Die Begriffe passen sich hier aneinander an, überschneiden einander, stimmen ihre Konturen aufeinander ab, bilden ihre jeweiligen Probleme, gehören zur selben Philosophie, selbst wenn sie verschiedene Geschichten besitzen. Denn mit einer endlichen Anzahl von Komponenten wird sich jeder Begriff in andere, anders zusammengesetzte Begriffe verzweigen, die jedoch andere Gebiete derselben Ebene konstituieren, anschließbaren Problemen entsprechen und an einer Mit-Schöpfung teilhaben. Ein Begriff verlangt nicht nur ein Problem, unter dem er vorangehende Begriffe umändert oder ersetzt, sondern einen Umschlagplatz von Problemen, an dem er eine Verbindung mit anderen koexistierenden Begriffen eingeht. Im Fall des Begriffs des Anderen als Ausdruck einer möglichen Welt in einem Wahrnehmungsfeld sind wir dahin gelangt, die Komponenten dieses Felds für sich selbst neu zu überdenken: Der Andere, der nun kein Subjekt des Feldes und kein Objekt im Feld mehr ist, wird die Bedingung darstellen, unter der sich nicht nur Objekt und Subjekt neu verteilen, sondern auch Figur und Hintergrund, Ränder

---

1 Diese Geschichte, die nicht mit Leibniz beginnt, verläuft über so verschiedenartige Episoden wie den Satz des Anderen als Dauerthema bei Wittgenstein (»er hat Zahnweh...«) und die Position des Anderen als Theorie der möglichen Welt bei Michel Tournier (*Freitag oder im Schoß des Pazifik*, Reinbek 1971).

und Zentrum, Bewegliches und Bezugspunkt, Transitives und Substanzielles, Länge und Tiefe... Der Andere wird stets als jeweils anderer wahrgenommen, in seinem Begriff aber ist er die Bedingung jeder Wahrnehmung, für die anderen wie für uns. Er ist die Bedingung, die den Übergang von einer Welt zur anderen garantiert. Der Andere läßt die Welt vorübergehen, und das »ich« bezeichnet nur mehr eine vergangene Welt (»ich war ruhig...«). So kann etwa allein der Andere schon aus jeder Länge eine mögliche Tiefe im Raum machen und umgekehrt, und zwar in einem Maße, daß die Übergänge und Umkehrungen – wenn der Begriff im Wahrnehmungsfeld nicht seine Funktion erfüllte – unverständlich blieben und wir fortwährend gegen die Dinge stießen, da das Mögliche nun verschwunden ist. Oder man müßte in philosophischer Hinsicht zumindest einen anderen Grund finden, warum wir uns nicht stoßen... Auf diese Weise gerät man in einer bestimmbaren Ebene von einem Begriff zu einem anderen über eine Art Brücke: Die Schöpfung eines Begriffs vom Anderen mit diesen oder jenen Komponenten wird die Schöpfung eines neuen Begriffs des Wahrnehumngsraums nach sich ziehen, der andere, noch zu bestimmende Komponenten enthält (wobei »sich nicht stoßen« oder »sich nicht allzusehr stoßen« zu diesen Komponenten gehören wird).

Wir sind von einem recht komplexen Beispiel ausgegangen. Wie ließe sich das anders machen, da es ja keinen einfachen Begriff gibt? Der Leser kann von jedem beliebigen Beispiel ganz nach seinem Geschmack ausgehen. Wir glauben, daß er daraus dieselben Schlußfolgerungen hinsichtlich der Natur des Begriffs oder des Begriffs des Begriffs ziehen wird. Erstens verweist jeder Begriff auf andere Begriffe, nicht nur in seiner Geschichte, sondern auch in seinem Werden oder seinen gegenwärtigen Verbindungen. Jeder Begriff besitzt Komponenten, die ihrerseits als Begriffe aufgefaßt werden können (so gehört zu den Komponenten des Anderen das Gesicht, das Gesicht aber wird selbst als Begriff betrachtet werden, der selbst wiederum Komponenten enthält). Die

Begriffe reichen also ins Unendliche und sind, einmal erschaffen, niemals aus nichts erschaffen. Zweitens ist dem Begriff eigentümlich, daß er die Komponenten *in ihm* unzertrennbar macht: deutlich geschieden, heterogen und dennoch nicht voneinander trennbar – dies ist der Status der Komponenten oder dessen, was die *Konsistenz* des Begriffs, seine Endo-Konsistenz definiert. Denn jede deutlich unterschiedene Komponente weist eine partielle Überlappung, eine Nachbarschaftszone oder eine Ununterscheidbarkeitsschwelle mit einer anderen auf: So existiert etwa im Begriff des Anderen die mögliche Welt nicht außerhalb des Gesichts, das sie ausdrückt, obwohl sie sich von ihm wie das Ausgedrückte vom Ausdruck unterscheidet; und das Gesicht seinerseits ist die Nähe der Worte, deren Sprachrohr es bereits darstellt. Die Komponenten bleiben unterschieden, es geht allerdings etwas von der einen zur anderen über, etwas, von dem man nicht weiß, zu welcher es gehört: Es gibt ein Gebiet *ab*, das gleichermaßen zu *a* wie zu *b* gehört, in dem *a* und *b* ununterscheidbar »werden«. Es sind diese Bereiche, Schwellen oder Werdensprozesse, diese Untrennbarkeit, die die innere Konsistenz des Begriffs definieren. Dieser aber besitzt ebenso eine Exo-Konsistenz, und zwar mit anderen Begriffen, wenn ihre jeweilige Erschaffung die Konstruktion einer Brücke auf derselben Ebene impliziert. Die Zonen und Brücken sind die Nahtstellen des Begriffs.
Drittens wird folglich jeder Begriff als Koinzidenz-, Kondensations- oder Akkumulationspunkt seiner eigenen Komponenten angesehen werden. Der Begriffspunkt durchläuft unaufhörlich seine Komponenten, steigt unaufhörlich in ihnen auf und ab. In diesem Sinne ist jede Komponente ein *intensives Merkmal*, eine intensive Ordinate, die weder als allgemeine noch als besondere, sondern als reine und einfache Singularität aufgefaßt werden muß – als »eine« mögliche Welt, »ein« Gesicht, »irgendwelche« Wörter –, als eine Singularität, die sich in dem Maße besondert oder verallgemeinert, wie man ihr variable Werte verleiht oder ihr eine

konstante Funktion zuweist. Im Gegensatz zu dem aber, was in der Wissenschaft geschieht, gibt es weder Konstante noch Variable im Begriff, und man wird ebensowenig variable Arten bezüglich einer konstanten Gattung wie eine konstante Art bezüglich variabler Individuen unterscheiden. Die Beziehungen im Begriff sind weder komprehensiv noch extensiv, sondern bloß ordinal, und die Komponenten des Begriffs sind weder Konstanten noch Variablen, sondern reine und einfache *Variationen*, die gemäß ihrer Nachbarschaft geordnet sind. Sie sind prozessual, modulatorisch. Der Begriff eines Vogels liegt nicht in seiner Gattung oder seiner Art, sondern in der Zusammensetzung seiner Haltungen, seiner Farben und seines Gesangs: etwas Ununterscheidbares, das weniger eine Synästhesie als eine Syneidesie darstellt. Ein Begriff ist eine Heterogenese, das heißt eine Anordnung seiner Komponenten durch Nachbarschaftszonen. Er ist ordinal, nämlich eine Intension, die in allen Merkmalen, aus denen er sich zusammensetzt, gegenwärtig ist. Da er sie fortwährend nach einer bestimmten Ordnung ohne Abstand durchläuft, befindet sich der Begriff im Zustand des *Überfliegens* bezüglich seiner Komponenten. Er ist unmittelbar ohne Abstand ko-präsent in allen seinen Komponenten oder Variationen, er passiert sie immer von neuem: Er ist ein Ritornell, ein Opus mit eigener Ziffer.

Der Begriff ist ein Unkörperliches, obwohl er sich in den Körpern inkarniert oder verwirklicht. Aber er verschmilzt eben nicht mit dem Sachverhalt, in dem er sich verwirklicht. Er besitzt keine raum-zeitlichen Koordinaten, sondern nur intensive Ordinaten. Er besitzt keine Energie, sondern nur Intensitäten, er ist anergetisch (die Energie ist nicht Intensität, sondern die Art und Weise, wie sich diese in einem extensiven Sachverhalt entfaltet und tilgt). Der Begriff sagt das Ereignis, nicht das Wesen oder die Sache. Er ist ein reines Ereignis schlechthin, eine Diesheit, eine Entität: das Ereignis des Anderen oder das Ereignis des Gesichts (wenn das Gesicht seinerseits als Begriff verstanden wird). Oder der Vogel als Ereignis. Der Begriff definiert sich durch *die Untrennbarkeit einer endlichen Zahl von heterogenen Komponenten, die von einem absoluten Überflugspunkt mit unendlicher Geschwindigkeit durchlaufen werden.* Die Begriffe sind »Oberflächen oder absolute Volumina«, Formen, die keinen anderen Gegenstand als die Untrennbarkeit unterschiedener Variationen haben.[2] Das »Überfliegen« ist der Zustand des Begriffs oder seine eigentümliche Unendlichkeit, obwohl die Unendlichen mehr oder weniger groß sind, je nach Ziffer der Komponenten, Schwellen und Brücken. Der Begriff ist in diesem Sinne tatsächlich Denkakt, wobei sich das Denken mit unendlicher (und dennoch mehr oder weniger großer) Geschwindigkeit vollzieht.

Der Begriff ist also absolut und relativ zugleich: relativ zu seinen eigenen Komponenten, zu anderen Begriffen, zur Ebene, auf der er sich abgrenzt, zu den Problemen, die er lösen soll, absolut in der von ihm vollzogenen Verdichtung, durch den Ort, den er auf der Ebene besetzt, durch die Bedingungen, die er dem Problem zuweist. Er ist absolut als ganzer, relativ aber als fragmentarischer. Er ist *unendlich in seinem Überfliegen oder seiner Geschwindigkeit, endlich aber in seiner Bewegung, die den Umriß der Komponenten zieht.* Ein Philosoph überarbeitet oder wechselt gar fortwährend seine Begriffe; mitunter genügt ein Detailpunkt, der anwächst und eine neue Verdichtung erzeugt, Komponenten hinzufügt oder abzieht. Der Philosoph legt manchmal eine Amnesie an den Tag, die aus ihm fast einen Kranken macht: Nietzsche, so Jaspers, korrigierte selbst seine Ideen, um neue zu bilden, ohne es ausdrücklich einzugestehen; in den Krankheitszuständen vergaß er die Schlüsse, zu denen er zuvor gelangt war. Oder Leibniz: »Ich glaubte, in den Hafen eingelaufen zu sein, aber [...] ich wurde wieder ins offene

---

2 Zum Überfliegen und zu den Oberflächen oder absoluten Volumina als realen Wesen vgl. Raymond Ruyer, *Néo-finalisme*, Paris 1952, Kap. 9-11.

Meer zurückgeworfen.«[3] Was dennoch absolut bleibt, ist die Art und Weise, wie der erschaffene Begriff sich an sich selbst und zusammen mit anderen setzt. Relativität und Absolutheit des Begriffs sind gleichsam seine Pädagogik und seine Ontologie, seine Erschaffung und seine Selbst-Setzung, seine Idealität und seine Realität. Real, ohne aktuell zu sein, ideal, ohne abstrakt zu sein... Der Begriff definiert sich durch seine Konsistenz, Endo-Konsistenz und Exo-Konsistenz, aber er besitzt keine *Referenz*: Er ist selbstreferentiell, er setzt sich selbst und setzt seinen Gegenstand gleichzeitig mit seiner Erschaffung. Der Konstruktivismus vereint das Relative und das Absolute.
Schließlich ist der Begriff nicht diskursiv, und die Philosophie ist keine diskursive Formation, weil sie keine Propositionen aneinanderreiht. Die Verwechslung von Begriff und Proposition ist es, die an die Existenz wissenschaftlicher Begriffe glauben macht und die Proposition als eine regelrechte »Intension« (das, was der Satz ausdrückt) gelten läßt: Der philosophische Begriff erscheint dann meist nur mehr als eine sinnlose Proposition. Diese Verwechslung herrscht in der Logik und erklärt die kindische Vorstellung, die sie sich von der Philosophie macht. Man mißt die Begriffe an einer »philosophischen« Grammatik, die ihnen Propositionen unterschiebt, die aus den Sätzen, in denen sie erscheinen, gewonnen werden: Man hält uns fortwährend in Alternativen zwischen Propositionen gefangen, ohne zu bemerken, daß der Begriff bereits ins ausgeschlossene Dritte entwichen ist. Der Begriff ist keineswegs eine Proposition, er ist nicht propositional, und die Proposition ist niemals eine Intension. Die Propositionen definieren sich durch ihre Referenz, und die Referenz betrifft nicht das Ereignis, sondern einen Bezug zum Sachverhalt aus Dingen oder Körpern und

---

3 Leibniz, *Neues System der Natur*, in: *Hauptschriften zur Grundlegung der Philosophie*, hg. von Ernst Cassirer, Leipzig o. J., Bd. 2, § 12, S. 266. [Übersetzung leicht verändert, A. d. Ü.]

ebenso die Bedingungen dieses Bezugs. Diese Bedingungen konstituieren bei weitem keine Intension, sondern sind allesamt extensional: Sie implizieren Operationen einer sukzessiven Ausrichtung an der Abszisse oder Linearisierung, die die intensiven Ordinaten in raum-zeitliche und energetische Koordinaten überführen, Operationen, die die somit abgegrenzten Komplexe miteinander in Korrespondenz bringen. Es sind diese Sukzessionen und Korrespondenzen, die die Diskursivität in extensiven Systemen definieren; und die *Unabhängigkeit der Variablen in den Propositionen steht der Untrennbarkeit der Variationen* im Begriff gegenüber. Die Begriffe, die nur Konsistenz oder nicht-koordinierte intensive Ordinaten besitzen, treten nach Belieben in nichtdiskursive Resonanzbeziehungen zueinander, sei es, weil die Komponenten des einen Begriffs zu Begriffen werden, die andere, stets heterogene Komponenten besitzen, sei es, weil sie untereinander auf keiner Ebene irgendeine Rangdifferenz aufweisen. Die Begriffe sind Schwingungszentren, und zwar jeder für sich und alle untereinander. Darum herrscht überall Resonanz, anstatt Abfolge oder Korrespondenz. Es besteht keinerlei Grund, warum die Begriffe aufeinanderfolgen sollten. Als fragmentarische Totalitäten sind die Begriffe nicht einmal Teile eines Puzzles, da ihre unregelmäßigen Umrisse einander nicht entsprechen. Sie bilden wohl eine Mauer, eine unverfugte Trockenmauer allerdings, und wenn alles zusammengetragen ist, so auf auseinanderlaufenden Wegen. Selbst die Brücken von einem Begriff zum anderen sind noch Kreuzungen oder Umwege, die keinerlei diskursiven Zusammenhang umschreiben. Es sind bewegliche Brücken. In dieser Hinsicht läßt sich durchaus annehmen, daß sich die Philosophie im Zustand permanenter Digression oder Digressivität befindet.

Daher rühren die großen Unterschiede zwischen der philosophischen Äußerung der fragmentarischen Begriffe und der wissenschaftlichen Äußerung der partiellen Propositionen. Unter einem ersten Gesichtspunkt ist jede Äußerung der Akt einer Setzung; sie bleibt aber der Proposition äußerlich, weil ihr Gegenstand ein Sachverhalt als Referent ist und ihre Bedingungen die Referenzen sind, die Wahrheitswerte bilden (selbst wenn diese Bedingungen ihrerseits dem Gegenstand innerlich sind). Dagegen ist die Äußerung als Setzung dem Begriff strikt immanent, da dieser ja kein anderes Objekt hat als die Untrennbarkeit der Komponenten, die er immer wieder durchläuft, eine Untrennbarkeit, die seine Konsistenz ausmacht. Was den anderen Gesichtspunkt betrifft, die schöpferische oder signierte Äußerung, so sind die wissenschaftlichen Propositionen und ihre Korrelate gewiß nicht weniger signiert oder erschaffen als die philosophischen Begriffe; und man spricht vom Satz des Pythagoras, den kartesianischen Koordinaten, der Hamilton-Zahl, der Lagrange-Funktion ebenso, wie man von der platonischen Idee oder Decartes' Cogito usw. spricht. Die Eigennamen aber, mit denen sich die Äußerung auf diese Weise verknüpft, mögen noch so sehr historische und als solche bezeugt sein, sie sind doch Masken für andere Werdensprozesse, sie dienen nur als Pseudonyme für geheimere singuläre Entitäten. Im Fall der Propositionen handelt es sich um äußerliche *Partialbeobachter*, die sich wissenschaftlich im Verhältnis zu diesen oder jenen Bezugsachsen definieren lassen, während es bei den Begriffen innerliche *Begriffspersonen* sind, die diese oder jene Konsistenzebene heimsuchen. Man wird nicht nur den Eigennamen einen ganz unterschiedlichen Gebrauch in den Philosophien, den Wissenschaften und den Künsten zuschreiben: dasselbe gilt für die syntaktischen Elemente und insbesondere für die Präpositionen, die Konjunktionen, »nun«, »also«... Die Philosophie arbeitet mit Sätzen, aber es sind nicht immer Propositionen, die man aus Sätzen allgemein gewinnt. Wir haben hier erst eine sehr weit gefaßte Hypothese vorliegen: Aus Sätzen oder einem Äquivalent entnimmt die Philosophie *Begriffe*, Konzepte (die nicht mit allgemeinen oder abstrakten Ideen zusammenfallen), während die Wissenschaft *Prospekte* (Propositionen, die nicht mit Urteilen zusammenfallen) und die Kunst *Perzepte und Affekte* (die ebensowenig mit Wahrnehmungen und Gefühlen zusammenfallen) gewinnt. In jedem Fall unterliegt die Sprache unvergleichbaren Prüfungen und Verwendungen, die allerdings den Unterschied der Disziplinen nicht definieren, ohne nicht auch deren ständige Überschneidungen zu begründen.

Beispiel I
Zunächst müssen die vorangehenden Analysen mit dem Beispiel eines signierten philosophischen Begriffs belegt werden, der zu den bekanntesten gehört, mit dem Beispiel des kartesianischen Cogito nämlich, des Ego bei Descartes: eines Begriffs vom *Ich*. Dieser Begriff besitzt drei Komponenten, Zweifeln, Denken, Sein (woraus man nicht schließen sollte, daß jeder Begriff dreigliedrig ist). Die Gesamtaussage des Begriffs als Mannigfaltigkeit lautet: Ich denke, »also« bin ich, oder noch vollständiger: Ich, der ich zweifle, ich denke, ich bin, ich bin ein Ding, das denkt. Dies ist das stets wiederholte Ereignis des Denkens, wie es von Descartes gesehen wird. Der Begriff verdichtet sich im Punkt I, der alle Komponenten durchläuft und in dem I'-Zweifeln, I''-Denken, I'''-Sein zusammenfallen. Als intensive Ordinaten versammeln sich die Komponenten in Nachbarschafts- und Ununterscheidbarkeitszonen, die den Übergang einer zur anderen gewährleisten und ihre Untrenn-

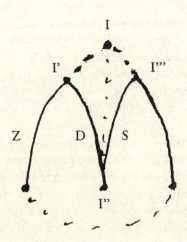

barkeit konstituieren: Eine erste Zone liegt zwischen Zweifeln und Denken (ich, der ich denke, ich kann nicht daran zweifeln, daß ich denke), die zweite zwischen Denken und Sein (man muß sein, um denken zu können). Die Komponenten präsentieren sich hier als Verben, was aber keine Regel darstellt, es genügt, daß dies Variationen sind. Der Zweifel enthält nämlich Momente, die nicht die Arten einer Gattung, sondern die *Phasen* einer Variation sind: sinnlicher, wissenschaftlicher, zwanghafter Zweifel. (Jeder Begriff besitzt also einen Phasenraum, wenngleich auf andere Weise als in der Wissenschaft.) Dasselbe gilt für die Modi des Denkens: empfinden, imaginieren, Ideen haben. Ebenso für die Seinstypen, Ding oder Substanz: das unendliche Sein, das endliche denkende Sein, das ausgedehnte Sein. Es ist bemerkenswert, daß in diesem letzteren Fall der Begriff des Ich nur die zweite Phase des Seins zurückbehält und den Rest der Variation außerhalb läßt. Dies aber ist eben das Zeichen dafür, daß sich der Begriff mit »ich bin ein denkendes Ding« als fragmentarische Totalität *abschließt*: Man wird zu anderen Phasen des Seins nur vermittels Brückenschlägen gelangen, die uns zu anderen Begriffen führen. So ist etwa »unter meinen Ideen habe ich die Idee des Unendlichen« die Brücke, die vom Ich-Begriff zu demjenigen Gottes führt, zu jenem neuen Begriff, der selbst drei Komponenten besitzt, die die »Beweise« von der Existenz Gottes als eines unendlichen Ereignisses bilden, wobei der dritte (ontologischer Beweis) die Abschließung des Begriffs garantiert, aber zugleich seinerseits eine Brücke oder Abzweigung zu einem Begriff von Ausdehung bahnt, insofern er den objektiven Wahrheitswert unserer anderen klaren und deutlichen Ideen gewährleistet.

Wenn man fragt: Gibt es Vorläufer des Cogito?, so meint man: Gibt es Begriffe, die von früheren Philosophen signiert wären und ähnliche oder fast identische Komponenten besäßen, aber eine davon zuwenig oder andere zusätzlich enthielten, so daß ein Cogito sich nicht würde auskristallisieren können, da die Komponenten noch nicht in einem Ich koinzidieren? Alles schien vorbereitet, und doch fehlte etwas. Der frühere Begriff verwies vielleicht auf ein Problem, das nicht dasjenige des Cogito ist (es bedarf einer Wandlung des Problems, damit das kartesianische Cogito erscheinen kann), oder entwickelte sich gar auf einer anderen Ebene. Die kartesianische Ebene besteht darin, daß sie jede explizite objektive Voraussetzung verwirft, in der jeder Begriff auf andere Begriffe verweisen würde (etwa der Mensch als vernünftiges Tier). Sie beruft sich lediglich auf ein vorphilosophisches Verständnis, das heißt auf implizite und subjektive Voraussetzungen: Jedermann weiß, was denken, sein, Ich heißt (man weiß es, indem man es tut, ist oder sagt). Dies ist eine ganz neuartige Unterscheidung. Eine solche Ebene verlangt einen ersten Begriff, der nichts Objektives voraussetzen darf. So daß das Problem folgendes ist: Welches ist der erste Begriff auf dieser Ebene, oder womit läßt sich anfangen, daß dadurch die Wahrheit als absolut reine subjektive Gewißheit bestimmt werden kann? Dies ist das Cogito. Die anderen Begriffe werden die Objektivität erschließen können, unter der Bedingung allerdings, daß sie durch Brücken mit dem ersten Begriff verbunden sind, auf Probleme antworten, die denselben Bedingungen unterliegen, und auf derselben Ebene verharren: Dies wird die Objektivität sein, die von einer zuverlässigen Erkenntnis angenommen wird, und nicht die Objektivität, die eine als präexistent oder bereits vorhanden anerkannte Wahrheit voraussetzt.

Es ist müßig, sich zu fragen, ob Descartes unrecht oder recht hat. Taugen die subjektiven und impliziten Voraussetzungen mehr als die expliziten objektiven Voraussetzungen? Muß man »anfangen«, und wenn ja, muß man vom Standpunkt einer subjektiven Gewißheit aus anfangen? Kann das Denken daher das Verb zu einem »ich« sein? Es gibt keine unmittelbare Antwort. Die kartesianischen Begriffe können nur in Abhängigkeit von den Problemen, auf die sie antworten, und von der Ebene, auf der sie vorkommen, beurteilt werden. Wenn allgemein frühere Begriffe einen Begriff vorbereiten konnten, ohne ihn deswegen zu konstituieren, so deshalb, weil ihr Problem noch in andere verwickelt war und die Ebene noch nicht die notwendige Krümmung oder die nötigen Bewegungen besaß. Und wenn Begriffe durch andere ersetzt werden können, so unter der Bedingung neuer Probleme und einer anderen Ebene, bezüglich der »Ich« (beispielsweise) jeglichen Sinn, der Anfang jede Notwendigkeit, die Voraussetzungen jede Differenz verlieren – oder jeweils andere annehmen. Ein Begriff besitzt stets die Wahrheit, die ihm abhängig von den Bedingungen seiner Erschaffung zukommen. Gibt es eine Ebene, die besser ist als alle

anderen, und Probleme, die sich gegen die anderen durchsetzen? Gerade in dieser Hinsicht läßt sich nichts sagen. Die Ebenen müssen entworfen und die Probleme gestellt werden, wie die Begriffe erschaffen werden müssen. Der Philosoph tut sein Bestes, aber er hat zuviel zu tun, um in Erfahrung zu bringen, ob dies das Beste sei, oder sich überhaupt für diese Frage zu interessieren. Selbstverständlich müssen die neuen Begriffe mit den Problemen, die die unseren sind, zusammenhängen, mit unserer Geschichte und vor allem unserem Werden. Aber was bedeuten Begriffe von unserer Zeit oder einer beliebigen Zeit? Die Begriffe sind nicht ewig, aber sind sie darum schon zeitlich? Welche ist die philosophische Form der Probleme dieser Zeit? Wenn ein Begriff »besser« ist als der vorangehende, so deshalb, weil er neue Variationen und unbekannte Resonanzen spürbar macht, ungewöhnliche Schnitte vollzieht, ein Ereignis herbeiführt, das uns überfliegt. Ist dies nicht aber schon das, was der vorangehende machte? Und wenn man heute Platoniker, Kartesianer oder Kantianer bleiben kann, so deshalb, weil man zu Recht denken kann, daß deren Begriffe in unseren Problemen reaktiviert werden und daß sie neue Begriffe, die erschaffen werden müssen, anregen können. Und wie folgt man am besten den großen Philosophen? Indem man wiederholt, was sie gesagt haben, oder indem *man macht, was sie gemacht haben*, das heißt Begriffe für Probleme erschafft, die sich notwendigerweise ändern?
Darum hat der Philosoph recht wenig Hang zum Diskutieren. Jeder Philosoph ergreift die Flucht, wenn er den Satz hört: Laß uns ein wenig diskutieren. Diskussionen eignen sich gut für Gespräche am runden Tisch, es ist aber ein anderer Tisch, auf dem der Philosoph seine Ziffern auswürfelt. Die Diskussionen, und niemand wird das leugnen können, würden die Arbeit nicht voranbringen, da die Gesprächsteilnehmer niemals von derselben Sache sprechen. Daß einer diese oder jene Meinung hat und eher das eine als das andere denkt – was kann das die Philosophie angehen, solange die

Probleme, die auf dem Spiel stehen, nicht ausgesprochen sind? Und wenn sie ausgesprochen sind, so geht es nicht mehr ums Diskutieren, sondern darum, unbestreitbare Begriffe für das Problem zu erschaffen, dem man sich verschrieben hat. Die Kommunikation kommt stets zu früh oder zu spät, und das Gespräch bleibt stets überflüssig gegenüber dem Erschaffen. Man macht sich zuweilen von der Philosophie die Vorstellung einer fortgesetzten Diskussion als »kommunikativer Rationalität« oder als eines »universalen demokratischen Gesprächs«. Nichts ist falscher, und wenn ein Philosoph einen anderen kritisiert, so ausgehend von Problemen und einer Ebene, die nicht die des anderen waren und die früheren Begriffe zusammenschmelzen lassen, wie man eine Kanone einschmelzen kann, um daraus neue Waffen zu gewinnen. Man befindet sich niemals auf derselben Ebene. Kritisieren heißt bloß feststellen, daß ein Begriff erschöpft ist, seine Komponenten verliert oder neue hinzugewinnt, die ihn transformieren, wenn er in ein neues Milieu getaucht wird. Diejenigen aber, die kritisieren, ohne zu erschaffen, die sich mit der Verteidigung des Erschöpften begnügen, ohne daß sie ihm die Kräfte zu neuem Leben verleihen können: sie sind das Wundmal der Philosophie. Sie sind vom Ressentiment getrieben, all diese Diskutierer, diese Kommunizierer. Sie sprechen nur von sich selbst, indem sie hohle Allgemeinheiten gegeneinanderhetzen. Diskussionen sind der Philosophie ein Greuel. Sie hat stets anderes zu tun. Die Debatte ist ihr unerträglich, nicht weil sie ihrer selbst allzu sicher wäre: im Gegenteil, es sind gerade ihre Ungewißheiten, die sie auf andere, einsamere Wege treibt. Machte jedoch nicht Sokrates aus der Philosophie ein freies Gespräch unter Freunden? Ist das nicht der Gipfel der griechischen Gemeinschaftlichkeit als Gespräch unter freien Männern? In Wirklichkeit hat Sokrates unverzüglich jede Diskussion unmöglich gemacht, sowohl in der gedrängten Form eines Agons von Fragen und Antworten als auch in der gedehnten Form einer Rivalität zwischen Reden. Er hat aus dem Freund einzig den Freund des Begriffs gemacht, und aus dem Begriff den unerbittlichen Monolog, der Zug um Zug die Rivalen aussschaltet.

Beispiel II
Wie sehr Platon Meister des Begriffs ist, zeigt der *Parmenides*. Das Eine besitzt zwei Komponenten (das Sein und das Nicht-Sein), Komponentenphasen (das Eine größer als das Sein, gleich dem Sein, kleiner als das Sein; das Eine größer als das Nicht-Sein, gleich dem Nicht-Sein), Ununterscheidbarkeitszonen (im Verhältnis zu sich, im Verhältnis zu den anderen). Es ist ein Modell des Begriffs.
Geht aber das Eine nicht jedem Begriff voraus? An dieser Stelle lehrt Platon das Gegenteil dessen, was er tut: Er erschafft Begriffe, aber er ist gezwungen, sie als solche zu setzen, die das Unerschaffene repräsentieren, das ihnen vorausgeht. Er füllt den Begriff mit Zeit, diese Zeit aber muß das Frühere sein. Er konstruiert den Begriff, er konstruiert ihn allerdings als solchen, der die Präexistenz einer Objektität bezeugt, in Form einer Zeitdifferenz, die die Entfernung oder Nähe des möglichen Konstrukteurs zu messen vermag. Dies rührt daher, daß auf der platonischen Ebene die Wahrheit sich als vorausgesetzte, als bereits vorhandene setzt. Das ist die Idee. Im Begriff der platonischen Idee nimmt das *Erste* einen sehr präzisen Sinn an, der stark von demjenigen abweicht, den es bei Descartes haben wird: als dasjenige, was objektiv eine reine Qualität besitzt oder nichts anderes ist, als es ist. Nur die Gerechtigkeit ist gerecht, nur die Tapferkeit ist tapfer – so sind die Ideen beschaffen, und es gibt eine Idee von Mutter, wenn es eine Mutter gibt, die nichts anderes als Mutter ist (und ihrerseits nicht Tochter gewesen wäre), oder ein Haar, das nichts als Haar (und nicht auch Silizium) ist. Es ist ausgemacht, daß die Dinge demgegenüber stets anderes sind, als sie sind: Bestenfalls besitzen sie also nur an zweiter Stelle, sie können auf die Qualität bloß *Anspruch erheben*, und dies nur in dem Maße, wie sie an der Idee *teilhaben*. Der Begriff der Idee hat dann folgende Komponenten: die Qualität als Besitz oder als zu besitzende; die Idee, die an erster Stelle besitzt, als nichtpartizipierbare; dasjenige, was Anspruch auf die Qualität erhebt und sie nur an zweiter, dritter, vierter... Stelle besitzen kann; die Idee, an der man teilhat und die die Ansprüche beurteilt. Der Vater, ein Zweitvater, die Tochter und die Bewerber, könnte man sagen. Dies sind die intensiven Ordinaten der Idee: Ein Anspruch wird nur durch eine Nachbarschaft begründet sein, durch eine mehr

oder weniger große Nähe, die man im Verhältnis zur Idee »gehabt hat«, im Überflug einer stets früheren, notwendig früheren Zeit. *Die Zeit in dieser Form der Vorzeitigkeit* ist dem Begriff zugehörig, sie ist gleichsam dessen Bereich. Es ist sicher nicht diese griechische Ebene, dieser platonische Boden, auf dem das Cogito heranreifen kann. Solange die Präexistenz der Idee fortbesteht (selbst noch in der christlichen Form von Archetypen im Begriffsvermögen Gottes), kann das Cogito zwar vorbereitet, aber nicht vollendet werden. Damit Descartes diesen Begriff erschaffen kann, wird das »Erste« auf einzigartige Weise den Sinn wechseln, einen subjektiven Sinn annehmen müssen, es wird sich jede Zeitdifferenz zwischen der Idee und der Seele, durch die sie als Subjekt gebildet wird, tilgen müssen (daher die Wichtigkeit der Bemerkung Descartes' gegen die Wiedererinnerung, daß nämlich die angeborenen Ideen nicht »vor«, sondern »gleichzeitig« mit der Seele bestehen). Man wird eine Augenblicklichkeit des Begriffs erlangen und Gott selbst noch die Wahrheiten erschaffen müssen. Der Anspruch wird sich in seinem Wesen ändern müssen: Der Bewerber erhält die Tochter nicht länger aus den Händen eines Vaters, er verdankt sie vielmehr nur seinen eigenen ritterlichen Großtaten..., seiner eigenen Methode. Die Frage, ob Malebranche die platonischen Komponenten auf einer im eigentlichen Sinne kartesianischen Ebene reaktivieren kann – und zu welchem Preis –, müßte unter diesem Gesichtspunkt analysiert werden. Wir aber wollten nur zeigen, daß ein Begriff stets Komponenten besitzt, die das Erscheinen eines anderen Begriffs verhindern oder, im Gegenteil, selbst nur um den Preis des Verschwindens anderer Begriffe erscheinen können. Indessen liegt der Wert eines Begriffs niemals in dem, was von ihm verhindert wird: Sein Wert liegt nur in seiner unvergleichlichen Stellung und seiner Erschaffung selbst.

Nehmen wir an, man füge einem Begriff eine Komponente hinzu: Es ist wahrscheinlich, daß er zerbersten oder eine vollständige Mutation erfahren wird, die vielleicht eine andere Ebene, in jedem Fall andere Probleme implizieren wird. Dies ist der Fall des Kantischen Cogito. Sicher konstruiert Kant eine »transzendentale« Ebene, die jeden Zweifel überflüssig macht und die Natur der Voraussetzungen noch einmal verändert. Aber gerade aufgrund dieser Ebene kann er erklären, daß man, wenn »ich denke« eine *Bestimmung* ist, die als solche eine *unbestimmte* Existenz (»ich bin«) impliziert, deswegen nicht schon wisse, auf welche Weise dieses Unbestimmte *bestimmbar* sei oder in welcher Form es als bestimmt erscheine.

Kant »kritisiert« also Descartes, der gesagt habe: Ich bin eine denkende Substanz – da ja ein derartiger Anspruch des Ego durch nichts begründet wird. Kant reklamiert die Einführung einer neuen Komponente ins Cogito, nämlich diejenige, die Descartes zurückgewiesen hatte: eben die Zeit, denn nur in der Zeit kann meine unbestimmte Existenz bestimmbar werden. Ich bin aber nur als passives und phänomenales Ich in der Zeit bestimmt, als stets affizierbares, modifizierbares und variables Ich. Somit weist das Cogito nunmehr vier Komponenten auf: Ich denke und bin aus diesem Grund aktiv; ich habe eine Existenz; diese Existenz ist bestimmbar nur in der Zeit als Existenz eines passiven Ichs; ich bin folglich als ein passives Ich bestimmt, das sich seine eigene Denktätigkeit notwendig als ein Anderes vorstellt, von dem es affiziert wird. Dies ist kein anderes Subjekt, vielmehr wird das Subjekt selbst ein anderes... Ist dies der Weg einer Konversion des Ichs zum Anderen? Eine Vorbereitung des »Ich ist ein anderer«? Es ist dies eine neue Syntax mit anderen Ordinaten, mit anderen Ununterscheidbarkeitszonen, die durch das Schema, dann durch die Selbstaffektion des Selbst gewährleistet werden und Ego [Je] und Ich [Moi] *untrennbar* machen.

Daß Kant Descartes »kritisiert«, bedeutet nur, daß er eine Ebene errichtet und ein Problem konstruiert hat, die nicht vom kartesianischen Cogito besetzt und verwirklicht werden können. Descartes hatte das Cogito als Begriff erschaffen, indem er allerdings die Zeit als *Form von Vorzeitigkeit* ausschied, um aus dieser einen bloßen Abfolgemodus zu machen, der auf die creatio continua verweist. Kant führt die Zeit von neuem ins Cogito ein, allerdings eine gänzlich andere Zeit als die der platonischen Vorzeitigkeit. Begriffsschöpfung. Er macht die Zeit zur Komponente eines neuen Cogito, unter der Bedingung aber, daß er seinerseits einen neuen Begriff der Zeit liefert: Die Zeit wird *Innerlichkeitsform* mit drei Komponenten, mit Folge, aber auch Zugleichsein und Beharrlichkeit. Was zudem einen neuen Raumbegriff impliziert, der nicht mehr durch bloße Gleichzeitigkeit definiert werden kann und Äußerlichkeitsform wird. Dies ist eine beträchtliche Revolution. Raum, Zeit, Ich denke – drei originale Begriffe, die durch Brücken miteinander verbunden sind, die ebenso viele Kreuzungen, Orte der Begegnung darstellen. Ein Schub neuer Begriffe. Die Geschichte der Philosophie impliziert nicht nur, daß man die historische Neuartigkeit der von einem Philosophen erschaffenen Begriffe beurteilt, sondern auch die Macht ihres Werdens, wenn sie ineinander übergehen.

Überall treffen wir auf den gleichen pädagogischen Status des Begriffs: eine *Mannigfaltigkeit*, eine Oberfläche oder ein Volumen, die absolut, selbstbezüglich sind, sich aus einer gewissen Anzahl untrennbarer intensiver Variationen gemäß einer Nachbarschaftsordnung zusammensetzen und von einem Punkt im Überflug durchlaufen werden. Der Begriff ist der Umriß, die Konfiguration, die Konstellation eines künftigen Ereignisses. In diesem Sinne sind die Begriffe mit vollem Recht Sache der Philosophie, weil sie es ist, die sie erschafft und immer von neuem erschafft. Selbstverständlich ist der Begriff Erkenntnis, allerdings Selbsterkenntnis, und was er erkennt, ist das reine Ereignis, das nicht mit dem Sachverhalt verschmilzt, in dem es sich verkörpert. Stets ein Ereignis aus den Dingen und Wesen freisetzen – das ist die Aufgabe der Philosophie, wenn sie Begriffe, Entitäten erschafft. Das neue Ereignis der Dinge und Wesen entwerfen, ihnen stets ein neues Ereignis bieten: den Raum, die Zeit, die Materie, das Denken, das Mögliche als Ereignisse...
Begriffe der Wissenschaft auszuborgen ist unnütz: Selbst wenn sie sich den gleichen »Gegenständen« widmet, geschieht dies nicht unter dem Gesichtspunkt des Begriffs, nicht durch Erschaffung von Begriffen. Man mag sagen, dies sei ein Streit um Wörter, aber nur selten bringen Wörter keine Absichten und Tricks ins Spiel. Dies wäre ein bloßer Streit um Wörter, wenn man beschließen würde, den Begriff für die Wissenschaft zu reservieren, auch wenn man dann ein anderes Wort finden müßte, um das Geschäft der Philosophie zu bezeichnen. Meistens aber geht man anders vor. Zuerst schreibt man die Macht des Begriffs der Wissenschaft zu, man definiert den Begriff durch die schöpferischen Verfahren der Wissenschaft, man bemißt ihn nach der Wissenschaft, dann fragt man sich, ob nicht eine Möglichkeit bleibt, daß die Philosophie ihrerseits Begriffe zweiter Ordnung bildet, die ihre eigene Insuffizienz durch eine vage Berufung auf das Erleben wettmachen. So definiert Gilles-Gaston Granger den Begriff zunächst als eine wissenschaftliche Proposition

oder Funktion, räumt dann ein, daß es dabei dennoch philosophische Begriffe geben kann, die die Referenz auf den Gegenstand durch das Korrelat einer »Totalität des Erlebens« ersetzen.[4] In Wirklichkeit aber weiß die Philosophie entweder nichts vom Begriff, oder sie kennt ihn mit vollem Recht und aus erster Hand, so daß sie nichts von ihm der Wissenschaft überläßt, die ihn übrigens nicht braucht und sich nur mit Sachverhalten und ihren Bedingungen abgibt. Der Wissenschaft genügen die Propositionen oder Funktionen, während es die Philosophie ihrerseits nicht nötig hat, sich auf ein Erleben zu berufen, das sekundären und durch sich selbst blutleeren Begriffen nur ein phantomhaftes und äußerliches Leben verleihen würde. Der philosophische Begriff bezieht sich nicht – kompensatorisch – auf das Erleben, sondern besteht – durch seine eigene Schöpfung – in der Schaffung eines Ereignisses, das alles Erleben ebenso überfliegt wie jeglichen Sachverhalt. Jeder Begriff schneidet das Ereignis zurecht, schneidet es nach seiner Art von neuem zurecht. Die Größe einer Philosophie bemißt sich an der Natur der Ereignisse, zu denen wir durch ihre Begriffe berufen werden oder die wir dank ihrer in den Begriffen freizusetzen vermögen. Darum muß das einzigartige, exklusive Band zwischen den Begriffen und der Philosophie als schöpferischer Disziplin in den kleinsten Einzelheiten geprüft werden. Der Begriff ist Sache der Philosophie und nur ihre Sache.

---

4 Gilles-Gaston Granger, *Pour la connaissance philosophique*, Paris 1988, Kap. 4.

2. Die Immanenzebene

Die philosophischen Begriffe sind fragmentarische Ganzheiten, die nicht ineinander passen, da sich ihre Ränder nicht decken. Sie entstehen eher aus Würfelwürfen, als daß sie ein Puzzle bilden. Und dennoch geben sie einander Echo, und die Philosophie, die sie erschafft, bietet stets ein mächtiges, nicht-fragmentiertes Ganzes, selbst wenn es offen bleibt: unbegrenztes All-Eines, Omnitudo, die sie alle auf ein und derselben Ebene enthält. Dies ist ein Tisch, ein Plateau, eine Schnittfläche. Dies ist eine Konsistenzebene oder, genauer, die Immanenzebene der Begriffe, das Planomenon. Die Begriffe und die Ebene stehen in strenger Wechselbeziehung, dürfen aber um so weniger miteinander verwechselt werden. Die Immanenzebene ist kein Begriff, auch nicht der Begriff aller Begriffe. Verwechselte man sie, so hinderte die Begriffe nichts daran, eins oder Universalien zu werden und ihre Singularität zu verlieren, aber auch die Ebene würde unweigerlich ihre Offenheit verlieren. Die Philosophie ist Konstruktivismus, und der Konstruktivismus besitzt zwei komplementäre Aspekte, die sich wesensmäßig voneinander unterscheiden: Begriffe erschaffen und eine Ebene entwerfen. Die Begriffe sind gleichsam die mannigfaltigen Wellen, die sich heben und senken, die Immanenzebene aber ist die eine Welle, von der sie auf- und abgewickelt werden. Die Ebene umhüllt die unendlichen Bewegungen, die sie durchlaufen und wiederkehren, die Begriffe aber sind die unendlichen Geschwindigkeiten endlicher Bewegungen, die stets nur ihre eigenen Komponenten durchlaufen. Von Epikur bis Spinoza*, von Spinoza bis Michaux ist das Problem des Denkens die unendliche Geschwindigkeit, diese aber bedarf eines Milieus, das sich unendlich in sich selbst bewegt, die Ebene, die Leere, der Horizont. Notwendig ist die Elastizität des

---

* Das großartige fünfte Buch...

Begriffs, aber auch die Flüssigkeit des Milieus.[1] Beide sind nötig, um die »langsamen Wesen« zu bilden, die wir sind. Die Begriffe sind der Archipel oder das Gerüst, eine Wirbelsäule eher als ein Schädel, während die Ebene die Atmung ist, die diese Isolate umströmt. Die Begriffe sind absolute, unförmige und fragmentarische Oberflächen oder Volumina, während die Ebene das unbegrenzte, formlose Absolute ist, weder Oberfläche noch Volumen, stets aber fraktal. Die Begriffe sind konkrete Gefüge wie Konfigurationen einer Maschine, die Ebene aber ist die abstrakte Maschine, deren Bestandteile die Gefüge darstellen. Die Begriffe sind Ereignisse, die Ebene aber ist der Horizont der Ereignisse, der Speicher oder der Vorrat der rein begrifflichen Ereignisse: nicht der relative Horizont, der als eine Grenze fungiert, sich mit dem Beobachter verändert und die beobachtbaren Sachverhalte umschließt, sondern der absolute Horizont, der von jedem Beobachter unabhängig ist und das Ereignis als Begriff von jedem sichtbaren Sachverhalt unabhängig macht, in dem es sich verwirklichte.[2] Die Begriffe pflastern, besetzen oder bevölkern die Ebene, Stück für Stück, während die Ebene selbst das unteilbare Milieu ist, in dem sich die Begriffe verteilen, ohne dessen Vollständigkeit, dessen Kontinuität zu verletzen: Sie besetzen, ohne abzuzählen (die Ziffer des Begriffs ist keine Zahl), oder sie verteilen sich, ohne einzuteilen.

---

1 Zur Elastizität des Begriffs vgl. Hubert Damisch: Vorwort zu *Prospectus* von Dubuffet, Paris 1967, Bd. 1, S. 18-19.

2 Jean-Pierre Luminet unterscheidet die relativen Horizonte, wie den in einem Beobachter zentrierten und mit ihm sich verschiebenden Erdhorizont, und den absoluten Horizont, den »Horizont der Ereignisse«, der von jeglichem Beobachter unabhängig ist und die Ereignisse in zwei Kategorien einteilt, in gesehene und nicht-gesehene, kommmunizierbare und nicht-kommunizierbare (»Le trou noir et l'infini«, in: *Les dimensions de l'infini*, Supplementheft von *Nuovi Argomenti* 29 [1989], S. 82-87 [Italienisches Kulturinstitut, Paris]). Ebenso wird man sich auf den Zen-Text des japanischen Mönchs Dôgen beziehen, der sich auf den Horizont oder den »Vorrat« der Ereignisse beruft: *Shôbogenzo*, übersetzt und kommentiert von René de Ceccaty und Nakamura, Paris 1980.

Die Ebene ist gleichsam eine Wüste, die die Begriffe bevölkern, ohne sie aufzuteilen. Die Begriffe selbst sind die alleinigen Regionen auf der Ebene, die Ebene aber ist der einzige Träger der Begriffe. Die Ebene besitzt keine anderen Regionen als die Stämme, die sie bevölkern und auf ihr wandern. Die Ebene ist es, die den Zusammenschluß der Begriffe mit stets anwachsenden Verbindungen garantiert, und es sind die Begriffe, die die Besiedelung der Ebene in einer stets neuen, stets variablen Krümmung gewährleisten.

Die Immanenzebene ist kein gedachter oder denkbarer Begriff, sondern das Bild des Denkens, das Bild, das das Denken sich davon gibt, was denken, vom Denken Gebrauch machen, sich im Denken orientieren... bedeutet. Das ist keine Methode, denn jede Methode betrifft möglicherweise die Begriffe und setzt ein derartiges Bild voraus. Das ist ebensowenig ein Kenntnisstand bezüglich des Gehirns und seiner Funktionsweise, da das Denken hier nicht auf das träge Gehirn als wissenschaftlich bestimmbaren Sachverhalt bezogen wird, in dem es sich bloß verwirklicht, ganz gleich, wie sein Gebrauch und seine Orientierung auch beschaffen sein mögen. Und das ist ebensowenig die Meinung, die man sich über das Denken, seine Formen, seine Ziele und seine Mittel zu diesem oder jenem Augenblick bildet. Das Bild des Denkens impliziert eine strenge Aufteilung von Faktischem und *Rechtsanspruch*: Was dem Denken als solchem zukommt, muß von den Zufällen getrennt werden, die auf das Gehirn oder auf historisch bedingte Meinungen verweisen. »Quid juris?« Das Gedächtnis verlieren oder verrückt werden etwa – kann dies dem Denken als solchem zugehören, oder sind das nur Wechselfälle des Gehirns, die als bloße Fakten angesehen werden müssen? Und Kontemplieren, Reflektieren, Kommunizieren – ist dies etwas anderes als Meinungen, die man sich zu dieser oder jener Zeit, in dieser oder jener Kultur über das Denken zurechtlegt? Das Bild des Denkens hält nur fest, was das Denken rechtmäßig beanspruchen kann. Das Denken beansprucht »nur« die Bewegung, die bis ins Unendliche getrieben werden kann. Was das Denken in rechtlicher Beziehung beansprucht und auswählt, ist die unendliche Bewegung oder die Bewegung des Unendlichen. Sie ist es, die das Bild des Denkens konstituiert.

Die Bewegung des Unendlichen verweist nicht auf raumzeitliche Koordinaten, die die sukzessiven Positionen eines bewegten Körpers und die feststehenden Bezugspunkte definieren würden, bezüglich deren jene variieren. »Sich im Denken orientieren« impliziert weder einen objektiven Bezugspunkt noch einen bewegten Körper, der sich als Subjekt erfahren würde und als solches das Unendliche wollte oder benötigte. Die Bewegung hat alles erfaßt, und es gibt keinen Platz für ein Subjekt und ein Objekt, die nur Begriffe sein können. Der Horizont selbst ist in Bewegung: Der relative Horizont entfernt sich, wenn sich das Subjekt voranbewegt, der absolute Horizont aber – wir haben ihn stets und immer schon auf der Immanenzebene erreicht. Die unendliche Bewegung wird durch ein Hin und Her definiert, da sie nicht auf einen Bestimmungsort zuläuft, ohne bereits zu sich selbst zurückzukehren, wobei die Nadel zugleich der Pol ist. Wenn »sich nach... wenden« die Bewegung des Denkens zum Wahren hin darstellt, wie sollte sich dann nicht auch das Wahre zum Denken hin wenden? Und wie sollte sich das Wahre nicht selbst vom Denken abwenden, wenn sich das Denken vom Wahren abwendet? Es ist dies jedoch keine Verschmelzung, sondern eine Reversibilität, ein unmittelbarer, fortwährender, augenblicklicher Austausch, ein Blitz. Die unendliche Bewegung ist zweifach, und zwischen beiden besteht nur eine Falte. In diesem Sinne heißt es: Denken und Sein sind ein und dasselbe. Oder vielmehr: Die Bewegung ist nicht das Bild des Denkens, ohne nicht zugleich der Stoff des Seins zu sein. Wenn das Denken von Thales aufschießt, so kehrt es als Wasser wieder. Wenn das Denken Heraklits zum *polemos* wird, so kehrt gerade das Feuer zu ihm zurück. Auf beiden Seiten ist es dieselbe Geschwindigkeit: »Das Atom bewegt sich mit der Schnelligkeit des Gedankens«.³ Die Immanenzebene hat zwei Seiten, als Denken und als Natur, als Physis und als Nous. Es gibt darum stets eine Vielzahl unendlicher Bewegungen, die einander enthalten und ineinander gefaltet sind, und zwar in dem Maße, wie die Wiederkehr der einen augenblicklich eine andere erregt, so daß sich die Immanenzebene unaufhörlich fortspinnt – ein gigantisches Webschiffchen. Sich nach... wenden impliziert nicht nur sich abwenden, sondern trotzen, eine Kehrtwendung machen, sich umwenden, sich verlieren, sich auslöschen.⁴ Selbst das Negative erzeugt unendliche Bewegungen: dem Irrtum verfallen wie das Falsche vermeiden, sich von den Leidenschaften beherrschen lassen wie sie meistern. Verschiedene Bewegungen des Unendlichen sind derart miteinander vermengt, daß sie dem All-Einen der Immanenzebene keineswegs Abbruch tun, sondern deren variable Krümmung, Höhlungen und Wölbungen, in gewisser Weise deren fraktale Natur bilden. Gerade diese fraktale Natur macht aus dem Planomenon ein Unendliches, das nie mit irgendeiner Oberfläche oder irgendeinem Volumen zusammengeht, die man als Begriff festschreiben könnte. Jede Bewegung durchläuft die gesamte Ebene, indem sie eine unmittelbare Wiederkehr zu sich selbst vollzieht, sich faltet, aber dabei auch andere faltet oder sich falten läßt, Rückkopplungen, Verbindungen, Wucherungen erzeugt, in der Fraktalisierung dieser unendlich gefalteten Unendlichkeit (variable Krümmung der Ebene). Wenn es aber zutrifft, daß die Immanenzebene stets eine einzige ist, die selbst reine Variation ist, werden wir um so dringlicher erklären müssen, warum es vielfältige, voneinander geschiedene Immanenzebenen gibt, die im Laufe der Geschichte aufeinander folgen oder miteinander rivalisieren, und zwar gerade nach Maßgabe der berücksichtigten, ausge-

3 Epikur: *Brief an Herodot*, 61-62, in: *Von der Überwindung der Furcht*, Zürich und München ³1983, S. 76.
4 Zu diesen Dynamiken vgl. Michel Couthial, *Le visage* (erscheint demnächst).

wählten unendlichen Bewegungen. Die Ebene ist bei den Griechen, im 17. Jahrhundert oder heute sicher nicht dieselbe (und noch diese Angaben sind vage und allgemein): weder dasselbe Bild des Denkens noch derselbe Stoff des Seins. Die Ebene ist also der Gegenstand einer unendlichen Spezifizierung, die dazu führt, daß sie das All-Eine nur in dem jeweils durch die Selektion der Bewegung spezifizierten Fall zu sein scheint. Diese Schwierigkeit, die die eigentliche Beschaffenheit der Immanenzebene betrifft, kann nur Schritt für Schritt ausgeräumt werden.

Wesentlich ist, daß man die Immanenzebene und die Begriffe, die sie besetzen, nicht miteinander verwechselt. Und dennoch können dieselben Elemente zweimal erscheinen, auf der Ebene und im Begriff; dies aber wird nicht mit denselben Merkmalen geschehen, selbst wenn sie sich in denselben Verben und Wörtern ausdrücken: Wir haben dies bezüglich des Seins, des Denkens, des Einen gesehen; sie sind in den Begriffskomponenten enthalten und stellen selbst Begriffe dar, auf ganz andere Weise aber gehören sie dann zur Ebene als Bild oder Stoff. Umgekehrt kann das Wahre auf der Ebene nur durch ein »sich nach ... wenden« oder durch »das, wohin sich das Denken wendet« definiert werden; aber wir verfügen damit über keinerlei Begriff von Wahrheit. Wenn der Irrtum selbst ein rechtmäßiges Element ist, das zur Ebene gehört, so besteht er bloß darin, das Falsche für das Wahre zu halten (zu Fall zu kommen), erhält aber einen Begriff nur, wenn man seine Komponenten bestimmt (nach Descartes etwa die beiden Komponenten eines endlichen Verstandes und eines unendlichen Willens). Die Bewegungen oder Elemente der Ebene erscheinen folglich nur als nominale Definitionen im Verhältnis zu den Begriffen, solange die Wesensdifferenz unberücksichtigt bleibt. In Wirklichkeit aber sind die Elemente der Ebene *diagrammatische Merkmale*, die Begriffe dagegen *intensive Merkmale*. Die ersteren sind Bewegungen des Unendlichen, letztere dagegen die intensiven Ordinaten dieser Bewegungen, gleichsam originale

Schnitte oder differentielle Positionen: endliche Bewegungen, bei denen das Unendliche nur mehr Geschwindigkeit ist und die stets eine Oberfläche oder ein Volumen bilden, einen unregelmäßigen Umriß, der einen Stillstand im Wucherungsgrad kennzeichnet. Erstere sind absolute *Richtungen* fraktaler Natur, letztere dagegen absolute *Dimensionen*, stets fragmentarische, intensiv definierte Oberflächen oder Volumina. Erstere sind *Anschauungen*, letztere *Intensionen*. Daß jede Philosophie von einer Anschauung abhängt, die bis auf die Intensitätsdifferenzen von ihren Begriffen unablässig entfaltet wird – diese grandiose Leibnizsche oder Bergsonsche Perspektive ist begründet, wenn man die Anschauung als Umhüllung der unendlichen Bewegungen des Denkens betrachtet, die unaufhörlich eine Immanenzebene durchlaufen. Sicherlich läßt sich daraus nicht schließen, daß sich die Begriffe von der Ebene ableiten: Es bedarf einer speziellen Konstruktion, die von der der Ebene unterschieden ist, und darum müssen die Begriffe genauso erschaffen werden, wie die Ebene errichtet wird. Niemals sind die intensiven Merkmale die Konsequenz der diagrammatischen Merkmale, und ebensowenig leiten sich die intensiven Ordinaten von den Bewegungen oder Richtungen ab. Die Korrespondenz zwischen beiden übersteigt sogar die bloßen Resonanzen und bringt Instanzen ins Spiel, die bei der Erschaffung der Begriffe beteiligt sind, nämlich die Begriffspersonen.

Beginnt die Philosophie mit der Schöpfung der Begriffe, so muß die Immanenzebene als vorphilosophisch angesehen werden. Sie wird vorausgesetzt, und zwar nicht derart, wie ein Begriff auf andere Begriffe verweisen kann, sondern so, daß die Begriffe selbst auf ein nicht-begriffliches Verständnis verweisen. Freilich variiert dieses intuitive Verständnis je nach Art und Weise, wie die Ebene entworfen wird. Bei Descartes handelte es sich um ein subjektives und implizites Verständnis, das vom »Ich denke« als erstem Begriff vorausgesetzt wurde; bei Platon war es das virtuelle Bild eines Bereits-Gedachten, das den aktuellen Begriff verdoppelte.

Heidegger beruft sich auf ein »vorontologisches Verständnis des Seins«, auf ein »vorbegriffliches« Verständnis, das sehr wohl den Zugriff auf eine Materie des Seins im Verhältnis zu einer Disposition des Denkens zu implizieren scheint. Als vorphilosophisch oder gar nicht-philosophisch jedenfalls setzt die Philosophie die Macht eines All-Einen, und zwar als eine wandernde Wüste, die von den Begriffen besiedelt wird. Vorphilosophisch meint nichts Präexistentes, sondern etwas, *das nicht außerhalb der Philosophie existiert*, wenngleich es von dieser vorausgesetzt wird. Es sind dies ihre inneren Bedingungen. Das Nicht-Philosophische ist vielleicht tiefer im Zentrum der Philosophie als die Philosophie selbst und bedeutet, daß die Philosophie nicht hinlänglich auf bloß philosophische oder begriffliche Weise verstanden werden kann, sondern in ihrem Wesen sich auch an die Nicht-Philosophen wendet.[5] Wir werden sehen, daß dieser ständige Bezug auf die Nicht-Philosophie verschiedenartige Aspekte annehmen kann; jenem ersten Gesichtspunkt zufolge impliziert die als Schöpfung von Begriffen definierte Philosophie eine Voraussetzung, die sich von ihr unterscheidet und doch untrennbar mit ihr verbunden ist. Die Philosophie ist zugleich Begriffsschöpfung und Errichtung, Begründung der Ebene. Der Begriff ist der Anfang der Philosophie, die Ebene aber ist deren Gründung.[6] Die Ebene besteht selbstverständlich nicht aus einem Programm, einem Vorhaben, Ziel oder Mittel; sie ist eine Immanenzebene, die den absoluten Boden der Philosophie darstellt, ihre Erde oder ihre Deterritorialisie-

---

5 François Laruelle verfolgt einen der interessantesten Versuche der zeitgenössischen Philosophie: Er beruft sich auf ein All-Eines, das er als »nicht-philosophisch« und seltsamerweise als »wissenschaftlich« qualifiziert und in dem die »philosophische Entscheidung« verwurzelt ist. Dieses All-Eine scheint Spinoza nahezustehen. Vgl. *Philosophie et non-philosophie*, Paris 1989.

6 Etienne Souriau veröffentlichte 1939 *L'instauration de la philosophie*: Mit feinem Verständnis für die schöpferische Tätigkeit in der Philosophie berief er sich auf eine Art Begründungsebene als Boden dieser Erschaffung oder »Philosophem«, das von Dynamiken erfüllt wird (Paris 1939, S. 62 f.).

rung, ihr Fundament, auf denen sie ihre Begriffe erschafft. Zwei Dinge sind nötig: Begriffe erschaffen und die Ebene errichten, ganz wie zwei Flügel oder Flossen.

Denken löst allgemeine Indifferenz aus. Und dennoch kann man durchaus sagen, es sei eine gefährliche Übung. Und die Indifferenz schwindet sogar nur dann, wenn die Gefahren offensichtlich werden, oft aber bleiben sie verborgen, kaum wahrnehmbar, dem Vorhaben inhärent. Eben weil die Immanenzebene vorphilosophisch ist und nicht schon mit Begriffen wirksam wird, impliziert sie eine Art tastendes Experimentieren, und ihr Entwurf rekurriert auf schwer eingestehbare, wenig rationale und vernünftige Mittel. Es sind Mittel, die aus dem Reich des Traums stammen, aus dem pathologischen Prozeß, aus esoterischen Erfahrungen, aus Trunkenheit oder Exzeß. Man läuft auf der Immanenzebene bis zum Horizont; man kehrt mit roten Augen zurück, selbst wenn dies die Augen des Geistes sind. Selbst Descartes hat seinen Traum. Denken heißt stets einer Hexenlinie folgen. Die Immanenzebene bei Michaux etwa, mit ihren unendlichen, wütenden Bewegungen und Geschwindigkeiten. Diese Mittel erscheinen meist nicht im Resultat, das nur an sich selbst und gelassen erfaßt werden darf. »Gefahr« nimmt dann aber einen anderen Sinn an: Es handelt sich um schlüssige Konsequenzen, wenn die reine Immanenz in der öffentlichen Meinung eine starke instinktive Ablehnung auslöst und die Natur der Begriffe diese Ablehnung noch verstärkt. Man denkt nämlich nicht, ohne zugleich etwas anderes zu werden, etwas, das nicht denkt, ein Tier, eine Pflanze, ein Molekül, ein Partikel, die zum Denken zurückkehren und es von neuem in Gang setzen.

Die Immanenzebene ist gleichsam ein Schnitt durch das Chaos und wirkt wie ein Sieb. Denn das Chaos ist weniger durch das Fehlen von Bestimmungen als durch die unendliche Geschwindigkeit gekennzeichnet, mit der sie sich abzeichnen und verflüchtigen: keine Bewegung von einer zur anderen, sondern im Gegenteil die Unmöglichkeit eines Bezugs zwischen zwei Bestimmungen, da die eine nur dann erscheint, wenn die andere bereits verschwunden ist, und die eine im Verblassen erscheint, wenn die andere als Umriß verschwindet. Das Chaos ist kein inerter oder stationärer Zustand, kein Zufallsgemisch. Das Chaos chaotisiert und löst im Unendlichen jede Konsistenz auf. Das Problem der Philosophie besteht darin, eine Konsistenz zu erlangen, ohne das Unendliche zu verlieren, in das das Denken eingebettet ist (das Chaos besitzt in dieser Hinsicht mentale wie physische Existenz). *Konsistenz verleihen ohne irgend das Unendliche preiszugeben* – dies unterscheidet sich deutlich vom Problem der Wissenschaft, die dem Chaos dadurch referentielle Bezüge zu geben versucht, daß sie auf die unendlichen Bewegungen und Geschwindigkeiten verzichtet und zunächst eine Geschwindigkeitsbegrenzung einführt: Am Anfang der Wissenschaft steht das Licht oder der relative Horizont. Die Philosophie dagegen verfährt durch Voraussetzen oder Errichten der Immanenzebene: Sie ist es, deren variable *Krümmungen* die unendlichen Bewegungen bewahren, die im fortwährenden Austausch zu sich selbst zurückkehren, aber zugleich unablässig andere freisetzen, die sich bewahren. Es bleibt damit den Begriffen vorbehalten, die intensiven Ordinaten dieser unendlichen Bewegungen und ebenso der selbst wiederum endlichen Bewegungen nachzuzeichnen, die mit unendlicher Geschwindigkeit variable *Umrisse* bilden, die in die Ebene eingeschrieben sind. Indem sie einen Schnitt durch das Chaos legt, appelliert die Immanenzebene an eine Schöpfung von Begriffen.

Auf die Frage: Kann oder muß die Philosophie als griechische angesehen werden? – schien eine erste Antwort darauf zu lauten, daß sich die griechische Polis tatsächlich als die neue Gesellschaft der »Freunde« darstellt, mit allen Zweideutigkeiten dieses Worts. Jean-Pierre Vernant fügt eine zweite Antwort hinzu: Die Griechen hätten als erste eine strikte Immanenz der Ordnung in einem kosmischen Milieu ersonnen, das in Form einer Ebene einen Schnitt durch das

Chaos legt. Wenn man eine derartige Sieb-Ebene Logos nennt, so besteht ein großer Abstand zwischen dem Logos und der bloßen »Vernunft« (etwa wenn man sagt, die Welt sei vernünftig). Die Vernunft ist nur ein Begriff, ein recht armseliger Begriff, um die Ebene und die unendlichen Bewegungen zu definieren, die sie durchlaufen. Kurz, die ersten Philosophen sind jene, die eine Immanenzebene als ein über das Chaos gespanntes Sieb errichten. Sie treten in dieser Hinsicht den Weisen gegenüber, die Vertreter der Religion und Priester sind, weil sie die Errichtung einer stets transzendenten Ordnung ersinnen, die von außen durch einen großen Despoten oder einen höchsten Gott oktroyiert und von Eris inspiriert wurde, und zwar im Anschluß an Kriege, die jeden Agon übersteigen, und Ausbrüche an Haß, die von vornherein die Prüfungen der Rivalität vereiteln.[7] Religion gibt es immer dann, wenn es Transzendenz gibt, vertikales Sein, imperialen Staat im Himmel oder auf Erden, und es gibt Philosophie immer dann, wenn es Immanenz gibt, selbst wenn sie als Arena des Agon und der Rivalität dient (die griechischen Tyrannen wären kein Einwand, weil sie ganz und gar auf der Seite der Gesellschaft der Freunde stehen, wie sie sich über ihre verrücktesten, gewalttätigsten Rivalitäten hinweg darstellt). Und diese beiden möglichen Bestimmungen der Philosophie als griechischer sind vielleicht innig miteinander verbunden. Einzig Freunde können eine Immanenzebene als einen Boden aufspannen, der sich den Götzenbildern entzieht. Bei Empedokles wird sie von Philia entworfen, selbst wenn sie nicht auf mich zurückwirkt, ohne den Haß als negativ gewordene Bewegung einzufalten, der von einer Sub-Transzendenz des Chaos (der Vulkan) und einer Supra-Transzendenz eines Gottes zeugt. Möglicherweise wirken die ersten Philosophen, und vor allem Empedokles, noch wie Priester oder gar Könige. Sie legen die Maske des

---

[7] Vgl. Jean-Pierre Vernant, *Die Entstehung des griechischen Denkens*, Frankfurt am Main 1982, S. 103-120.

Weisen an, und wie sollte die Philosophie – so Nietzsche – in ihren Anfängen nicht verkleidet sein? Wird sie überhaupt je aufhören, sich verkleiden zu müssen? Wenn die Gründung der Philosophie mit der Voraussetzung einer vorphilosophischen Ebene verschmilzt, wie sollte die Philosophie nicht davon profitieren, um eine Maske anzunehmen? Jedenfalls entwerfen die ersten Philosophen eine Ebene, die unablässig von unbegrenzten Bewegungen durchlaufen wird, und zwar auf beiden Seiten, von denen die eine als Physis bestimmbar ist, insofern sie dem Sein Materie verleiht, die andere als Nous, insofern sie dem Denken ein Bild verschafft. Anaximander ist es, der die Unterscheidung der beiden Seiten zur größten Schärfe vorantreibt, indem er die Bewegung der Qualitäten mit der Macht eines absoluten Horizonts kombiniert, dem Apeiron oder dem Unbegrenzten, stets aber auf derselben Ebene. Der Philosoph leistet eine weitläufige Umwendung der Weisheit, er stellt sie in den Dienst der reinen Immanenz. Er ersetzt die Genealogie durch eine Geologie.

Beispiel III
Kann man die gesamte Geschichte der Philosophie unter dem Gesichtspunkt der Errichtung einer Immanenzebene darstellen? Man unterscheidet dann die Physikalisten, die auf der Materie des Seins, und die Noologisten, die auf dem Bild des Denkens bestehen. Ganz schnell taucht aber eine Verwechslungsgefahr auf: Anstatt daß die Immanenzebene selbst diese Materie des Seins oder dieses Bild des Denkens bildet, ist es vielmehr die Immanenz, die auf etwas wie einen »Dativ«, Materie oder Geist, bezogen würde. Was mit Platon und seinen Nachfolgern offensichtlich wird. Anstatt daß eine Immanenzebene das All-Eine bildet, ist die Immanenz »dem« Einen immanent, so daß sich ein anderes – nun transzendentes – Eines über dasjenige legt, in dem sich die Immanenz ausdehnt oder dem sie sich zuschreibt: Stets Eines jenseits des Einen, so wird die Formel der Neoplatoniker lauten. Immer wenn man die Immanenz als »einer« Sache immanent interpretiert, entsteht eine Verwechslung von Ebene und Begriff, so daß der Begriff ein transzendentes Universal und die Ebene ein Attribut im Begriff wird. Derart mißverstanden, setzt die Immanenzebene das Tran-

53

szendente von neuem in Gang: Sie ist ein bloßes Feld von Phänomenen, dem nur an zweiter Stelle zukommt, was sich zunächst der transzendenten Einheit zuschreibt.

Die Lage verschlimmert sich mit der christlichen Philosophie. Die Setzung von Immanenz bleibt die reine philosophische Gründung, zugleich aber wird sie nur in sehr kleinen Dosen ertragen, sie wird von den Ansprüchen einer emanativen und vor allem kreativen Transzendenz streng kontrolliert und eingerahmt. Jeder Philosoph muß unter Einsatz seines Werks und zuweilen seines Lebens den Beweis dafür liefern, daß die Dosis an Immanenz, die er der Welt und dem Geist injiziert, nicht die Transzendenz eines Gottes beeinträchtigt, dem die Immanenz nur in zweiter Hinsicht zugeschrieben werden darf (Nikolaus von Kues, Meister Eckhart, Giordano Bruno). Die religiöse Autorität gebietet, daß die Immanenz nur als lokal beschränkte oder auf einer Zwischenebene hingenommen wird, ein wenig wie bei einem römischen Springbrunnen, in dem das Wasser für kurze Zeit auf jedem Plateau immanieren kann, unter der Bedingung allerdings, daß es von einer höher gelegenen Quelle herkommt und weiter nach unten fällt (Transaszendenz und Transdeszendenz, wie Wahl sagte). Die Immanenz kann man für den glühenden Probierstein jeder Philosophie halten, weil sie alle Gefahren trägt, denen diese sich aussetzen muß, alle Verurteilungen, Verfolgungen und Verleugnungen, die diese erleiden muß. Was zumindest zur Überzeugung führt, daß das Problem der Immanenz nicht abstrakt oder bloß theoretisch ist. Auf den ersten Blick läßt sich nicht erkennen, warum die Immanenz so gefährlich ist, und doch ist es so. Sie verschlingt die Weisen und die Götter. Was der Immanenz oder dem Feuer gehört[8] – eben daran erkennt man den Philosophen. Die Immanenz ist nur sich selbst immanent und erfaßt demnach alles, absorbiert das All-Eine und läßt nichts bestehen, dem sie immanent sein könnte. Wann immer die Immanenz als dasjenige interpretiert wird, was *einer* Sache immanent ist – kann man sicher sein, daß diese Sache, dieses Etwas das Transzendente von neuem einführt.

Seit Descartes und mit Kant und Husserl ermöglicht es das Cogito, die Immanenzebene als ein Bewußtseinsfeld zu behandeln. Das rührt daher, daß man die Immanenzebene als einem reinen Be-

---

8 Frz. *la part du feu*: Spiel mit der Wendung *faire la part du feu*, das heißt »dem Feuer überlassen, was nicht zu retten ist«, »etwas preisgeben, um anderes zu retten«: zudem ein Buchtitel von Maurice Blanchot. [A. d. Ü.].

wußtsein, einem denkenden Subjekt immanent bestimmt. Dieses Subjekt wird Kant transzendental und nicht transzendent nennen, eben deshalb, weil es das Subjekt des Immanenzfeldes jeder möglicher Erfahrung ist, dem nichts entgeht, das Äußere ebensowenig wie das Innere. Kant verwirft jeden transzendenten Gebrauch der Synthesis, bezieht aber die Immanenz auf das Subjekt der Synthesis als neue Einheit, als subjektive Einheit. Er kann sich sogar den Luxus leisten, die transzendenten Ideen zu denunzieren, um aus ihnen den »Horizont« zu machen, der dem Subjekt immanent ist.[9] Damit aber findet Kant die moderne Art zur Rettung der Transzendenz: nicht mehr die Transzendenz eines Etwas oder eines Einen, das über allem steht (Kontemplation), sondern die Transzendenz eines Subjekts, *dem* sich das Immanenzfeld nicht zuschreibt, ohne nicht zugleich zu einem Ich zu gehören, das sich notwendigerweise ein derartiges Subjekt vorstellt (Reflexion). Die griechische Welt, die niemandem gehörte, wird mehr und mehr zum Eigentum eines christlichen Bewußtseins.

Noch einen Schritt weiter: Wenn die Immanenz »einer« transzendentalen Subjektivität immanent wird, so muß eben im Innern ihres eigenen Feldes die Marke oder Ziffer einer Transzendenz als Akt erscheinen, der nun auf ein anderes Ich, auf ein anderes Bewußtsein verweist (Kommunikation). Dies geschieht bei Husserl und bei vielen seiner Nachfolger, die im Anderen oder im Leib die Maulwurfsarbeit des Transzendenten in der Immanenz selbst entdecken. Husserl begreift die Immanenz als die eines Stroms des Erlebens, der der Subjektivität immanent ist; da aber all dieses – reine und gar wilde – Erleben nicht gänzlich zum Ich *gehört*, das sie sich vorstellt, so kehrt in den Gebieten der Nicht-Zugehörigkeit am Horizont etwas Transzendentes zurück: einmal in der Form einer »immanenten oder ursprünglichen Transzendenz« einer von intentionalen Objekten bevölkerten Welt, ein andermal als privilegierte Transzendenz einer intersubjektiven, von anderen Ichs bevölkerten Welt, ein drittes Mal als objektive Transzendenz einer ideellen, von kulturellen Formationen und durch die Gemeinschaft der Menschen bevölkerten Welt. Zu diesem Augenblick der Moderne begnügt man sich nicht mehr damit, die Immanenz in einem

---

9 Kant, *Kritik der reinen Vernunft*: Der Raum als Exterioritätsform ist nicht weniger »in uns« denn die Zeit als Interioritätsform (»Kritik des vierten Paralogismus«). Und zur Idee als »Horizont« vgl. den »Anhang zur transzendentalen Dialektik«.

Transzendenten zu denken, *man möchte die Transzendenz im Innern des Immanenten denken, und man erwartet gerade von der Immanenz einen Riß.* So wird etwa bei Jaspers die Immanenzebene die tiefste Bestimmung als »Umschließendes« erhalten, dieses Umschließende aber wird nur mehr ein Becken für die Eruptionen von Transzendenz sein. Die jüdisch-christliche Rede ersetzt den griechischen Logos: Man begnügt sich nicht mehr mit der Zuschreibung der Immanenz, man läßt sie überall das Transzendente ausscheiden. Man begnügt sich nicht mehr mit der Hinführung der Immanenz aufs Transzendente, man wünscht vielmehr, daß sie es zurückführt, reproduziert, daß sie es selbst herstellt. Offen gestanden ist das nicht schwer, man muß nur *die Bewegung anhalten*.[10] Sobald die Bewegung des Unendlichen anhält, steigt die Transzendenz herab, profitiert sie davon, um von neuem aufzutauchen, hervorzuschießen, wieder hervorzutreten. Die drei Arten von Universalien: Kontemplation, Reflexion, Kommunikation, entsprechen drei Zeitaltern der Philosophie: der Eidetik, der Kritik und der Phänomenologie, die sich nicht von der Geschichte einer langewährenden Illusion lösen. In der Umkehrung der Werte mußte man bis zu diesem Punkt gelangen: uns glauben machen, daß die Immanenz ein Gefängnis ist (Solipsismus...), vor dem uns das Transzendente rettet.

Sartres Annahme eines unpersönlichen transzendentalen Feldes setzt die Immanenz wieder ins Recht.[11] Wenn nämlich die Immanenz nur mehr sich selbst immanent ist, kann man von einer Immanenzebene sprechen. Eine derartige Ebene ist vielleicht ein radikaler Empirismus: Er böte nicht einen Erlebnisfluß, der einem Subjekt immanent wäre und sich in dem individualisierte, was zu einem Ich gehört. Er bietet nur Ereignisse, das heißt mögliche Welten als Begriffe, und Andere als Ausdrücke möglicher Welten oder Begriffspersonen. Das Ereignis bezieht nicht das Erleben auf ein transzendentes Subjekt = Ich, sondern bezieht sich im Gegenteil auf den immanenten Überflug eines subjektlosen Feldes; der Andere gibt einem anderen Ich keine Transzendenz zurück, sondern bringt jedes andere Ich auf die Immanenz des überflogenen Feldes zurück. Der Empirismus kennt nur Ereignisse und Andere

---

10 Raymond Bellour, *L'entre-images. Photo, cinéma, vidéo*, Paris 1990, S. 132: zur Verbindung der Transzendenz mit der Bewegungsunterbrechung oder dem »Bildstop«.
11 Jean-Paul Sartre, *Die Transzendenz des Ego*, Reinbek 1982.

und ist darum ein großer Schöpfer von Begriffen. Seine Kraft beginnt von dem Augenblick an zu wirken, an dem er das Subjekt definiert: eine Verhaltensweise, eine Gewohnheit, nichts als eine Gewohnheit in einem Immanenzfeld, die Gewohnheit, »ich« zu sagen...
Wer sich ganz und gar dessen bewußt war, daß die Immanenz nur sich selber immanent und damit eine Ebene ist, die von den Bewegungen des Unendlichen durchlaufen wird, angefüllt mit den intensiven Ordinaten – ist Spinoza. Darum ist er auch der Erste unter den Philosophen. Vielleicht der einzige, der keinerlei Kompromiß mit der Transzendenz geschlossen, ihr überall nachgestellt hat. Er hat die Bewegung des Unendlichen vollzogen und dem Denken in der dritten Erkenntnisgattung, im letzten Buch der *Ethik*, unendliche Geschwindigkeiten verliehen. Er erreicht hier unerhörte Geschwindigkeiten, so scharfe Abkürzungen, daß man nur noch von Musik, Wirbelsturm, Wind und Saiten sprechen kann. Er hat in der Immanenz die alleinige Freiheit gefunden. Er hat die Philosophie vollendet, weil er deren vorphilosophische Annahme erfüllt hat. Nicht die Immanenz ist es, die sich auf die Substanz und die Modi bei Spinoza bezieht, im Gegenteil, die spinozistischen Begriffe von Substanz und Modi sind es, die sich auf die Immanenzebene als ihre Voraussetzung beziehen. Diese Ebene präsentiert uns ihre beiden Seiten, die Ausdehnung und das Denken, oder, genauer, ihre beiden Potenzen, Seinspotenz und Denkpotenz. Spinoza – das ist der Taumel der Immanenz, dem so viele Philosophen vergeblich zu entkommen suchen. Werden wir jemals reif genug sein für einen spinozistischen Gedanken? Bergson ist dies widerfahren, einmal: Der Beginn von *Materie und Gedächtnis* entwirft eine Ebene, die das Chaos schneidet, unendliche Bewegung einer Materie, die sich unaufhörlich fortpflanzt, und zugleich Bild eines Denkens, das fortwährend und überall ein von Rechts wegen reines Bewußtsein ausstreut (nicht die Immanenz ist »dem« Bewußtsein immanent, sondern umgekehrt).

Illusionen umgeben die Ebene. Sie sind nicht jeweils abstrakter Widersinn noch bloß Zwänge von außen, sondern Täuschungen des Denkens. Erklären sie sich durch die Schwerfälligkeit unseres Gehirns, durch die vorgefertigte Bahnung herrschender Meinungen und dadurch, daß wir diese unendlichen Bewegungen nicht ertragen und diese unendlichen

Geschwindigkeiten, die uns zerschmettern würden, nicht meistern können (wir müssen dann die Bewegung anhalten, uns wieder zu Gefangenen eines relativen Horizonts machen)? Und doch sind wir es, die auf der Immanenzebene laufen, vor dem absoluten Horizont stehen. Die Illusionen müssen wohl, zu einem Teil wenigstens, aus der Ebene selbst aufsteigen, wie die Dunstschleier eines Teichs, wie die vorsokratischen Ausdünstungen, die der stets auf der Ebene sich vollziehenden Umwandlung der Elemente entströmen. Artaud sagte: Das »Bewußtseinsfeld« oder die unbegrenzte Immanenzebene – was die Indianer *Ciguri* nannten – erzeugt auch Halluzinationen, irrige Wahrnehmungen, schlechte Gefühle...[12] Man müßte die Liste dieser Illusionen erstellen, sie abmessen, wie Nietzsche nach Spinoza die Liste der »vier großen Irrtümer« erstellte. Aber die Liste ist unendlich. Es gibt zunächst die *Transzendenzillusion*, die womöglich allen anderen vorangeht (unter einem doppelten Gesichtspunkt, nämlich einer Sache die Immanenz immanent machen, und eine Transzendenz in der Immanenz selbst wiederfinden). Sodann die *Illusion der Universalien*, wenn man die Begriffe mit der Ebene verwechselt; diese Verwechslung ergibt sich aber, sobald man eine Immanenz setzt, die einer Sache immanent ist, da diese Sache notwendig ein Begriff ist: Man glaubt, das Universale expliziere, während es doch selbst expliziert werden muß, und man verfällt einer dreifachen Illusion, nämlich der der Kontemplation, oder der Reflexion, oder der Kommunikation. Dann noch die *Illusion des Ewigen*, wenn man vergißt, daß Begriffe erschaffen werden müssen. Dann die *Illusion der Diskursivität*, wenn man die Propositionen mit den Begriffen verwechselt... Man sollte eben nicht glauben, daß all diese Illusionen sich logisch wie Propositionen miteinander verknüpfen, sie sind vielmehr Resonanz und Reflex und bilden einen dichten Nebel um die Ebene.

12 Antonin Artaud, *Die Tarahumaras*, München 1975.

Die Immanenzebene entnimmt dem Chaos Bestimmungen, aus denen sie ihre unendlichen Bewegungen oder ihre diagrammatischen Merkmale macht. Man kann, man muß folglich eine Mannigfaltigkeit von Ebenen annehmen, da keine von ihnen das ganze Chaos umschlösse, ohne darin zurückzufallen, und jede von ihnen nur Bewegungen einbehält, die sich miteinander zusammenfalten lassen. Wenn die Geschichte der Philosophie so viele äußerst verschiedene Ebenen vorführt, so nicht nur wegen der Illusionen, wegen der Verschiedenheit der Illusionen, so nicht nur deshalb, weil jede davon ihre eigene, stets neue Art und Weise besitzt, wie sie die Transzendenz jeweils zurückerstattet; sondern auch – und dies reicht noch weiter – aufgrund ihrer Art, wie sie jeweils die Immanenz herstellt. Jede Ebene trifft eine Auswahl dessen, was von Rechts wegen dem Denken zukommt, eben diese Auswahl variiert aber von einer zur anderen. Jede Immanenzebene ist ein All-Eines: Sie ist nicht partiell wie ein wissenschaftlicher Zusammenhang und nicht fragmentarisch wie die Begriffe, sondern distributiv, sie ist ein »jedes«. *Die* Immanenzebene ist *blättrig*. Und wahrscheinlich läßt sich für jeden einzelnen Fall schwer abschätzen, ob es nur ein und dieselbe Ebene oder mehrere verschiedene gibt; haben die Vorsokratiker ein gemeinsames Bild des Denkens, trotz der Unterschiede zwischen Heraklit und Parmenides? Kann man von einer Immanenzebene oder einem Bild des sogenannten klassischen Denkens sprechen, das von Platon bis Descartes reichte? Es variieren nicht nur die Ebenen, es variiert auch die Art und Weise, wie sie verteilt werden. Gibt es mehr oder weniger auseinander oder beieinander liegende Gesichtspunkte, die es erlauben, verschiedene Blätter in einer hinreichend langen Periode zusammenzufassen oder, im Gegenteil, Blätter auf einer Ebene voneinander zu trennen, die eine gemeinsame zu sein schien – und woher kämen diese Gesichtspunkte, ungeachtet des absoluten Horizonts? Kann man sich hier mit einem Historismus, mit einem allgemeinen Relativismus begnügen? In jeder dieser Hinsichten wird die Frage des Einen oder Vielen zur wichtigsten, indem sie in die Ebene eindringt.

Entwirft nicht jeder große Philosoph letzten Endes eine neue Immanenzebene, liefert er nicht eine neue Materie des Seins und errichtet ein neues Bild des Denkens, so daß es keine zwei großen Philosophen auf derselben Ebene gäbe? Tatsächlich stellen wir uns keinen großen Philosophen vor, von dem man nicht sagen müßte: Er hat verändert, was Denken heißt, er hat »anders gedacht« (nach dem Wort Foucaults). Und wenn man bei ein und demselben Autor verschiedene Philosophien unterscheidet, geschieht dies dann nicht deshalb, weil er selber die Ebene gewechselt, noch einmal ein neues Bild gefunden hat? Man kann sich der Klage von Maine de Biran nicht verschließen, die er kurz vor seinem Tod führte: »Ich fühle mich ein wenig zu alt, um die Konstruktion von neuem zu beginnen.«[13] Umgekehrt sind es nicht Philosophen, sondern die Funktionäre, die das Bild des Denkens nicht erneuern und sich dieses Problems noch nicht einmal bewußt sind, befangen in der Seligkeit eines abgemachten Denkens, das auch noch die Mühe derer verkennt, die es als Vorbilder beansprucht. Wie aber kann man sich dann in philosophischen Dingen verstehen, wenn es all die Blätter gibt, die sich bald wieder verkleben und bald auseinanderfallen? Sind wir nicht zum Versuch verurteilt, unsere eigene Ebene zu entwerfen, ohne zu wissen, welche anderen sie schneiden wird? Bedeutet das nicht die Wiederherstellung von einer Art Chaos? Eben dies ist der Grund, weshalb jede Ebene nicht nur blättrig, sondern durchlöchert ist und all jene Nebel hindurchziehen läßt, die sie umgeben und in denen sich womöglich der Philosoph, der die Ebene entworfen hat, häufig als erster verliert. Die Tatsache, daß es so viele aufsteigende Nebel gibt, erklären wir also auf zweierlei Arten. Zunächst dadurch, daß das Denken die Immanenz unweigerlich als einer Sache immanent interpretiert, dem

---

13 Maine de Biran, *Sa vie et ses pensées*, hg. von E. Naville, Paris 1823, S. 357.

großen Objekt der Kontemplation, dem Subjekt der Reflexion, dem Anderen als Subjekt der Kommunikation: Unausweichlich hält die Transzendenz dann wieder Einzug. Und wenn man dem nicht entkommen kann, so deshalb, weil jede Immanenzebene, so scheint es, ihre Einzigartigkeit – DIE Ebene zu sein – nur durch die Wiederherstellung des Chaos beanspruchen kann, das sie bannen sollte: Ihr habt die Wahl zwischen der Transzendenz und dem Chaos...

Beispiel IV
Wenn die Ebene auswählt, was von Rechts wegen dem Denken zukommt, um ihre diagrammatischen Merkmale, Anschauungen, Richtungen oder Bewegungen daraus zu machen, so verweist sie andere Bestimmungen auf den Status von bloßen Fakten, Charakteristika von Sachverhalten, erlebten Inhalten. Und sicher wird die Philosophie aus diesen Sachverhalten Begriffe gewinnen können, sofern sie daraus das Ereignis herausziehen wird. Das aber ist nicht die Frage. Was dem Denken von Rechts wegen zukommt, was als diagrammatisches Merkmal an sich zurückbehalten wird, verdrängt andere, rivalisierende Bestimmungen (selbst wenn diese berufen sind, einen Begriff zu erhalten). So macht Descartes aus dem Irrtum das Merkmal oder die Richtung, die von Rechts wegen das Negative des Denkens ausdrückt. Er ist damit nicht der erste, und man kann den »Irrtum« als eines der Hauptmerkmale des klassischen Bildes des Denkens ansehen. Man verkennt in einem derartigen Bild nicht, daß es eine Menge anderer Dinge gibt, die das Denken bedrohen: die Dummheit, die Amnesie, die Aphasie, das Delirium, der Wahnsinn...; aber all diese Bestimmungen werden als Fakten betrachtet werden, die nur eine einzige rechtmäßige, dem Denken immanente Wirkung haben, nämlich den Irrtum und noch einmal den Irrtum. Der Irrtum ist die unendliche Bewegung, die das Negative insgesamt aufsammelt. Kann man dieses Merkmal bis auf Sokrates zurückverfolgen, für den der (de facto) Bösartige de jure jemand ist, der sich »täuscht«? Wenn allerdings der *Theaitetos* tatsächlich eine Grundlegung des Irrtums ist, behält sich Platon dann nicht die Rechte zu anderen rivalisierenden Bestimmungen vor, wie etwa das Delirium des *Phaidros*, so daß uns das Bild des Denkens bei Platon auch so viele andere Wege vorzuzeichnen scheint?
Es ist eine große Veränderung nicht nur in den Begriffen, sondern

auch im Bild des Denkens, wenn das Unwissen und der Aberglauben den Irrtum und das Vorurteil ersetzen werden, um von Rechts wegen das Negative des Denkens auszudrücken: Fontenelle spielt hier eine große Rolle, und es verändern sich zugleich die unendlichen Bewegungen, in denen das Denken sich verliert und erkämpft werden muß. Mehr noch, wenn Kant vermerken wird, daß das Denken nicht so sehr durch den Irrtum, sondern durch unvermeidliche Illusionen bedroht wird, die dem Innern der Vernunft entstammen – gleich einer inwendigen arktischen Zone, in der die Nadel eines jeden Kompasses verrückt spielt –, so wird eben eine Neuorientierung des gesamten Denkens nötig, während gleichzeitig ein gewisses Delirium de jure ins Denken eindringt. Es wird auf der Immanenzebene nicht mehr von den Schlaglöchern und Spurrinnen eines Weges bedroht, dem es folgt, sondern von den nordischen Nebeln, die alles bedecken. Selbst die Frage nach einer »Orientierung im Denken« ändert ihren Sinn.
Ein Merkmal ist nicht isolierbar. Denn die mit einem negativen Vorzeichen versehene Bewegung ist selber in anderen Bewegungen mit positiven oder ambigen Vorzeichen eingefaltet. Im klassischen Bild drückt der Irrtum von Rechts wegen nicht aus, was dem Denken an Schlimmstem passieren kann, ohne daß sich das Denken nicht selbst als das Wahre »wollend«, aufs Wahre hin ausgerichtet, zum Wahren gewendet präsentiert: Vorausgesetzt wird dabei, daß jedermann weiß, was Denken bedeutet, also von Rechts wegen zum Denken befähigt ist. Von diesem nicht ganz humorlosen Vertrauen ist das klassische Bild beseelt: Ein Bezug zur Wahrheit, die die unendliche Bewegung der Erkenntnis als diagrammatisches Merkmal konstituiert. Demgegenüber wird die Wandlung des Lichts im 18. Jahrhundert, die Wandlung vom »natürlichen Licht« zur »Aufklärung«, mit der Ersetzung der Erkenntnis durch den *Glauben* zum Ausdruck gebracht, das heißt mit einer neuen unendlichen Bewegung, die ein anderes Bild des Denkens impliziert: Es handelt sich nicht mehr um eine Wendung zu, sondern eher um das Verfolgen der Spur, es handelt sich eher um Schlußfolgerung als um Begreifen und Begriffenwerden. Unter welchen Bedingungen ist eine Schlußfolgerung legitim? Unter welchen Bedingungen kann ein profanierter Glauben legitim sein? Diese Frage wird ihre Antworten nur mit der Schöpfung großer empiristischer Begriffe finden (Assoziation, Relation, Gewohnheit, Wahrscheinlichkeit, Konvention...), umgekehrt aber setzen diese Begriffe, der dem Glauben selber zugeschriebene Begriff eingeschlossen, die dia-

grammatischen Merkmale voraus, die aus dem Glauben zunächst eine von der Religion unabhängige unendliche Bewegung machen, eine Bewegung, die die neue Immanenzebene durchläuft (und gerade der religiöse Glauben wird demgegenüber zu einem begrifflich faßbaren Fall werden, dessen Legitimität oder Illegitimität man nach der Ordnung des Unendlichen wird bemessen können). Sicherlich wird man bei Kant viele dieser von Hume ererbten Merkmale wiederfinden, wiederum aber um den Preis einer tiefgreifenden Wandlung, auf einer anderen Ebene oder einem anderen Bild gemäß. Jedesmal sind dies große Kühnheiten. Was sich von einer Immanenzebene zur anderen ändert – wenn sich die Aufteilung dessen ändert, was von Rechts wegen dem Denken zukommt -, sind nicht nur die positiven oder negativen, sondern auch die ambigen Merkmale, die womöglich immer zahlreicher werden und sich nicht mehr mit der Faltung nach einem vektoriellen Gegensatz von Bewegungen begnügen.

Wenn man ebenso summarisch die Merkmale eines modernen Bildes des Denkens nachzuzeichnen versucht, so tut man dies nicht triumphierend, und sei es auch mit Schrecken. Kein Bild des Denkens kann sich mit der Auswahl ruhiger Bestimmungen zufriedengeben, und allesamt stoßen sie auf etwas von Rechts wegen Abscheuliches, sei es der Irrtum, dem das Denken unablässig verfällt, sei es die Illusion, in der es sich fortwährend im Kreise dreht, sei es die Dummheit, in der es sich immerzu suhlt, sei es das Delirium, in dem es sich unaufhörlich von sich selbst oder einem Gott abwendet. Schon das griechische Bild des Denkens machte den Wahnsinn der doppelten Abwendung geltend, der das Denken eher in das unendliche Umherirren als in den Irrtum stieß. Niemals war das Verhältnis des Denkens zum Wahren eine einfache Sache, es war noch weniger konstant in den Ambiguitäten der unendlichen Bewegung. Vergeblich beruft man sich deshalb auf ein derartiges Verhältnis, um die Philosophie zu definieren. Das erste Charakteristikum des modernen Bildes des Denkens besteht vielleicht im völligen Verzicht auf diesen Bezug, um zu bedenken, daß die Wahrheit nur das vom Denken Erschaffene ist, unter Berücksichtigung der Immanenzebene, die es sich zur Voraussetzung nimmt, und all der Merkmale dieser Ebene, wobei die negativen wie die positiven ununterscheidbar geworden sind: Denken ist Schöpfung, nicht Wille zur Wahrheit, wie Nietzsche deutlich zu machen wußte. Wenn es aber – entgegen dem Anschein im klassischen Bild – keinen Willen zur Wahrheit gibt, so deshalb, weil das Denken eine

bloße »Möglichkeit« zu denken bildet, ohne schon einen Denker zu definieren, der dazu »befähigt« wäre und »ich« sagen könnte: Welche Gewalt muß auf das Denken einwirken, damit wir zum Denken fähig werden, die Gewalt einer unendlichen Bewegung, die uns zugleich der Macht beraubt, »ich« zu sagen? Berühmte Texte von Heidegger und Blanchot entfalten dieses zweite Charakteristikum. Wenn es auf diese Weise ein »Unvermögen« des Denkens gibt, das selbst dann in seinem Innern verharrt, wenn es die als Schöpfung bestimmbare Fähigkeit erlangt hat, so erscheint als drittes Charakteristikum aber ein Komplex von ambigen Zeichen, die aufsteigen, zu diagrammatischen Merkmalen oder unendlichen Bewegungen werden und einen rechtmäßigen Wert annehmen, während sie in den anderen Bildern des Denkens bloße – lächerliche und nicht zur Wahl stehende – Fakten waren: Es ist, wie Kleist oder Artaud dies nahelegen, das Denken als solches, das nun mit Gesichtskrämpfen, Zähneknirschen, Stottern, Glossolalien versehen ist, die es zur Schöpfung oder wenigstens dazu drängen, es zu werden.[14] Und wenn das Denken auf Suche geht, so weniger nach Art eines Menschen, der über eine Methode verfügte, sondern wie ein Hund, von dem man sagen würde, er mache unkontrollierte Sprünge... Es besteht keine Veranlassung, aus einem derartigen Bild des Denkens Selbstgefälligkeit zu schöpfen, aus einem Bild, das viele ruhmlose Leiden mit sich bringt und anzeigt, wie sehr Denken immer schwieriger geworden ist: die Immanenz.
Die Geschichte der Philosophie ist vergleichbar mit der Kunst des Portraits. Es geht nicht ums »Ähnlich-Machen«, das heißt um die Wiederholung dessen, was der Philosoph gesagt hat, sondern um die Herstellung der Ähnlichkeit, indem man die von ihm begründete Immanenzebene und zugleich die von ihm erschaffenen neuen Begriffe freilegt. Es sind dies mentale, noetische, maschinenhafte Portraits. Und obwohl man sie gewöhnlich mit philosophischen Mitteln verfertigt, kann man sie auch ästhetisch herstellen. Auf diese Weise hat Tinguely kürzlich monumentale Maschinenportraits von Philosophen vorgestellt, die gewaltige unendliche Bewegungen vollführen, verbundene oder alternative, zusammen- und auseinanderfaltbare Bewegungen, mit Klängen, Blitzen, Seinsmate-

---

14 Vgl. Heinrich von Kleist, »Über die allmähliche Verfertigung der Gedanken beim Reden«, in: *Sämtliche Werke und Briefe*, München [7]1984, Bd. 2, S. 323. Und Antonin Artaud, *Korrespondenz mit Jacques Rivière*, in: *Frühe Schriften*, München 1983.

rien und Denkbildern, die komplexen gekrümmten Ebenen folgen.[15] Und dennoch scheint der Versuch – wenn man sich eine Kritik an diesem großen Künstler erlauben darf – noch nicht ausgereift. Nichts Tänzerisches bei seinem Nietzsche, während doch Tinguely an anderer Stelle die Maschinen so sehr zum Tanzen bringen konnte. Der Schopenhauer bietet uns nichts Entscheidendes, während die Vierfache Wurzel, der Schleier der Maja ganz und gar geeignet schienen, die doppelseitige Ebene der Welt als Wille und als Vorstellung zu besetzen. Der Heidegger berücksichtigt keinerlei Verbergung/Entbergung auf der Ebene eines Denkens, das noch nicht denkt. Vielleicht hätte man größere Aufmerksamkeit der als abstrakte Maschine entworfenen Immanenzebene widmen müssen,

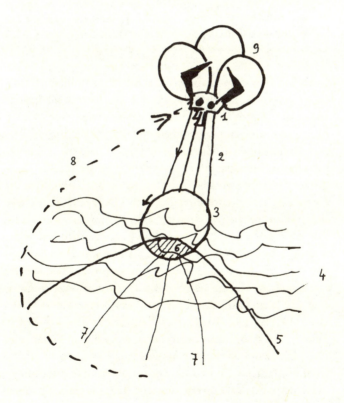

15 Jean Tinguely, *Catalogue*, Centre Georges Pompidou, Paris 1989.

und den als Elemente der Maschine erschaffenen Begriffen. Man könnte sich in dieser Hinsicht ein Maschinenportrait Kants vorstellen, Illusionen inbegriffen (vgl. Abbildung).
1. Das »Ich denke« als Rinderschädel, samt Lautsprecher, das fortwährend Ich = Ich wiederholt. 2. Die Kategorien als Universalbegriffe (vier große Titel): vier ausfahrbare und einziehbare Stiele, der Kreisbewegung von 3 entsprechend. 3. Das bewegliche Rad der Schemata. 4. Der seichte Bach, die Zeit als Innerlichkeitsform, in der das Rad der Schemata ein- und auftaucht. 5. Der Raum als Äußerlichkeitsform: Ufer und Grund. 6. Das passive Ich am Grund des Baches und als Verbindungsstück der beiden Formen. 7. Die Grundsätze der synthetischen Urteile, die den Zeit-Raum durchlaufen. 8. Das transzendentale Feld der möglichen Erfahrung, das *dem* »Ich« des »Ich denke« immanent ist (Immanenzebene). 9. Die drei Ideen oder Illusionen von Transzendenz (sich drehende Keise mit absolutem Horizont: Seele, Welt und Gott).

Es stellen sich viele Probleme, die die Philosophie nicht weniger als die Geschichte der Philosophie betreffen. Einmal treten die Blätter der Immanenzebene so weit auseinander, bis sie einander entgegenstehen und jeweils diesem oder jenem Philosophen zusagen, ein andermal dagegen vereinigen sie sich, um wenigstens einigermaßen lange Zeiträume abzudecken. Darüber hinaus sind die Beziehungen zwischen der Gründung einer vorphilosophischen Ebene und der Schöpfung philosophischer Begriffe selbst komplex. Eine lange Zeit über können die Philosophen neue Begriffe erschaffen und dennoch auf derselben Ebene bleiben und dabei das gleiche Bild wie ein vorangehender Philosoph, auf den sie sich wie auf einen Meister berufen werden, voraussetzen: Platon und die Neuplatoniker, Kant und die Neukantianer (oder noch die Art und Weise, wie Kant selber gewisse Bruchstücke des Platonismus reaktiviert). In all diesen Fällen wird dies gleichwohl nicht ohne Verlängerung der ursprünglichen Ebene geschehen, indem sie derart mit neuen Krümmungen versehen wird, daß Zweifel besteht: Ist es nicht eine andere Ebene, die sich in die Maschen der ersten eingewoben hat? Die Frage, in welchen Fällen und in welchem Maße Philosophen »Schüler« eines anderen sind, in welchen Fällen hingegen sie durch einen Wechsel der Ebene und durch die Errichtung eines anderen Bildes Kritik an ihm üben – diese Frage impliziert folglich Bewertungen, die um so komplexer und relativer sind, als sich die Begriffe, die die Ebene besetzen, niemals bloß deduzieren lassen. Die Begriffe, die dieselbe Ebene bevölkern – und sei es zu ganz verschiedenen Daten und in speziellen Verbindungen –, wird man Begriffe derselben Gruppe nennen; im Gegensatz dazu jene, die auf verschiedene Ebenen verweisen. Erschaffene Begriffe und gegründete Ebene stehen in strenger Entsprechung zueinander, die sich aber in indirekten, noch zu bestimmenden Verhältnissen herstellt.

Kann man sagen, daß eine Ebene »besser« sei als eine andere, oder daß sie wenigstens den Anforderungen der Epoche besser entspreche oder nicht? Was meint »den Anforderungen entsprechen«, und welches Verhältnis besteht zwischen den Bewegungen oder diagrammatischen Merkmalen eines Bildes des Denkens und den Bewegungen oder sozio-historischen Merkmalen einer Epoche? Diese Fragen können nur vorangetrieben werden, wenn man auf den eng historisch gefaßten Gesichtspunkt des Vorher und Nachher verzichtet, um eher die Zeit der Philosophie als die Geschichte der Philosophie zu betrachten. Sie ist eine *stratigraphische Zeit*, in der das Vorher und Nachher nur mehr eine Ordnung von Überlagerungen anzeigt. Manche Wegstrecken (Bewegungen) gewinnen Sinn und Richtung nur als Abkürzungen oder Umwege von verwischten Wegen; eine variable Krümmung kann nur als Transformation einer oder mehrerer anderer erscheinen; eine Schicht oder ein Blatt der Immanenzebene wird im Verhältnis zu einer anderen notwendig *oberhalb* oder *unterhalb* liegen, und die Bilder des Denkens können nicht in einer beliebigen Abfolge erscheinen, da sie Änderungen in der Ausrichtung implizieren, die nur bezüglich eines vorherigen Bildes unmittelbar ausgemacht werden können (und selbst was den Begriff betrifft, setzt der Kondensationspunkt, der ihn bestimmt, die Zersplitterung eines Punkts oder die Agglomeration vorangehender Punkte voraus). Die mentalen Landschaften verändern sich über die Zeitalter hinweg nicht auf beliebige Weise: Es mußte hier ein Berg sich erheben und dort – noch kürzlich – ein Fluß verlaufen, damit der Boden, nun trocken und eben, diese oder jene Gestalt, diese oder jene Textur besitzt. Allerdings können sehr alte Schichten aufsteigen, sich einen Weg durch die Formationen bahnen, die sie überdeckt hatten, und direkt auf der aktuellen Schicht zutage treten, auf die sie eine neue Krümmung übertragen. Mehr noch, je nach betrachtetem Gebiet sind die Überlagerungen nicht unbedingt dieselben und haben nicht dieselbe Ordnung. Die philosophische Zeit ist somit eine grandiose Zeit von Koexistenz, die das Vorher und Nachher nicht ausschließt, sie aber in einer stratigraphischen Ordnung *übereinanderschichtet*. Sie ist ein unendliches Werden der Philosophie, das sich mit deren Geschichte überschneidet, nicht aber mit ihr verschmilzt. Das Leben der Philosophen – und das, was an ihren Werken am äußerlichsten ist – gehorcht Gesetzen gewöhnlicher Abfolge; ihre Eigennamen aber koexistieren und erstrahlen, sei es als Lichtpunkte, die uns noch einmal die Komponenten eines Begriffs durchlaufen lassen, sei es als die Kardinalpunkte einer Schicht oder eines Blatts, die uns immer noch erreichen wie erkaltete Sterne, deren Licht strahlender ist denn je. Die Philosophie ist Werden, nicht Geschichte; sie ist Koexistenz von Ebenen, nicht Abfolge von Systemen.

Darum können sich die Ebenen bald trennen, bald vereinigen – und das freilich auf Gedeih und Verderb. Ihnen ist gemeinsam, daß sie Transzendenz und Illusion wiederherstellen (sie tun dies zwangsläufig), daß sie sie aber auch hartnäckig bekämpfen, und jede von ihnen macht das eine oder das andere auf ihre besondere Art. Gibt es eine »beste« Ebene, die die Immanenz nicht an Etwas = x auslieferte und nichts Transzendentes mehr nachäffte? Man möchte sagen, DIE Immanenzebene sei zugleich das, was gedacht werden muß, und das, was nicht gedacht werden kann. Sie wäre es, das Nicht-Gedachte im Denken. Sie ist der Sockel aller Ebenen, jeder denkbaren Ebene immanent, der es nicht gelingt, jene zu denken. Sie ist das Innerste im Denken und doch das absolute Außen. Ein noch ferneres Außen als alle äußere Welt, weil sie ein tieferes Innen als alle innere Welt ist: Das ist die Immanenz, »die Innigkeit als Außen, das zur erstickenden Eindringlichkeit gewordene Äußere und die Umkehrung des einen und anderen«.[16] Das unablässige Hin und Her der Ebene, die unendliche Bewegung. Vielleicht ist dies die höchste Geste der Philosophie: nicht so sehr DIE Immanenzebene denken, sondern zeigen, daß sie da ist, ungedacht in jeder Ebene. Sie auf jene Weise denken, als das Außen und Innen des Denkens, das nicht-äußere Außen oder nicht-innere Innen. Was nicht gedacht werden kann und doch gedacht werden muß, wurde ein einziges Mal gedacht, wie Christus ein einziges Mal Fleisch geworden ist, um für dieses Mal die Möglichkeit des Unmöglichen aufzuzeigen. Daher ist Spinoza auch der Christus der Philosophen, und die größten Philosophen sind allenfalls Apostel, die diesem Mysterium näher oder ferner stehen. Spinoza, das unendliche Philosoph-Werden. Er hat die »beste«, das heißt reinste Immanenzebene gezeigt, errichtet, gedacht, diejenige, die sich nicht dem Transzendenten preisgibt und nichts vom Transzendenten zurückgibt, diejenige, die am wenigsten Illusionen, schlechte Gefühle und irrige Wahrnehmungen erregt...

16 Maurice Blanchot, *L'entretien infini*, Paris 1969, S. 65. Zum Ungedachten im Denken vgl. Michel Foucault, *Die Ordnung der Dinge. Eine Archäologie der Humanwissenschaften*, Frankfurt am Main 1971, S. 389 bis 396. Und das »innere Fernsein« bei Michaux.

3. Die Begriffspersonen

Beispiel V
Das cartesianische Cogito ist als Begriff geschaffen worden, aber es besitzt Voraussetzungen. Nicht derart, wie ein Begriff andere voraussetzt (zum Beispiel setzt »Mensch« »Tier« und »vernünftig« voraus). Hier sind die Voraussetzungen implizit, subjektiv, vorbegrifflich, und formen ein Bild des Denkens: Jeder weiß, was denken bedeutet. Jeder hat die Möglichkeit zu denken, jeder will das Wahre... Gibt es etwas anderes als diese beiden Elemente: den Begriff und die Immanenzebene oder das Bild des Denkens, das durch Begriffe derselben Gruppe eingenommen wird (das Cogito und die anschließbaren Begriffe)? Gibt es im Falle Descartes' etwas anderes als das erschaffene Cogito und das vorausgesetzte Bild des Denkens? Es gibt tatsächlich etwas anderes, ein wenig Mysteriöses, das für Momente erscheint oder durchscheint und das eine unscharfe, eine Zwischenexistenz aufzuweisen scheint: zwischen Begriff und vor-begrifflicher Ebene, von einem zur anderen reichend. Für den Augenblick ist es der Idiot: Er sagt Ich, er lanciert das Cogito, aber er hält auch die subjektiven Voraussetzungen oder entwirft die Ebene. Der Idiot, das ist der Privatdenker im Gegensatz zum öffentlichen Professor (dem Scholastiker): Der Professor verweist unablässig auf Schulbegriffe (der Mensch als vernünftiges Tier), während der Privatdenker einen Begriff formt mit angeborenen Kräften, die jeder von Rechts wegen besitzt (ich denke). Ein höchst sonderbarer Typ von Person, der da denken will und aus sich selbst denkt, durch das »natürliche Licht«. Der Idiot ist eine Begriffsperson. Wir können die Frage präziser fassen: Gibt es Vorläufer des Cogito? Woher kommt die Person des Idioten, wie ist sie aufgetaucht: in einer christlichen Atmosphäre, aber in Reaktion gegen die »scholastische« Organisation des Christentums, gegen die autoritäre Organisation der Kirche? Lassen sich Spuren von ihr bereits bei Augustinus finden? Ist es Nikolaus von Kues, der ihr volle Geltung als Begriffsperson verleiht? Weshalb dieser Philosoph auch dem Cogito nah wäre, ohne ihm doch begriffliche Gestalt geben zu können.[1] Jedenfalls muß die Geschichte der Phi-

---

[1] Zum Idioten (der Laie, der Privatmann oder der Einzelne im Gegensatz zum Techniker und zum Gelehrten) in seinen Beziehungen zum Denken

losophie über das Studium dieser Personen verlaufen, ihrer Verwandlungen je nach Ebene, ihrer Verschiedenartigkeit je nach Begriff. Und die Philosophie hört nicht auf, Begriffspersonen zum Leben zu erwecken, ihnen Leben einzuhauchen.

Der Idiot wird in einer anderen Epoche, in einem anderen, zwar noch christlich geprägten, aber russischen Kontext wiederauftauchen. Slawe geworden, ist der Idiot Einzelner oder Privatdenker geblieben, aber seine Singularität hat sich gewandelt. Schestow findet in Dostojewski die Macht eines neuen Gegensatzes von Privatdenker und öffentlichem Professor.[2] Der alte Idiot wollte Evidenzen, zu denen er aus sich selbst gelangen würde: unterdessen würde er an allem zweifeln, selbst an $2 + 3 = 5$; er würde alle Wahrheiten der Natur in Zweifel ziehen. Der neue Idiot will überhaupt keine Evidenzen, er wird sich nie damit »abfinden«, daß $3 + 2 = 5$, er will das Absurde – das ist ein völlig anderes Bild vom Denken. Der alte Idiot wollte das Wahre, der neue aber will das Absurde zur höchsten Macht des Denkens erheben, das heißt schöpferisch tätig sein. Der alte Idiot wollte nur der Vernunft gegenüber Rechenschaft ablegen, der neue Idiot aber, der Hiob näher steht als Sokrates, will, daß man ihm über »jedes Opfer der Geschichte« Rechenschaft ablegt – das sind völlig andere Begriffe. Der neue Idiot wird nie die Wahrheiten der Geschichte akzeptieren. Der alte Idiot wollte sich durch sich selbst darüber Aufschluß geben, was verständlich war oder nicht, vernünftig oder nicht, was verloren war oder gerettet, der neue Idiot aber will, daß man ihm das Verlorene, das Unverständliche, das Absurde zurückgibt. Ganz sicher ist das nicht mehr dieselbe Person, eine Verwandlung hat stattgefunden. Und doch eint ein dünner Faden die zwei Idioten, so als müßte der erste notwendig den Verstand verlieren, damit der zweite das wiederfindet, was der andere vorweg

---

vgl. Nikolaus von Kues, *Idiota de sapienta/Der Laie über die Weisheit*. Lateinisch-Deutsch, Hamburg 1988. Descartes rekonstruiert die drei Personen unter den Namen Eudoxos, der Idiot, Poliantros, der Techniker, und Epistemon, der öffentliche Gelehrte: *La recherche de la vérité par la lumière naturelle/Die Suche nach der Wahrheit durch das natürliche Licht*, hg. v. G. Schmidt, Würzburg 1989; zu den Gründen, warum Nikolaus von Kues nicht zu einem Cogito vordrang, vgl. M. de Gandillac in: Nicolas de Cuse, *Idiota* (Œuvres choisies par M. de Gandillac, Paris 1942), S. 26.

2 Schestow entlehnt zunächst Kierkegaard den neuen Gegensatz: *Kierkegaard et la philosophie existentielle*, Paris 1972.

verloren hatte, als er ihn gewann. Der in Rußland wahnsinnig gewordene Descartes?

Es kann vorkommen, daß die Begriffsperson an sich nur selten in Erscheinung tritt oder nur andeutungsweise. Dennoch ist sie da und muß selbst als ungenannte, heimliche immer vom Leser rekonstruiert werden. Manchmal, wenn sie erscheint, besitzt sie einen Eigennamen: Sokrates ist die zentrale Begriffsperson des Platonismus. Viele Philosophen haben Dialoge geschrieben, aber es besteht die Gefahr, die Dialogpersonen mit den Begriffspersonen zu verwechseln: sie decken sich nur nominell und spielen nicht die gleiche Rolle. Die Dialogperson stellt Begriffe vor: Im einfachsten Fall ist eine unter ihnen sympathisch und der Repräsentant des Autors, während die anderen, mehr oder weniger antipathisch, auf andere Philosophien verweisen, deren Begriffe sie so exponieren, daß sie für die Kritik oder die Modifizierungen, denen sie der Autor aussetzt, präpariert sind. Die Begriffspersonen dagegen vollziehen jene Bewegungen, die die Immanenzebene des Autors beschreiben und bei der Erschaffung dieser Begriffe selbst eingreifen. Daher gehören sie sogar dann, wenn sie »antipathisch« sind, gänzlich zu der vom Philosophen entworfenen Ebene und zu den von ihm erschaffenen Begriffen: Sie kennzeichnen in diesem Fall die dieser Ebene eigentümlichen Gefahren, die fehlerhaften Wahrnehmungen, die schlechten Gefühle oder sogar die sich daraus ergebenden negativen Bewegungen, und werden selbst zu originären Begriffen anregen, deren abstoßender Charakter eine wesentliche Eigenschaft dieser Philosophie bleibt. Noch mehr gilt dies für die *positiven* Bewegungen der Ebene, die *anziehenden* Begriffe und die *sympathischen* Personen: eine umfassende philosophische Einfühlung*.[3] Und nicht selten herrschen zwischen beiden große Ambiguitäten.
Die Begriffsperson ist nicht der Repräsentant des Philoso-

---

3 Sternchen (*) hier und im folgenden: deutsch im Original. [A. d. Ü.]

phen, ganz im Gegenteil: Der Philosoph ist lediglich die Umhüllung seiner hauptsächlichen Begriffsperson und aller anderen, die die Fürsprecher, die wirklichen Subjekte seiner Philosophie bilden. Die Begriffspersonen sind die »Heteronyme« des Philosophen – und der Name des Philosophen das bloße Pseudonym seiner Personen. Ich bin nicht mehr ich, sondern eine Fähigkeit des Denkens, sich zu sehen und sich quer durch eine Ebene zu entwickeln, die mich an mehreren Stellen durchquert. Die Begriffsperson hat nichts mit einer abstrakten Personifizierung, einem Symbol oder einer Allegorie zu tun, denn sie lebt, sie insistiert. Der Philosoph ist die Idiosynkrasie seiner Begriffspersonen. Es ist das Schicksal des Philosophen, seine Begriffsperson(en) zu werden, während zugleich diese Personen zu etwas anderem werden als das, was sie geschichtlich, mythologisch oder landläufig sind (Platons Sokrates, Nietzsches Dionysos, Kues' Idiota). Die Begriffsperson ist das Werden oder das Subjekt einer Philosophie, die für den Philosophen gilt, so daß Kues oder selbst Descartes mit »der Idiot« signieren sollten, so wie Nietzsche mit »der Antichrist« oder »der gekreuzigte Dionysos«. Die Sprechakte im täglichen Leben verweisen auf psychosoziale Typen, die tatsächlich von einer dritten darunterliegenden Person zeugen: Als Präsident der Republik ordne ich die Mobilmachung an, ich spreche als Vater zu dir... Ähnlich ist der philosophische *shifter* ein Sprechakt in der dritten Person, in dem stets eine Begriffsperson »ich« sagt: Ich als Idiot denke, ich als Zarathustra will, ich als Dionysos tanze, ich als Liebender beanspruche. Sogar die Bergsonsche Dauer braucht einen Läufer. Im philosophischen Aussageakt tut man nicht etwas, indem man es ausspricht, sondern man macht die Bewegung, indem man sie denkt, vermittels einer Begriffsperson. Daher sind die Begriffspersonen auch die wahren Agenzien des Aussageakts. Wer ist »ich«? Immer eine dritte Person.
Wir nennen Nietzsche, weil wenige Philosophen so stark mit Begriffspersonen operiert haben, sympathischen (Dionysos,

Zarathustra) wie antipathischen (Christus, der Priester, die höheren Menschen, der selbst antipathisch gewordene Sokrates...). Man könnte glauben, Nietzsche verzichte auf Begriffe. Und doch schafft er gewaltige und intensive (»Kraft«, »Wert«, »Werden«, »Leben«, auch abstoßende Begriffe wie »Ressentiment«, »schlechtes Gewissen«...), wie er auch eine neue Immanenzebene entwirft (unendliche Bewegungen des Willens zur Macht und der ewigen Wiederkehr), die das Bild des Denkens umstürzt (Kritik des Willens zur Wahrheit). Nie aber bleiben die ins Spiel gebrachten Begriffspersonen bei ihm bloß angedeutet. Freilich ruft ihre Kundgabe für sich selbst eine gewisse Ambiguität hervor, so daß viele Leser Nietzsche als einen Dichter ansehen, als einen Wundertäter oder Mythenschöpfer. Aber weder bei Nietzsche noch woanders sind die Begriffspersonen mythische Personifizierungen, auch nicht historische Personen, literarische oder romaneske Helden. Nietzsches Dionysos ist ebensowenig der mythische Dionysos wie Platons Sokrates der geschichtliche Sokrates. Werden ist nicht sein, und Dionysos wird zur gleichen Zeit Philosoph, wie Nietzsche Dionysos wird. Auch hier machte Platon den Anfang: Er wurde Sokrates, während er zugleich Sokrates Philosoph werden ließ.

Der Unterschied zwischen den Begriffspersonen und den ästhetischen Figuren besteht zunächst darin: Die einen sind Begriffsvermögen, die anderen Affekt- und Perzeptvermögen. Die einen wirken auf einer Immanenzebene, die ein Bild des Seins-Denkens ist (Noumenon), die anderen auf einer Kompositionsebene als Bild des Universums (Phaimenon). Die großen ästhetischen Figuren des Denkens und des Romans, aber auch der Malerei, Bildhauerei und Musik bringen Affekte hervor, die über die gewöhnlichen Affektionen und Perzeptionen hinausgehen, so wie die Begriffe über die geläufigen Meinungen hinausgehen. Melville sagte, ein Roman enthalte unendlich viele interessante Charaktere, aber nur eine Urfigur als einzige Sonne des Himmelsgestirns, als An-

fang der Dinge oder als der Scheinwerfer, der eine verborgene Welt dem Schatten entreißt: so Kapitän Ahab oder Bartleby.[4] Das Universum Kleists wird durchzogen von Affekten, die es durchqueren wie Pfeile oder da, wo sich die Gestalten eines Prinz von Homburg oder einer Penthesilea erheben, plötzlich versteinern. Die Figuren haben nichts mit Ähnlichkeit und nichts mit Rhetorik zu tun, sie bilden vielmehr die Bedingung, unter der die Künste auf einer Kompositionsebene des Universums Stein- und Metall-Affekte, Seil- und Wind-Affekte, Linien- und Farben-Affekte produzieren. Kunst und Philosophie schneiden das Chaos und trotzen ihm, aber es ist in beiden Fällen nicht dieselbe Schnittebene, es ist nicht ein und dieselbe Art, es zu bevölkern: hier Himmelsgestirne oder Affekte und Perzepte, dort Immanenzkomplexionen oder Begriffe. Die Kunst denkt nicht weniger als die Philosophie, aber sie denkt in Affekten und Perzepten.
Das verhindert nicht, daß die beiden Entitäten häufig ineinander übergehen, in einem Werden, das sie beide in einer Intensität davonträgt, die sie gemeinsam bestimmt. Die theatralische und musikalische Figur des Don Juan wird Begriffsperson mit Kierkegaard, und die Person des Zarathustra bei Nietzsche ist bereits eine große Musik- und Theaterfigur. Als ob sich zwischen beiden nicht nur Allianzen, sondern auch Gabelungen und Auswechslungen ergeben würden. Im zeitgenössischen Denken gehört Michel Guérin zu jenen, die am tiefgründigsten die Existenz von Begriffspersonen im Zentrum der Philosophie entdecken; allerdings definiert er sie in einem »Logodrama« oder einer »Figurologie«, die den Affekt in das Denken verlegt.[5] Weil nämlich der Begriff als solcher Affekt-Begriff sein kann, wie der Affekt Begriffs-Affekt. Die Kompositionsebene der Kunst und die Immanenzebene der Philosophie können derart ineinandergleiten, daß jeweils Stücke der einen Ebene durch Entitäten der anderen besetzt werden.

4 Hermann Melville, *The Confidence-Man: His Masquerade*, London 1984, Kap. 44.
5 Michel Guérin, *La terreur et la pitié*, Arles 1990.

In jedem Fall bilden die Ebene und das sie Einnehmende gleichsam zwei relativ geschiedene, relativ heterogene Teile. Ein Denker vermag somit auf entscheidende Weise zu verändern, was Denken bedeutet, er kann ein neues Bild des Denkens errichten, eine neue Immanenzebene stiften; doch statt neue Begriffe zu schaffen, die sie besetzen, bevölkert er sie mit anderen Instanzen, anderen Entitäten, poetischen, romanesken, ja sogar pikturalen und musikalischen. Wie auch das Gegenteil. *Igitur* ist ein solcher Fall, eine auf eine Kompositionsebene verlegte Begriffsperson, eine auf eine Immanenzebene geführte ästhetische Figur: Ihr Eigenname ist eine Konjunktion. Jene Denker sind »zur Hälfte« Philosophen, sind aber auch mehr als Philosophen und doch keine Weisen. Welch eine Kraft in diesen auf schwankenden Füßen stehenden Werken, Hölderlin, Kleist, Rimbaud, Mallarmé, Kafka, Michaux, Pessoa, Artaud, viele englische und amerikanische Romanciers, von Melville bis Lawrence oder Miller, deren Leser mit staunender Bewunderung entdeckt, daß sie den Roman des Spinozismus geschrieben haben... Sicher, sie stellen keine Synthese von Kunst und Philosophie her. Sie gabeln, verzweigen sich, unaufhörlich. Es sind hybride Genies, die den Wesensunterschied nicht auslöschen, ihn nicht zuschütten, vielmehr alle Hilfsmittel ihres »Athletentums« dazu einsetzen, um sich in dieser Differenz einzunisten, diese in einer fortwährenden Kraftprobe auseinandergerissenen Akrobaten.
Um so weniger sind die Begriffspersonen (wie auch die ästhetischen Figuren) auf *psychosoziale Typen* zurückführbar, auch wenn es hier noch unaufhörliche Durchdringungen gibt. Simmel, dann Goffman haben die Untersuchung dieser Typen, die, häufig offenbar sehr unbeständig, in den Nischen oder an den Rändern der Gesellschaft hausen, sehr weit getrieben: der Fremde, der Ausgeschlossene, der Migrant, der Passant, der Autochthone, jener, der in sein Land zurückkehrt...[6] Das geschieht nicht aus Lust an der Anekdote.

---

6 Vgl. die Analysen von Isaac Joseph, der sich auf Simmel und Goffman beruft: *Le passant considérable*, Paris 1984.

Augenscheinlich umfaßt ein gesellschaftliches Feld Strukturen und Funktionen, klärt uns aber nicht unmittelbar über bestimmte, den Sozius affizierende Bewegungen auf. Wir wissen um die Bedeutung jener Aktivitäten bereits bei den Tieren, *Territorien* zu bilden, sie aufzugeben oder zu verlassen, auf etwas anderem und Andersgeartetem erneut ein Territorium zu erstellen (bei den Ethologen heißt es, der Partner oder Freund des Tieres »kommt einem Zuhause gleich«, oder die Familie sei ein »mobiles Territorium«). Um so mehr gilt dies für den Hominiden: Von Beginn seiner Geburt an deterritorialisiert er seine Vorderpfote, reißt sie los von der Erde, um daraus eine Hand zu machen, und reterritorialisiert sie an Ästen und Werkzeugen. Ein Stock ist seinerseits ein deterritorialisierter Ast. Man muß nur einmal sehen, wie sich jeder, in jedem Alter, im Kleinsten wie in den allergrößten Prüfungen ein Territorium sucht, Deterritorialisierungen erträgt oder durchführt und sich fast an jedem x-beliebigen reterritorialisiert, Erinnerung, Fetisch oder Traum. Die Ritornelle bringen diese machtvollen Dynamiken zum Ausdruck: Ich hab ein Haus in Kanada..., Muß i denn... Ja, ich bin's, ich mußte zurückkommen... Man kann nicht einmal sagen, was zuerst kommt, vielleicht setzt jedes Territorium auch eine vorgängige Deterritorialisierung voraus; vielleicht ist alles aber auch gleichzeitig. Die gesellschaftlichen Felder sind unentwirrbare Knoten, in denen die drei Bewegungen sich vermischen; um sie aufzulösen, müssen also *wirkliche Typen oder Personen diagnostiziert* werden. Der Händler kauft in einem Territorium, aber deterritorialisiert die Produkte als Waren, und reterritorialisiert sich selbst an den Handelskreisläufen. Im Kapitalismus deterritorialisieren sich Kapital oder Eigentum, sind nicht länger auf Grund und Boden bezogen und reterritorialisieren sich an Produktionsmitteln, während die Arbeit zu im Lohn reterritorialisierter »abstrakter« Arbeit wird: Deshalb spricht Marx nicht nur von Kapital und Arbeit, sondern empfindet das Bedürfnis, regelrechte psychosoziale Typen, antipathische wie sympathische, zu erstellen: Der Kapitalist, Der Proletarier. Suchte man nach der Originalität der griechischen Welt, wäre zu fragen, welche Art von Territorium die Griechen begründen, wie sie sich deterritorialisieren, woran sie sich reterritorialisieren, und dazu wären genuin griechische Typen hervorzuheben (beispielsweise der Freund?). Es ist nicht immer leicht, die richtigen Typen zu einem gegebenen Moment, in einer gegebenen Gesellschaft auszuwählen: So der freigewordene Sklave als Deterritorialisierungstyp in der Chou-Dynastie, Figur des Ausgeschlossenen, dessen detailliertes Porträt der Sinologe Tökei gezeichnet hat. Wir meinen, daß die psychosozialen Typen genau diese Bedeutung haben: bei den unbedeutendsten wie den wichtigsten Gelegenheiten die territorialen Formationen, die Deterritorialisierungsvektoren, die Reterritorialisierungsprozesse wahrnehmbar zu machen.

Aber gibt es nicht auch Territorien und Deterritoralisierungen, die nicht nur physisch und mental sind, sondern auch spirituell – nicht nur relativ, sondern absolut in einem später noch zu bestimmenden Sinn? Welches ist das vom Denker, Philosoph oder Künstler, genannte Vaterland oder Heimatland? Die Philosophie ist nicht zu trennen von einem Heimatland; von ihm zeugen gleichermaßen das Apriori, das Angeborensein oder die Wiedererinnerung. Warum aber ist dieses Vaterland unbekannt, verloren, vergessen – und der Denker so zu einem Exilierten gemacht? Was wird ihm das Äquivalent für ein Territorium wiedergeben, das einem Zuhause gleichkommt? Was werden die philosophischen Ritornelle sein? Welches Verhältnis besteht zwischen Denken und Erde? Sokrates, der Athener, der nicht reisen mag, wird in seiner Jugend von Parmenides aus Elea geführt, in seinem Alter vom Fremden ersetzt: als ob der Platonismus mindestens zweier Begriffspersonen bedurft hätte.[7] Welche Art von

---

7 Über die Person des Fremden bei Platon vgl. J.-F. Mattéi, *L'étranger et le simulacre*, Paris 1983.

Fremden gibt es im Philosophen, er, der aussieht, als kehrte er zurück aus dem Land der Toten? *Die Begriffspersonen haben diese Rolle inne: die absoluten Territorien, Deterritorialisierungen und Reterritorialisierungen des Denkens zu manifestieren.* Die Begriffspersonen sind Denker, ausschließlich Denker, und ihre personenhaften Merkmale sind eng verbunden mit den diagrammatischen Merkmalen des Denkens und den intensiven Merkmalen der Begriffe. Diese oder jene Begriffsperson denkt in uns, die vielleicht vor uns gar nicht existierte. Sagt man zum Beispiel, eine Begriffsperson stottere, dann ist damit kein Typ gemeint, der in einer Sprache stottert, vielmehr ein Denker, der die ganze Sprache zum Stottern bringt, der das Stottern zum Merkmal des Denkens als Sprache macht: Interessant wird dann die Frage »Was ist jenes Denken, das nur stottern kann?« Ein weiteres Beispiel: Wenn man sagt, eine Begriffsperson sei der Freund, oder der Richter, der Gesetzgeber, dann handelt es sich nicht mehr um – öffentliche oder juridische – Privatverhältnisse, sondern darum, was rechtens dem Denken und nur dem Denken zukommt. Stotterer, Freund, Richter verlieren nicht ihre konkrete Existenz, im Gegenteil: Sie nehmen eine neue Existenz an, und zwar als Bedingungen, die dem Denken zum Zwecke seiner Ausübung mit dieser oder jener Begriffsperson immanent sind. Es sind nicht zwei Freunde, die sich im Denken üben, das Denken selbst verlangt, daß der Denker ein Freund ist, damit es sich in sich selbst teilen und ausüben kann. Das Denken selbst verlangt diese Aufteilung des Denkens unter Freunden. Das sind keine empirischen, psychologischen und gesellschaftlichen Bestimmungen mehr, noch weniger Abstraktionen, sondern Fürsprecher, Kristalle oder Keime des Denkens.
Selbst wenn das Wort »absolut« sich als richtig erweist, wird man deshalb nicht glauben, daß die denkerischen Deterritorialisierungen und Reterritorialisierungen die psycho-sozialen transzendieren, aber ebensowenig, daß sie sich darauf reduzieren oder eine Abstraktion, ein ideologischer Aus-

druck davon sind. Es ist eher eine Konjunkion, ein System von Verweisungen oder ständiger Relais. Die Merkmale der Begriffspersonen stehen mit der historischen Epoche und dem historischen Milieu, in denen sie auftreten, in Beziehungen, die nur durch die psycho-sozialen Typen einzuschätzen sind. Umgekehrt werden die physischen und mentalen Bewegungen der psycho-sozialen Typen, ihre pathologischen Symptome, ihre wechselseitigen Einstellungen, ihre existentiellen Modi, ihr juridischer Status empfänglich für eine rein denkende und gedachte Bestimmung, die sie den historischen Sachverhalten einer Gesellschaft ebenso entreißt wie dem Erleben der Individuen, um aus ihnen Merkmale von Begriffspersonen zu machen oder *Ereignisse des Denkens* auf der Ebene, die sie sich entwerfen, oder in den Begriffen, die sie schafft. Begriffspersonen und psycho-soziale Typen verweisen wechselseitig aufeinander und verbinden sich, ohne je ineinander aufzugehen.

Keine Liste der Merkmale von Begriffspersonen kann erschöpfend sein, denn es entstehen immer neue, die mit den Immanenzebenen variieren. Und auf einer gegebenen Ebene vermischen sich verschiedene Arten von Merkmalen und ergeben eine Person. Wir gehen davon aus, daß es *pathische Merkmale* gibt: Der Idiot, jener, der durch sich selbst denken will, und das ist eine Person, die mutieren, eine andere Bedeutung annehmen kann. Aber auch ein Verrückter, eine Art Verrückter, ein kataleptischer Denker oder »Mumie«, der im Denken eine Unfähigkeit zu denken findet. Oder auch ein großer Besessener, ein Delirierender, der das sucht, was dem Denken vorausgeht, ein Schon-Vorhandenes, aber innerhalb des Denkens selbst... Philosophie und Schizophrenie sind häufig zusammengebracht worden; doch in dem einen Fall ist der Schizophrene eine Begriffsperson, die intensiv im Denker lebt und ihn zum Denken zwingt, in dem anderen Fall ist er ein psycho-sozialer Typ, der das Lebendige verdrängt und ihm sein Denken stiehlt. Zuweilen verbinden sich die beiden, umschlingen einander, als antwortete auf ein zu starkes Ereignis ein allzuschwer zu ertragender gelebter Zustand.

Es gibt *relationale Merkmale*: »der Freund«, aber ein Freund, der zu seinem Freund keine andere Beziehung mehr hat als durch eine geliebte Sache, die Rivalität in sich trägt. »Bewerber« und »Rivale« streiten sich um die Sache oder den Begriff, aber der Begriff braucht einen schlummernden, unbewußten sinnlichen Körper, den »Knaben«, der zur Begriffsperson hinzukommt. Ist man nicht bereits auf einer anderen Ebene, ist die Liebe doch wie die zum Denken zwingende Gewalt, »Sokrates der Liebende«, während die Freundschaft nur ein wenig guten Willen forderte? Und wie verhindern, daß eine »Braut« nun ihrerseits die Rolle der Begriffsperson übernimmt, auf die Gefahr hin, ihrem Untergang entgegenzugehen, aber nicht ohne daß auch der Philosoph selbst zur Frau »wird«? Wie Kierkegaard (oder Kleist oder Proust) sagt: Ist eine Frau nicht mehr wert als der Freund, der sich darin auskennt? Und was geschieht, wenn die Frau selbst Philosoph wird? Oder auch ein »Paar«, das dem Denken innerlich wäre und den »verheirateten Sokrates« zur Begriffsperson machte? Sofern man nicht auf den »Freund« zurückgeführt wird, allerdings nach einer allzu harten Prüfung, einer unaussprechlichen Katastrophe, folglich in einem wiederum neuen Sinn, in einer wechselseitigen Verzweiflung, einer wechselseitigen Müdigkeit, die ein neues Recht zum Denken gestalten (der zum Juden gewordene Sokrates). Nicht zwei Freunde, die sich einander mitteilen und gemeinsam wieder erinnern, sondern im Gegenteil eine Amnesie oder eine Aphasie durchmachen, die in der Lage sind, das Denken zu spalten, es in sich selbst zu teilen. Die Personen wuchern und schlagen eine andere Richtung ein, stoßen aufeinander, treten wechselseitig an die Stelle des anderen...[8]

---

8 Man möge hier nur summarische Andeutungen sehen: auf die Verbindung von Eros und der Philia bei den Griechen; auf die Rolle der Braut und des

Es gibt *dynamische Merkmale*: Wenn vorwärtsgehen, klettern, absteigen dynamische Elemente von Begriffspersonen sind, dann sind springen nach Art von Kierkegaard, tanzen wie Nietzsche, tauchen wie Melville weitere Merkmale für philosophische Athleten, die aufeinander nicht zurückführbar sind. Und wenn unsere Sportarten heute dabei sind, sich völlig zu verändern, wenn an die Stelle der alten Energie erzeugenden Aktivitäten Übungen treten, die sich ganz im Gegenteil in bestehende Energiebündel einfügen, dann handelt es sich nicht nur um eine Mutation des Typs, es sind noch andere dynamische Merkmale, die in ein Denken eindringen, das mit neuartigen Seinsstoffen, Welle oder Schnee, »gleitet«, und die aus dem Denker eine Art Surfer als Begriffsperson machen; unter diesen Umständen verzichten wir auf den energetischen Wert des Sport-Typs, um die reine dynamische Differenz freizusetzen, die sich in einer neuen Begriffsperson äußert.

Es gibt *juridische Merkmale*, insofern das Denken unaufhörlich das einklagt, was ihm rechtens zukommt, und sich seit den Vorsokratikern mit der Justiz herumschlägt: Aber ist das die Macht des Bewerbers, oder gar des Klägers, so wie die Philosophie sie dem griechischen tragischen Tribunal entreißt? Und wird es dem Philosophen nicht für lange Zeit verboten werden, Richter zu sein, ein allenfalls in die Justiz Gottes aufgenommener Gelehrter, solange er nicht selbst angeklagt ist? Ist das eine neue Begriffsperson, wenn Leibniz den Philosophen zum Anwalt eines allenthalben bedrohten Gottes macht? Und was ist mit jener sonderbaren Person, die die Empiristen mit dem Ermittler in Umlauf bringen? Es ist Kant, der schließlich aus dem Philosophen einen Richter macht, während zugleich die Vernunft ein Tribunal bildet. Aber ist das die legislative Gewalt eines bestimmenden Rich-

---

Verführers bei Kierkegaard; auf die noetische Funktion des Paars bei Klossowski (*Die Gesetze der Gastfreundschaft*, Reinbek b. Hamburg 1966); an die Bildung der Philosophen-Frau nach Michèle Le Dœuff (*L'étude et le rouet*, Paris 1989); die neue Person des Freundes bei Blanchot.

ters oder die juridische Gewalt, die Gesetzsprechung eines reflektierenden Richters? Zwei sehr verschiedene Begriffspersonen. Es sei denn, das Denken stürzt alles um, Richter, Anwälte, Kläger, Anklagende und Angeklagte, so wie Alice auf einer Immanenzebene, auf der Justiz gleich Unschuld ist und der Unschuldige die Begriffsperson wird, die sich nicht mehr rechtfertigen muß, eine Art spielendes Kind, gegen das man nichts mehr machen kann, ein Spinoza, der nicht die geringste Illusion von Transzendenz mehr übriggelassen hat. Müssen Richter und Unschuldiger nicht ineinander aufgehen, das heißt, muß über die Wesen nicht von innen geurteilt werden: keineswegs im Namen des Gesetzes oder von Werten, nicht einmal aufgrund ihres Gewissens, sondern durch die rein immanenten Kriterien ihrer Existenz (»›Jenseits von Gut und Böse‹... Dies meint zum mindesten *nicht* ›Jenseits von Gut und Schlecht‹...«).

Es gibt in der Tat *existentielle Merkmale*: Nietzsche sagte, daß die Philosophie Daseinsweisen erfinde oder Möglichkeiten des Lebens. Deshalb genügen einige Lebensanekdoten, um daraus das Portrait eines Philosophen zu erstellen, so wie es Diogenes Laertius vermochte, der das Lieblingsbuch oder die schmeichelhafte Legende der Philosophen verfaßte: Empedokles und sein Vulkan, Diogenes und seine Tonne. Man wird das höchst bürgerliche Leben der meisten modernen Philosophen als Einwand vorbringen; aber ist Kants Sockenhalter nicht eine Anekdote, die dem System der Vernunft entspricht?[9] Und Spinozas Gefallen an Spinnenkämpfen kommt daher, daß diese in reiner Form modale Beziehungen im System der Ethik als höherer Ethologie reproduzieren. Tatsächlich verweisen diese Anekdoten nicht einfach auf einen sozialen oder selbst psychologischen Typ eines Philosophen (der Fürst Empedokles oder der Sklave Diogenes), sie offenbaren vielmehr die Begriffspersonen, die sie beher-

---

9 Zu diesem komplexen Apparat siehe Thomas de Quincey, *Die letzten Tage des Immanuel Kant*, München 1991, S. 30 f.

bergen. Die Lebensmöglichkeiten oder Daseinsweisen können nur auf einer Immanenzebene erfunden werden, die die Macht, das Vermögen von Begriffspersonen entfaltet. Gesicht und Leib der Philosophen bergen diese Personen, die ihnen häufig ein sonderbares Aussehen geben, einen befremdlichen Blick vor allem, so als schaute jemand anderes durch ihre Augen. Die Lebensanekdoten erzählen von der Beziehung einer Begriffsperson zu Tieren, Pflanzen, Steinen, einer Beziehung, der zufolge der Philosoph selbst etwas Unerwartetes wird, eine tragikomische Größe annimmt, die er von sich aus nicht hätte. Durch unsere Personen werden wir Philosophen immer etwas anderes, werden wir wiedergeboren als Palmengarten oder Zoo.

Beispiel VI
Selbst die Illusionen der Transzendenz dienen uns, sie liefern uns Lebensanekdoten. Denn wenn wir uns rühmen, dem Transzendenten in der Immanenz zu begegnen, tun wir nichts anderes, als die Immanenzebene in der Immanenz selbst wieder aufzuladen: Kierkegaard springt aus der Ebene, aber was ihm in dieser Suspension, diesem Innehalten der Bewegung »wiedergegeben« wird, das sind die verlorene Braut oder der verlorene Sohn, das ist das Dasein auf der Immanenzebene.[10] Kierkegaard zögert nicht, es auszusprechen: Für das Transzendente genügte ein wenig »Resignation«; aber *überdies muß die Immanenz zurückgegeben werden*. Pascal wettet auf die transzendente Existenz Gottes, doch der Wetteinsatz, das, *worum* man wettet, ist die immanente Existenz dessen, der glaubt, daß Gott existiert. Allein diese Existenz vermag die Immanenzebene zu bedecken, die unendliche Bewegung zu erlangen, Intensitäten zu produzieren und zu reproduzieren, wohingegen die Existenz dessen, der glaubt, daß Gott nicht existiert, dem Negativen anheimfällt. Hier könnte man anführen, was François Jullien vom chinesischen Denken sagt: daß die Transzendenz in ihm relativ sei und nicht mehr als eine »Absolutierung der Immanenz« darstelle.[11] Wir haben nicht den geringsten Grund zu der

---

10 Kierkegaard, *Furcht und Zittern*, Jena ²1909, S. 48.
11 François Jullien, *Procès ou création. Une introduction à la pensée lettrée chinoise*, Paris 1989, S. 18, 117.

Annahme, daß die Existenzweisen transzendenter Werte bedürften, die sie vergleichen, auswählen und entscheiden würden, daß die eine »besser« ist als die andere. Im Gegenteil, es gibt keine anderen als immanente Kriterien, und der Wert einer Lebensmöglichkeit bemißt sich an sich selbst nach den Bewegungen und nach den Intensitäten, die sie auf einer Immanenzebene zeichnet beziehungsweise erschafft; abgelehnt wird, was weder zeichnet noch erschafft. Eine Existenzweise ist gut oder schlecht, vornehm oder gewöhnlich, erfüllt oder leer, unabhängig von Gut und Böse und von allen transzendenten Werten: Es gibt nie ein anderes Kriterium als den Gehalt der Existenz, die Intensivierung des Lebens. Das wissen Pascal und Kierkegaard sehr gut, sie, die sich in unendlichen Bewegungen auskennen und aus dem Alten Testament neue Begriffspersonen ziehen, die in der Lage sind, Sokrates die Spitze zu bieten. Kierkegaards »Glaubensritter«, jener, der den Sprung macht, oder Pascals Wettender, jener, der würfelt, sind die Männer einer Transzendenz oder eines Glauben. Aber sie hören nicht auf, die Immanenz von neuem aufzuladen: Dies sind Philosophen oder vielmehr die Fürsprecher, die Begriffspersonen, die für diese beiden Philosophen gelten, und die sich nicht mehr um die transzendente Existenz Gottes kümmern, sondern nur noch um die unendlichen immanenten Möglichkeiten, die die Existenz dessen bringt, der glaubt, daß Gott existiert.

Das Problem würde sich ändern, wenn es eine andere Immanenzebene wäre. Nicht daß dann derjenige, der an die Existenz Gottes glaubt, die Oberhand gewinnen könnte – er gehört ja immer noch zur alten Ebene als negative Bewegung. Doch auf der neuen Ebene könnte es sein, daß das Problem jetzt die Existenz dessen betrifft, der an die Welt glaubt, nicht einmal an die Existenz der Welt, sondern an deren Möglichkeiten an Bewegungen und Intensitäten, um noch mehr neue Existenzweisen hervorgehen zu lassen, näher zu den Tieren und Steinen. Es kann sein, daß an diese Welt, an dieses Leben zu glauben unsere schwierigste Aufgabe geworden ist oder die Aufgabe einer Existenzweise, die es auf unserer Immanenzebene heute zu entdecken gilt. Das ist die empiristische Konversion (wir haben so unsäglich viele Gründe, an die Welt der Menschen nicht zu glauben, wir haben die Welt verloren, was schlimmer ist, als eine Braut, einen Sohn oder einen Gott verloren zu haben...). Ja, das Problem hat sich verändert.

Begriffsperson und Immanenzebene setzen sich wechselseitig voraus. Bald scheint die Person der Ebene vorauszugehen, bald ihr zu folgen. Der Grund: sie erscheint zweimal, interveniert zweimal. Zum einen taucht sie ins Chaos, entnimmt ihm Bestimmungen, die sie zu den diagrammatischen Merkmalen einer Immanenzebene machen wird: Es ist, als ergriffe sie eine Handvoll Würfel aus dem Zufalls-Chaos, um mit ihnen auf einem Tisch zu würfeln. Zum anderen läßt sie jeden geworfenen Wurf mit den intensiven Merkmalen eines Begriffs korrespondieren, der diesen oder jenen Bereich des Tisches besetzt, so als spaltete sich letzterer je nach geworfener Zahl. Die Begriffsperson interveniert folglich mit ihren personenhaften Merkmalen zwischen dem Chaos und den diagrammatischen Merkmalen der Immanenzebene, aber auch zwischen der Ebene und den intensiven Zügen der Begriffe, die sie bevölkern. *Igitur*. Die Begriffspersonen bilden die Gesichtspunkte, nach denen sich die Immanenzebenen unterscheiden oder annähern, aber auch die Bedingungen, unter denen jede Ebene von Begriffen derselben Gruppe erfüllt wird. Jedes Denken ist ein »Fiat«, macht einen Würfelwurf: Konstruktivismus. Allerdings ist das ein sehr kompliziertes Spiel, denn das Werfen besteht aus unendlichen Bewegungen, die reversibel und ineinandergefaltet sind, so daß das Fallen sich nur in unendlicher Geschwindigkeit vollziehen kann, wobei es jene endlichen Formen hervorbringt, die den intensiven Ordinaten dieser Bewegungen entsprechen: Jeder Begriff ist eine Ziffer, die vorher nicht existierte. Die Begriffe leiten sich nicht aus der Ebene her, es bedarf der Begriffsperson, um sie auf der Ebene zu erschaffen, wie es ihrer auch bedarf, um die Ebene selbst zu entwerfen; doch vermischen sich die beiden Operationen nicht in der Person, die sich selbst als klar unterschiedener Operator darstellt.

Es gibt zahllose Ebenen, mit je eigener Krümmung, und sie gruppieren und trennen sich gemäß den durch die Personen gebildeten Gesichtspunkten. Jede Person hat mehrere Merkmale, die weitere Personen auf derselben Ebene oder einer anderen hervorbringen können: eine Wucherung von Begriffspersonen. Auf einer Ebene gibt es eine unendliche Zahl möglicher Begriffe: Sie geben einander Echo, verbinden sich mittels beweglicher Brücken, aber es ist unmöglich, den Lauf vorauszusehen, den sie je nach Krümmung der Ebene nehmen werden. Sie werden stoßweise geschaffen, gabeln sich unaufhörlich und schlagen eine andere Richtung ein. Das Spiel ist um so komplizierter, als unendliche *negative* Bewegungen in die positiven auf jeder Ebene eingehüllt sind, dabei die Risiken und Gefahren ausdrücken, mit denen das Denken konfrontiert ist, die falschen Wahrnehmungen und die sie umgebenden falschen Gefühle; es gibt auch *antipathische* Begriffspersonen, die eng an den sympathischen kleben und von denen diese nicht loskommen (nicht nur Zarathustra wird von »seinem« Affen oder seinem Possenreißer verfolgt, Dionysos, der sich nicht von Christus trennt, auch Sokrates, dem es nicht gelingt, sich von »seinem« Sophisten zu unterscheiden, der kritische Philosoph, der fortwährend seine schlechten Doppelgänger beschwört); es gibt schließlich *abstoßende* Begriffe, eingebunden in den anziehenden, die aber auf der Ebene Regionen niedriger oder leerer Intensität einzeichnen und sich unablässig isolieren, in Uneinigkeit geraten, die Verbindungen unterbrechen (hat nicht die Transzendenz selbst »ihre« Begriffe?). Doch mehr noch als eine Vektorenverteilung sind die Zeichen der Ebenen, Personen und Begriffe vieldeutig, weil sie ineinandergefaltet sind, sich einander umschlingen oder eng beieinander stehen. Deshalb verfährt die Philosophie auch immer Schlag auf Schlag.

Die Philosophie präsentiert drei Elemente, von denen jedes den beiden anderen entspricht, aber doch jeweils für sich betrachtet werden muß: *die prä-philosophische Ebene, die sie entwerfen muß (Immanenz), die pro-philosophische(n) Person(en), die sie erfinden und zum Leben erwecken muß (Insistenz), die philosophischen Begriffe, die sie erschaffen muß (Konsistenz)*. Entwerfen, erfinden, erschaffen: das ist die philosophische Trinität. Diagrammatische, personenhafte und intensive Merkmale. Es gibt Gruppen von Begriffen, je nachdem, wie sie widerhallen oder bewegliche Brücken in Gang bringen und dabei ein und dieselbe Immanenzebene bedecken, die sie miteinander verbindet. Es gibt Familien von Ebenen, je nachdem, wie die unendlichen Bewegungen des Denkens sich ineinanderfalten und Krümmungsvariationen zusammensetzen oder im Gegenteil unvereinbare Varietäten auswählen. Es gibt Typen von Personen, je nach ihren Möglichkeiten des – und sei es feindlichen – Zusammentreffens auf ein und derselben Ebene und innerhalb einer Gruppe. Aber es ist häufig schwierig zu bestimmen, ob es sich um dieselbe Gruppe, denselben Typ, dieselbe Familie handelt. Dazu braucht es »Geschmack«.

Da keine und keiner sich aus den anderen ableiten läßt, bedarf es einer wechselseitigen Anpassung der drei. Dieses philosophische Vermögen zur wechselseitigen Anpassung, das zudem die Schaffung von Begriffen regelt, heißt *Geschmack*. Nennen wir Vernunft den Entwurf der Ebene, Einbildungskraft die Erfindung der Personen, Verstand die Erschaffung der Begriffe, dann erscheint der Geschmack als das dreifache Vermögen des noch unbestimmten Begriffs, der noch verschwommenen Person, der noch transparenten Ebene. Deshalb ist es notwendig zu erschaffen, zu erfinden, zu entwerfen, der Geschmack aber ist gleichsam die Korrespondenzregel der ihrer Natur nach differierenden drei Instanzen. Dies ist sicherlich kein Vermögen des Messens. Man wird kein Maß finden in diesen unendlichen Bewegungen, aus denen die Immanenzebene besteht, diesen beschleunigten Linien ohne Kontur, diesen Neigungen und Krümmungen, auch nicht in diesen immer exzessiven, manchmal *antipathischen* Personen oder diesen Begriffen mit ihren unregelmäßigen Formen, schrillen Intensitäten, so grellen und barbarischen Farben, daß sie eine Art »Ekel« hervorrufen können (namentlich in den abstoßenden Begriffen). Dennoch tritt in allen Fällen als philosophischer Geschmack die Liebe zum gutgemachten Begriff hervor, wobei »gutgemacht« keine Abschwächung des Begriffs meint, sondern eine Art Belebung, Modulation, bei der die begriffliche Tätigkeit keine Grenze in sich selbst besitzt, sondern nur in den beiden anderen grenzenlosen Aktivitäten. Wären die Begriffe schon fertig vorgegeben, hätten sie Grenzen zu beachten; aber selbst die »vorphilosophische« Ebene wird nur deshalb so genannt, weil sie als vorausgesetzte entworfen wird, nicht weil sie bereits existierte, ohne entworfen zu sein. Die drei Aktivitäten sind strikt simultan und stehen nur in nicht-kommensurablen Verhältnissen zueinander. Die Schaffung der Begriffe hat keine andere Grenze als die Ebene, die sie bevölkern, die Ebene selbst aber ist unbegrenzt, und ihr Entwurf richtet sich allein nach den zu erschaffenden Begriffen, die sie verbinden, oder nach den zu erfindenden Personen, die sie erhalten soll. Das ist wie in der Malerei: Selbst für die Monster und Zwerge gibt es einen Geschmack, dem zufolge sie gut gemacht sein müssen; das heißt nicht: sie zu verwässern, vielmehr ihre unregelmäßigen Konturen zu verbinden mit einem Gewebe der Haut oder einem Grund der Erde als Keimstoff, mit dem sie zu spielen scheinen. Es gibt einen Geschmack an der Farbe, der die Erschaffung von Farben bei einem großen Maler nicht zügelt, sondern im Gegenteil bis zu jenem Punkt treibt, an dem die Farben auf ihre konturierten Figuren und ihre flächige, gekrümmte, arabeske Ebene treffen. Van Gogh treibt das Gelb ins Unbegrenzte nur, um den Sonnenblumen-Mensch zu erschaffen und die Ebene der unendlichen kleinen Striche zu entwerfen. Der Geschmack für Farben zeugt zugleich vom notwendigen Respekt vor ihrem Kommen, vom langen Warten, das ausgehalten werden muß, aber auch vom grenzenlosen schöpferischen Tun, das sie existent werden läßt. Dasselbe gilt auch vom Geschmack für Begriffe: Der Philosoph nähert sich dem unbestimmten Begriff nur mit Furcht und Respekt, er zögert lange, sich darauf einzulassen, aber er kann Begriffe nur bestimmen, wenn er sie maßlos erschafft, mit einer von ihm entworfenen Immanenzebene als einziger Regel und den sonderbaren Personen, die er zum Leben erweckt, als einzigem Kompaß. Weder ersetzt der philosophische Geschmack das schöpferische Tun, noch drosselt er es, vielmehr wendet sich die freie Schöpfung von Begriffen an einen Geschmack, der sie moduliert. Die freie Schöpfung bestimmter Begriffe braucht einen Geschmack für den unbestimmten Begriff. Der Geschmack ist diese Potenz, dieses Potentiell-Sein des Begriffs: Gewiß nicht aus »vernünftigen oder verständigen« Gründen wird dieser bestimmte Begriff geschaffen und werden jene Komponenten ausgewählt. Nietzsche hat diesen Zusammenhang zwischen der Erschaffung von Begriffen und einem genuin philosophischen Geschmack geahnt; und wenn der Philosoph jener ist, der Begriffe erschafft, dann dank einem Geschmacksvermögen als einem fast tierischen instinktiven »sapere« – einem Fiat oder einem Fatum, das jedem Philosophen das Recht verleiht, zu bestimmten Problemen vorzudringen, gleich einer Prägung auf seinem Namen, einer Affinät, aus der seine Werke hervorgehen werden.[12]

Ein Begriff ist solange ohne Sinn, als er nicht mit anderen Begriffen verbunden und mit einem Problem zusammengebracht ist, das er löst oder mithilft zu lösen. Allerdings ist es wichtig, zwischen den philosophischen und den wissenschaftlichen Problemen zu unterscheiden. Es wäre nicht viel gewonnen, würde man sagen, daß die Philosophie »Fragen« stellt, da die Fragen lediglich ein Wort zur Bezeichnung von Problemen sind, die sich auf die der Wissenschaft nicht zurückführen lassen. Da die Begriffe nicht propositional sind, können sie nicht auf Probleme verweisen, die die Bedingun-

---

[12] Nietzsche, *Musarion Ausgabe*, Bd. XVI, S. 35. Nietzsche zitiert häufig einen philosophischen Geschmack und leitet den Weisen etymologisch von »sapere« her (»sapiens«, der Schmeckende, »sisyphos«, der Mann des schärfsten Geschmacks): *Die Philosophie im tragischen Zeitalter der Griechen*, in: Friedrich Nietzsche, *Werke III*, Frankfurt/M-Berlin-Wien 1972, S. 364.

gen in Extensionen von Propositionen betreffen würden, die
jenen der Wissenschaft vergleichbar sind. Wollte man dennoch den philosophischen Begriff in Propositionen übersetzen, dann gelänge dies vermutlich nur in Form mehr oder
minder wahrscheinlicher Meinungen ohne wissenschaftlichen Wert. Damit stößt man allerdings auf eine Schwierigkeit, mit der bereits die Griechen konfrontiert waren. Dies
ist sogar das dritte Merkmal, mit dem die Philosophie als
etwas Griechisches gilt: Der griechische Stadtstaat erhebt
den Freund oder den Rivalen zu einer gesellschaftlichen Beziehung, er entwirft eine Immanenzebene, bringt aber auch
die *freie Meinung* (doxa) zur Herrschaft. Die Philosophie
muß nun aus den Meinungen ein »Wissen« gewinnen, das sie
verwandelt, sich aber deshalb nicht weniger von der Wissenschaft unterscheidet. Das philosophische Problem bestünde
also darin, in jedem betreffenden Fall die Instanz zu finden,
die in der Lage ist, den gegensätzlichen Meinungen einen
Wahrheitswert beizumessen, entweder indem sie die einen als
klüger auswählt als die anderen oder indem sie den Anteil an
Wahrheit festgelegt, der jeder Meinung zukommt. Darin bestand schon immer der Sinn dessen, was Dialektik genannt
wird: eine Verkürzung der Philosophie auf die endlose Diskussion.[13] Man sieht es bei Platon, wo Universalien der
Kontemplation den jeweiligen Wert der rivalisierenden Meinungen messen sollen, um sie zum Wissen zu erheben.
Freilich haben die bei Platon – in den sogenannten aporetischen Dialogen – fortbestehenden Widersprüche bereits Aristoteles gezwungen, die dialektische Erforschung der Probleme auf Universalien der Kommunikation (die Topiken)
hin auszurichten. Noch bei Kant besteht das Problem in der
Auswahl oder Aufteilung der gegensätzlichen Meinungen,
allerdings dank Universalien der Reflexion; bis dann Hegel
auf die Idee kam, sich des Widerspruchs der rivalisierenden

---

13 Vgl. Émile Bréhier, »La notion de problème en philosophie«, *Études de philosophie antique*, Paris 1955.

Meinungen zu bedienen, um daraus überwissenschaftliche Propositionen zu gewinnen, fähig, sich in sich selbst und im Absoluten zu bewegen, sich kontemplativ zu betrachten, sich zu reflektieren, zu kommunizieren (spekulative Proposition, in der die Meinungen zu den Momenten des Begriffs werden). Doch unter den höchsten Ambitionen der Dialektik – und ungeachtet des Genius der großen Dialektiker – fällt man in die erbärmlichste Lage zurück, jene von Nietzsche diagnostizierte Kunst des Plebs oder des schlechten Geschmacks in der Philosophie: die Reduktion des Begriffs auf Propositionen als bloße Meinungen; den Verlust der Immanenzebene in den falschen Wahrnehmungen und den schlechten Gefühlen (Illusionen der Transzendenz oder der Universalien); das Modell eines Wissens, das nur eine vermeintlich höhere Meinung darstellt, die Urdoxa*; die Ersetzung der Begriffspersonen durch Professoren oder Schulhäupter. Die Dialektik gibt vor, eine genuin philosophische Diskursivität gefunden zu haben, und verknüpft doch nur Meinungen miteinander. Vergeblich hebt sie die Meinung in einem Wissen auf: die Meinung bricht doch immer wieder durch. Selbst mit den Ressourcen einer Urdoxa* bleibt die Philosophie eine Doxographie. Es ist immer die gleiche Melancholie, die aus den mittelalterlichen Disputationen und Quodlibets aufsteigt, in denen man erfährt, was ein jeweiliger Doktor gedacht hat, aber nicht, warum er es gedacht hat (das Ereignis), und auf die man in vielen Philosophiegeschichten stößt, die die Lösungen Revue passieren lassen, ohne je zu wissen, welches das Problem ist (die Substanz bei Aristoteles, bei Descartes, bei Leibniz...), da das Problem lediglich ein Abklatsch der Propositionen ist, die ihm als Antwort dienen.

Ist die Philosophie von Natur aus paradoxal, dann weder weil sie Partei ergreift für die unwahrscheinlichsten Meinungen, noch weil sie die widersprüchlichen Meinungen aufrechterhält, sondern weil sie sich Sätzen einer Standardsprache bedient, um damit etwas auszudrücken, was nicht zur

Ordnung der Meinung, nicht einmal zu der der Proposition gehört. Der Begriff ist zwar eine Lösung, doch beruht das Problem, auf das er antwortet, in seinen intensionalen Konsistenzbedingungen und nicht, wie in der Wissenschaft, in den Referenzbedingungen der extensionalen Propositionen. Ist der Begriff eine Lösung, sind die Bedingungen des philosophischen Problems auf der Immanenzebene, die er voraussetzt (auf welche unendliche Bewegung verweist er im Bild des Denkens?), und die Unbekannten des Problems in den Begriffspersonen, die er aufbietet (welche Person genau?). Ein Begriff wie der der Erkenntnis hat Sinn nur in bezug auf ein Bild des Denkens, auf das er verweist, und auf eine Begriffsperson, die er braucht; ein anderes Bild, eine andere Person fordern andere Begriffe (den Glauben zum Beispiel und den Ermittler). Eine Lösung hat keinen Sinn unabhängig von einem Problem, das nach seinen Bedingungen und seinen Unbekannten zu bestimmen ist; doch haben diese selbst keinen Sinn unabhängig von als Begriffe bestimmbaren Problemen. Die drei Instanzen sind ineinandergefügt, sind aber nicht von gleicher Natur, sie koexistieren miteinander, und jede bleibt bestehen, ohne in den anderen zu verschwinden. Bergson, der so viel zum Verständnis dessen beigetragen hat, was ein philosophisches Problem ist, sagte, daß ein gut gestelltes Problem ein gelöstes Problem sei. Das soll nun weder heißen, daß ein Problem lediglich der Schatten oder das Epiphänomen seiner Lösungen sei noch die Lösung nur die Redundanz oder die analytische Konsequenz des Problems. Vielmehr lösen sich die drei Aktivitäten, aus denen der Konstruktionismus besteht, fortwährend ab, überlappen sich, bald ist die eine, bald die andere voraus: die eine besteht in der Schaffung der Begriffe als Lösungsfälle, die andere im Entwurf einer Ebene und einer Bewegung auf der Ebene als Bedingungen eines Problems, die andere in der Erfindung einer Person als der Unbekannten des Problems. Die Gesamtheit des Problems (zu der die Lösung gehört) besteht immer in der Konstruktion der beiden anderen, wenn das dritte im Gang ist. Wir haben gesehen, wie von Platon bis Kant das Denken, das »Erste«, die Zeit unterschiedliche, zur Bestimmung von Lösungen befähigte Begriffe angenommen haben, allerdings abhängig von Voraussetzungen, die unterschiedliche Probleme bestimmten; denn ein und dieselben Ausdrücke können zwei-, ja sogar dreimal auftauchen: einmal in den Lösungen als Begriffe, ein anderes Mal in den vorausgesetzten Problemen, ein weiteres Mal in einer Person als Vermittler, Fürsprecher, aber jedes Mal in einer irreduziblen besonderen Form.

Keine Regel und vor allem keine Diskussion können im voraus sagen, ob es die richtige Ebene, die richtige Person, der richtige Begriff ist, denn jede(r) einzelne entscheidet für sich, ob die beiden anderen gelungen sind oder nicht, aber jede(r) von ihnen muß für sich konstruiert werden: der eine geschaffen, die andere erfunden, die andere entworfen. Man konstruiert Probleme und Lösungen, von denen man sagen kann: »Verfehlt...Gelungen...«, freilich nur nach Maßgabe ihrer und entsprechend ihren wechselseitigen Anpassungen. Der Konstruktivismus disqualifiziert jede Diskussion, die die notwendigen Konstruktionen verzögern würde, wie er auch alle Universalien – die Kontemplation, die Reflexion, die Kommunikation – anprangert als Quellen der sogenannten »falschen Probleme«, die aus Trugschlüssen im Umkreis der Ebene entstehen. Das ist alles, was im voraus gesagt werden kann. Es kann vorkommen, daß wir eine Lösung gefunden zu haben wähnten, doch eine neue Krümmung der Ebene, die wir zunächst nicht gesehen haben, bringt aufs neue das Ganze in Gang und wirft neue Probleme auf, einen neuen Schwung von Problemen, der sich anhand sukzessiver Stöße vollzieht und künftige, zu schaffende Begriffe stimuliert (wir wissen nicht einmal, ob es sich nicht vielmehr um eine neue Ebene handelt, die sich von der vorhergehenden ablöst). Umgekehrt kann es vorkommen, daß ein neuer Begriff sich wie ein Keil zwischen zwei Begriffe setzt, die man für benachbart hielt, und seinerseits auf der Immanenztafel die Bestimmung eines Problems stimuliert, das wie eine Art Verlängerungsstück erscheint. So lebt die Philosophie in einer permanenten Krise. Die Ebene wirkt durch Erschütterungen, und die Begriffe schreiten in Salven, die Personen ruckweise voran. Von Natur aus problematisch ist das Verhältnis der drei Instanzen.

Man kann vorab nicht sagen, ob ein Problem richtig gestellt ist, ob eine Lösung paßt, zutrifft, ob eine Person lebensfähig ist. Und zwar deshalb nicht, weil jede der philosophischen Aktivitäten nur in den beiden anderen ihr Kriterium findet; deshalb entwickelt sich die Philosophie ja auch im Paradox. Die Philosophie besteht nicht darin zu wissen, nicht die Wahrheit treibt sie an, sondern Kategorien wie das Interessante, das Bemerkenswerte oder das Wichtige: sie entscheiden über Gelingen oder Scheitern. Das aber kann man nur wissen, nachdem man konstruiert hat. Von vielen philosophischen Büchern wird man nicht sagen, sie seien falsch, denn das besagt gar nichts, vielmehr, daß sie unwichtig und uninteressant sind, eben weil sie weder einen Begriff schaffen noch ein Bild des Denkens beibringen, noch eine Person erzeugen, die der Mühe wert wäre. Lediglich Lehrer können an den Rand schreiben: »falsch«, und auch dann noch... – die Leser aber haben ihre Zweifel hinsichtlich der Wichtigkeit und dem Interesse, das heißt der Neuheit dessen, was man ihnen zu lesen gibt. Das sind die Kategorien des *Geistes*. Eine große Romanfigur muß ein *Original* sein, ein *Einzigartiges*, sagte Melville; eine Begriffsperson ebenso. Auch wenn sie *antipathisch* ist, muß sie bemerkenswert sein; auch wenn er abstößt, muß ein Begriff interessant sein. Mochte Nietzsche, als er den Begriff des »schlechten Gewissens« entwickelte, darin auch das Ekelhafteste in der Welt sehen, er hat dabei nicht weniger ausgerufen: Da beginnt der Mensch interessant zu werden! Tatsächlich meinte er, damit einen neuen Begriff für den Menschen geschaffen zu haben, der diesem entsprach, in Verbindung mit einer Begriffsperson (dem Priester) und einem neuen Bild des Denkens (dem Willen zur

Macht, erfaßt unter dem negativen Zug des Nihilismus)...[14]

Die Kritik impliziert neue Begriffe (der kritisierten Sache) wie positivste Schöpfung. Die Begriffe müssen unregelmäßige, nach ihrer lebendigen Materie geformte Konturen haben. Was ist von Natur aus uninteressant? Die inkonsistenten, in sich unstimmigen Begriffe, jene, die Nietzsche »unförmige und flüssige Begriffskleckse« nannte – oder vielmehr die allzu regelmäßigen, versteinerten, auf ein bloßes Gerippe reduzierten Begriffe? Die universalsten Begriffe, jene, die man uns als ewige Formen oder Werte präsentiert, sind in dieser Hinsicht die verknöchertsten, die am wenigsten interessanten. Man tut nichts Positives, aber auch nichts Kritisches oder Historisches, wenn man sich damit begnügt, mit alten vorgegebenen Begriffen zu klappern wie mit Skeletten, um damit jedes schöpferische Tun einzuschüchtern, ohne zu sehen, daß die antiken Philosophen, denen man sie entlehnt, bereits taten, woran man die modernen hindern möchte: sie schufen ihre Begriffe und begnügten sich nicht damit, Knochen zu säubern und abzuschaben, wie der Kritiker und der Historiker unserer Zeit. Selbst die Geschichte der Philosophie ist völlig uninteressant, wenn sie sich nicht vornimmt, einen eingeschlummerten Begriff wieder zu wecken, ihn auf einer neuen Bühne wieder aufzuführen – und sei es um den Preis, ihn gegen sich selbst zu kehren.

---

14 Nietzsche, *Zur Genealogie der Moral*, I, 6.

4. Geophilosophie

Subjekt und Objekt sind schlechte Annäherungen an das Denken. Denken ist weder ein gespanntes Seil zwischen einem Subjekt und einem Objekt noch eine Revolution, ein Umlauf des einen um das andere. Denken geschieht vielmehr in der Beziehung zu dem Territorium und zu Terra, der Erde. Kant ist weniger, als man denkt, in den Kategorien von Subjekt und Objekt gefangen, da seine Vorstellung von der kopernikanischen Wende das Denken in direkten Bezug setzt zur Erde; Husserl fordert als Uranschauung einen Boden für das Denken, der wie die Erde wäre, weder in Bewegung noch in Ruhe. Und doch haben wir gesehen, daß die Erde eine fortwährende Deterritorialisierungsbewegung an Ort und Stelle ausführt, mit der sie jedes Territorium überschreitet: sie ist deterritorialisierend und deterritorialisiert. Sie verschmilzt mit der Bewegung derer, die in Massen ihr Territorium verlassen: Langusten, die sich zugweise auf dem Grund des Meeres in Marsch setzen, Pilger oder Ritter, die entlang einer himmlischen Fluchtlinie reiten. Die Erde ist kein Element unter anderen, sie vereinigt alle Elemente in einer Umfassung, bedient sich aber des einen oder des anderen zur Deterritorialisierung des Territoriums. Die Deterritorialisierungsbewegungen sind unabtrennbar von Territorien, die sich einem Anderswo öffnen, und die Reterritorialisierungsprozesse sind unabtrennbar von der Erde, die Territorien zurückgibt. Dies sind zwei Komponenten, das Territorium und die Erde, mit zwei Ununterscheidbarkeitszonen, der Deterritorialisierung (des Territoriums zur Erde) und der Reterritorialisierung (der Erde zum Territorium). Welche primär ist, läßt sich nicht sagen. Gefragt wird, in welchem Sinn Griechenland das Territorium des Philosophen oder die Erde der Philosophie ist.
Die Staaten und Stadtstaaten sind häufig als Territorien definiert worden, die ein auf Abstammung und Sippe begründe-

tes Prinzip durch ein territoriales Prinzip ersetzen. Das ist nicht richtig: Die Abstammungsgruppen können das Territorium wechseln, determiniert werden sie effektiv erst, wenn sie sich mit einem Territorium oder einem Wohnsitz in einem »lokalen Stamm« verbinden. Staat und Stadt dagegen vollziehen eine Deterritorialisierung, insofern jener die landwirtschaftlichen Territorien nebeneinanderstellt und vergleicht, indem er sie auf eine arithmetische Höhere Einheit bezieht, diese das Territorium an eine in kommerzielle Kreisläufe verlängerbare geometrische Ausdehnung anpaßt. *Spatium imperiale* des Staates oder *extensio politica* der Stadt: weniger ein territoriales Prinzip als eine Deterritorialisierung, die handgreiflich wird, sobald der Staat sich das Territorium der lokalen Gruppen aneignet oder die Stadt sich von ihrem Hinterland abwendet; in dem einen Fall vollzieht sich die Reterritorialisierung über den Palast und dessen Lagerbestände, in dem anderen über die Agora und die Handelsnetze.

In den imperialen Staaten ist die Deterritorialisierung transzendent: sie versucht, sich in der Höhe zu vollziehen, vertikal, einer himmlischen Komponente der Erde folgend. Das Territorium ist Wüstenerde geworden, doch von einem himmlischen Fremden wird das Territorium wieder-begründet oder die Erde reterritorialisiert. In der Stadt dagegen ist die Deterritorialisierung immanent: Sie befreit einen Autochtonen, das heißt eine Macht der Erde, die einer maritimen Komponente folgt, die sogar unter die Wasser gleitet, um das Territorium wiederzubegründen (Erechtheion, der Tempel der Athene und des Poseidon). Freilich liegen die Dinge komplizierter, da der Imperiale Fremde überlebender Autochtoner bedarf, und der städtische Autochtone an Fremde auf der Flucht appelliert – nur sind das gerade nicht dieselben psychosozialen Typen, wie auch der imperiale Polytheismus und der städtische Polytheismus nicht dieselben religiösen Figuren sind.[1]

---

[1] Marcel Detienne hat diese Probleme von Grund auf erneuert: über den

Man könnte sagen, daß Griechenland eine fraktale Struktur aufweist, so nah liegt jeder Punkt der Halbinsel am Meer, und so ungemein lang verläuft die Küste. Die Völker der Ägeis, die Stadtstaaten des antiken Griechenlands und vor allem Athen, die autochtone, sind nicht die ersten Handelsstädte. Aber es sind die ersten, die gleichermaßen nah und fern genug den archaischen Reichen des Orients sind, um von ihnen zu profitieren, ohne ihrem Beispiel folgen zu müssen: Anstatt sich in deren Poren einzurichten, sind sie in eine neue Komponente getaucht, bringen sie einen spezifischen Modus der Deterritorialisierung zur Geltung, der auf der Grundlage der Immanenz verfährt, bilden sie ein *Immanenzmilieu*. Dies ist gleichsam ein »internationaler Markt« am Rande des Orients, der zwischen einer Vielzahl unabhängiger Städte oder unterschiedlicher Gesellschaften, die aber miteinander verbunden sind, organisiert wird, wo die Handwerker und Händler eine Freizügigkeit, eine Mobilität finden, die ihnen die Reiche verweigerten.[2] Diese Typen kommen vom Rand der griechischen Welt, es sind Fremde auf der Flucht, die mit dem Reich gebrochen haben, Kolonisierte Appollons. Nicht nur die Handwerker und Händler, sondern auch die Philosophen: Wie Faye sagt, bedarf es eines Jahrhunderts, bis der Name »Philosoph«, vermutlich von Heraklit von Ephesus erfunden, sein Korrelat im Wort »Philosophie« findet, eine Erfindung wohl von Platon dem Athener; »Asien, Italien, Afrika heißen die odysseeischen Etappen der Strecke, die den Philosophos mit der Philosophie verbinden.«[3] Die Philosophen sind Fremde, die Phi-

---

Gegensatz des Fremden als Begründers und des Autochthonen, über die komplexen Gemische zwischen diesen beiden Polen, über Erechtheus vgl. »Qu'est-ce qu'un site?«, in: *Tracés de fondation*, Leuven 1990. Vgl. auch Giulia Sissa und Marcel Detienne, *La vie quotidienne des dieux grecs*, Paris 1989 (über Erechtheus, Kap. XIV, und über den Unterschied der beiden Polytheismen, Kap. X).

2 V. Gordon Child, *Vorgeschichte der europäischen Kultur*, übers. von Hertha Federmann, München 1960.
3 Jean-Pierre Faye, *La raison narrative*, Paris 1990, S. 15-18. Vgl. Clémence

losophie aber ist griechisch. Was finden diese Emigranten im griechischen Milieu? Drei Dinge zumindest, die die faktischen Voraussetzungen der Philosophie bilden: eine reine »Geselligkeit« als Immanenzmilieu, »innere Natur der Vereinigung«, die sich von der imperialen Souveränität abhebt und kein vorgängiges Interesse impliziert, da die rivalisierenden Interessen sie voraussetzen: ein gewisses Vergnügen, sich zu vereinigen, aus dem Freundschaft besteht, aber auch, die Vereinigung wieder aufzubrechen, aus dem Rivalität besteht (gab es nicht bereits »Freundschaftsgesellschaften« aus Emigranten, so den Pythagoreern, freilich noch etwas geheime Gesellschaften, die ihre Öffnung dann in Griechenland erfahren sollten?); einen Hang zur Meinung, undenkbar in einem Reich, einen Hang zum Meinungsaustausch, zum Gespräch.[4] Immanenz, Freundschaft, Meinung: diese drei griechischen Merkmale finden wir immer wieder. Man wird darin keine sanftere Welt erblicken, da die Geselligkeit doch ihre Grausamkeiten, die Freundschaft ihre Rivalitäten, die Meinung ihre Antagonismen und blutigen Umschwünge aufweist. Das griechische Wunder, das ist Salamis, wo Griechenland dem persischen Reich entkommt und wo das authochtone Volk über das Meer triumphiert, sich am Meer reterritorialisiert. Der Erste Attische Seebund ist gleichsam die Fraktalisierung Griechen-

---

Ramnoux, in: *Histoire de la Philosophie*, I, Paris 1969, S. 408 f.: Die vorsokratische Philosophie entsteht und entwickelt sich »am Rande des hellenischen Kulturraums, so wie ihn die Kolonisierung gegen Ende des 7., Anfang des 8. Jahrhunderts erfolgreich festgelegt hatte, und zwar genau dort, wo die Griechen in Handel und Krieg mit den Königreichen des Orients zusammenstoßen«, erobert dann den äußersten Westen, die Kolonien von Sizilien und Italien infolge der durch die Invasionen Irans und der politischen Revolutionen provozierten Migrationen...« Vgl. Nietzsches Ausführungen zu den Vorsokratikern als gleichsam heimatlosen Fremden in: »Die Philosophie im tragischen Zeitalter der Griechen«, a. a. O.

4 Über diese reine Geselligkeit »jenseits dieser besonderen Inhalte«, über Demokratie, Gespräch vgl. Georg Simmel, *Grundfragen der Soziologie*, 3. Kapitel, »Geselligkeit«, Berlin und Leipzig 1920.

lands. Für eine recht kurze Zeit bestand die engste Verbindung zwischen der demokratischen Stadt, der Kolonisierung, dem Meer und einem neuen Imperialismus, der das Meer nicht mehr als Grenze seines Territoriums oder Hemmnis für sein Unternehmen ansieht, sondern als Eintauchen in erweiterte Immanenz. Alles das, und zumal die Verbindung zwischen der Philosophie und Griechenland, scheint gesichert, aber auch geprägt von Umwegen und von Kontingenz...

Die – physische, psychologische oder soziale – Deterritorialisierung ist *relativ*, soweit sie das historische Verhältnis der Erde mit den Territorien betrifft, die sich darin abzeichnen oder auslöschen, ihr geologisches Verhältnis zu Zeitaltern und Katastrophen, ihr astronomisches Verhältnis zum Kosmos und zum Sonnensystem, dem sie selbst angehört. *Absolut* aber ist die Deterritorialisierung, wenn die Erde in die reine Immanenzebene eines Sein-Denkens, eines Natur-Denkens mit unendlichen diagrammatischen Bewegungen eingeht. Denken besteht im Aufspannen einer Immanenzebene, die die Erde absorbiert (oder vielmehr: adsorbiert). Die Deterritorialisierung einer solchen Ebene schließt Reterritorialisierung nicht aus, setzt diese aber als Erschaffung einer neuen künftigen Erde. Jedenfalls kann die absolute Deterritorialisierung nur gemäß bestimmten, noch festzulegenden Beziehungen zu den relativen, nicht nur kosmischen, sondern auch geographischen, historischen und psychosozialen Deterritorialisierungen gedacht werden. Auf die eine oder andere Weise tritt die absolute Deterritorialisierung auf der Immanenzebene immer an die Stelle einer relativen Deterritorialisierung in einem gegebenen Feld.

Hier nun ergibt sich ein großer Unterschied, je nachdem ob die relative Deterritorialisierung immanent oder transzendent ist. Ist sie transzendent, vertikal, himmlisch, und wird sie von der imperialen Einheit vollzogen, dann muß das transzendente Element sich beugen oder eine Art Rotation über sich ergehen lassen, um sich auf die stets immanente Ebene des Natur-Denkens einzuschreiben: die himmlische Vertikale legt sich spiralförmig auf die Horizontale der Denkebene um. Denken impliziert hier eine Projektion des Transzendenten auf die Immanenzebene. Mag die Transzendenz an sich auch »leer« sein; sie füllt sich in dem Maße, wie sie sich neigt und verschiedene hierarchisierte Niveaus durchquert, die sich gemeinsam auf einen Bereich der Ebene projizieren, das heißt auf einen Aspekt, der einer unendlichen Bewegung entspricht. Nicht anders ist es, wenn die Transzendenz das Absolute erobert oder wenn die imperiale Einheit durch einen Monotheismus ersetzt wird: Der transzendente Gott bliebe »leer« oder zumindest »absconditus«, projizierte er sich nicht auf eine Immanenzebene der Schöpfung, auf der er die Etappen seiner Theophanie einzeichnet. In allen diesen Fällen, imperiale Einheit oder geistiges Reich, bepflastert oder bevölkert die auf die Immanenzebene projizierte Transzendenz diese mit Figuren. Das mag Weisheit sein oder Religion. Nur von diesem Gesichtspunkt aus lassen sich die chinesischen Hexagramme, die hinduistischen Mandalas, die jüdischen Sefirot, die islamischen »Imaginabeln«, die christlichen Ikonen vergleichen: bildliches Denken. Die Hexagramme sind Verbindungen von kontinuierlichen und diskontinuierlichen Merkmalen, die sich wechselseitig voneinander ableiten lassen entsprechend den Stufen einer Spirale, die die Gesamtheit der Momente abbildet, unter denen das Transzendente sich neigt. Das Mandala ist die Projektion auf eine Oberfläche, worin göttliche, kosmische, politische, architektonische, organische Niveaus als Werte derselben Transzendenz aufeinander bezogen werden. Deshalb hat die Figur eine Referenz, eine ihrer Natur nach mehrstimmige und kreisförmige Referenz. Sie definiert sich natürlich nicht durch eine äußerliche Ähnlichkeit, die verboten bleibt, sondern durch eine innere Spannung, die sie auf das Transzendente auf der Immanenzebene des Denkens bezieht. Kurzum, die Figur ist wesentlich *paradigmatisch, projektiv, hierarchisch, referentiell* (auch die Künste und die Wissen-

schaften errichten machtvolle Figuren, doch von jeder Religion unterscheidet sie nicht, daß sie die verbotene Ähnlichkeit geltend machen, sondern diese oder jene Niveaus emanzipieren, um aus ihr neue Denkebenen zu machen, auf denen die Referenzen und Projektionen, wie wir noch sehen werden, sich von Grund auf verändern).
Vorhin sagten wir, um rascher voranzukommen, daß die Griechen eine absolute Immanenzebene erfunden hätten. Tatsächlich aber ist die Originalität der Griechen eher im Verhältnis von Relativem und Absolutem zu suchen. Wenn die relative Deterritorialisierung selbst horizontal, immanent ist, *verbindet sie sich* mit der absoluten Deterritorialisierung der Immanenzebene, die die Bewegungen der ersten ins Unendliche trägt, ins Absolute drängt und darin transformiert (das Milieu, der Freund, die Meinung). Die Immanenz ist verdoppelt. Da denkt man nicht mehr in Figuren, sondern in Begriffen. Der Begriff bevölkert nun die Immanenzebene. Nicht mehr Projektion in eine Figur findet statt, sondern Konnexion im Begriff. Deshalb gibt der Begriff selbst alle Referenz auf und hält nur noch Konjugationen und Konnexionen zurück, aus denen seine Konsistenz besteht. Der Begriff hat keine andere Regel als die innere wie äußere Nachbarschaft. Seine innere Nachbarschaft wird gewährleistet durch die Verbindung seiner Komponenten in Ununterscheidbarkeitszonen; seine äußere Nachbarschaft oder Exo-Konsistenz durch die von einem Begriff zum anderen führenden Brücken, wenn die Komponenten des einen gesättigt sind. Und genau das bedeutet die Erschaffung von Begriffen: untrennbare innere Komponenten bis zur Schließung oder Sättigung zu verbinden, so daß keine hinzugefügt oder herausgenommen werden kann, ohne daß der Begriff sich wandelt; einen Begriff mit einem anderen so zu verbinden, daß andere Verbindungen ihre Natur verändern würden. Die Mehrstimmigkeit des Begriffs hängt allein von der Nachbarschaft ab (ein Begriff kann mehrere aufweisen). Die Begriffe sind ebene Flächen, Ordinaten ohne Hierarchie. Daraus er-

wächst die Bedeutung derartiger Fragen in der Philosophie, wie: Was soll in einen Begriff gelegt werden, und was soll gemeinsam mit ihm hineingelegt werden? Welcher Begriff muß ihm an die Seite gestellt werden, und welche Komponenten soll jeder enthalten? Dies sind die Fragen der Erschaffung von Begriffen. Die Vorsokratiker behandeln die physischen Elemente wie Begriffe: Sie nehmen sie für sich unabhängig von jeder Referenz und suchen nur nach den richtigen Regeln ihrer wechselseitigen Nachbarschaft und innerhalb ihrer möglichen Komponenten. Wenn sie in ihren Antworten variieren, dann deshalb, weil sie diese elementaren Begriffe innen und außen nicht auf die gleiche Weise zusammensetzen. Der Begriff ist nicht paradigmatisch, sondern *syntagmatisch*; nicht projektiv, sondern *konnektiv*; nicht hierarchisch, sondern *vizinal*; nicht referentiell, sondern *konsistent*. Zwangsläufig organisieren sich damit Philosophie, Wissenschaft und Kunst nicht mehr als die Ebenen derselben Projektion, differenzieren sich nicht einmal von einer gemeinsamen Matrix aus, sondern setzen und rekonstituieren sich unmittelbar in einer wechselseitigen Unabhängigkeit, in einer Arbeitsteilung, die Beziehungen wechselseitiger Konnexion stiftet.

Muß man daraus auf einen radikalen Gegensatz zwischen Figur und Begriff schließen? Die meisten Versuche zur Bestimmung ihrer Unterschiede bringen lediglich von Stimmungen beeinflußte Urteile zum Ausdruck, die sich mit der Abwertung eines der beiden Glieder begnügen: Bald werden die Begriffe mit dem Prestige der Vernunft ausgestattet, die Figuren dagegen in die Nacht des Irrationalen und seiner Symbole verbannt; bald werden den Figuren die Privilegien des geistigen Lebens verliehen, die Begriffe dagegen in die künstlichen Bewegungen eines toten Verstandes verbannt. Und doch tauchen auf einer offenbar gemeinsamen Immanenzebene verstörende Affinitäten auf.[5] Das chinesische

---

[5] Manche Autoren nehmen heute auf neuen Grundlagen und unter Befrei-

Denken schreibt in einer Art Hin und Her die diagrammatischen Bewegungen eines Natur-Denkens auf eine Ebene, yin und yang, ein; und die Hexagramme bilden die Schnittflächen der Ebene, die intensiven Ordinaten dieser unendlichen Bewegungen mit ihren Komponenten in Form kontinuierlicher und diskontinuierlicher Merkmale. Doch derartige Korrespondenzen schließen eine Grenze nicht aus, wie schwer auch immer sie auszumachen sei. Denn die Figuren sind Projektionen auf der Ebene, die etwas Vertikales oder Transzendentes implizieren; die Begriffe dagegen implizieren nur Nachbarschaften und horizontale Anschlüsse. Gewiß erzeugt das Transzendente durch Projektion eine »Absolutierung der Immanenz«, wie es François Jullien bereits für das chinesische Denken gezeigt hat. Etwas ganz anderes aber ist die Immanenz des Absoluten, auf die sich die Philosophie beruft. Alles, was wir sagen können, ist: Die Figuren streben nach Begriffen bis hin zu einer unendlichen Annäherung. Das Christentum des 15. bis 17. Jahrhunderts macht aus dem *impresa* die Hülle eines »Konzetto«, doch der Konzetto hat noch keine Konsistenz gewonnen und hängt davon ab, wie er figürlich dargestellt oder sogar verschleiert wird. Die periodisch wiederkehrende Frage: »Gibt es eine christliche Philosophie?« bedeutet: Ist das Christentum in der Lage, eigene Begriffe zu schaffen? Der Glaube, die Angst,

---

ung von Hegelschen und Heideggerianischen Stereotypen die genuin philosophische Frage wieder auf: auf der Grundlage einer jüdischen Philosophie die Arbeiten von Lévinas und um Lévinas (*Les cahiers de nuit surveillée* 3 [1984]); auf der einer islamischen Philosophie und in engem Bezug zu den Arbeiten von Corbin vgl. Jambet (*La logique des Orientaux*, Seuil 1983) und Lardreau (*Discours philosophique et discours spirituel*, Paris 1985); auf der einer hinduistischen Philosophie und in engem Bezug zu Masson-Oursel vgl. den Ansatz von Roger-Pol Droit (*L'oubli de l'Inde*, Paris 1989); auf der einer chinesischen Philosophie die Studien von François Cheng (*Vide et plein*, Paris 1979) und von François Jullien (*Procès ou création*, 1989); auf der einer japanischen Philosophie vgl. René de Ceccaty und Nakamura (*Mille ans de littérature japonaise*, und die kommentierte Übertragung des Mönchs Dôgen, a. a. O).

die Schuld, die Freiheit... ? Wir haben es bei Pascal wie Kierkegaard gesehen: Vielleicht wird der Glaube nur dann zu einem wirklichen Begriff, wenn er sich zum Glauben an diese Welt hier macht, wenn er Konnexionen herstellt statt sich zu projizieren. Vielleicht bringt das Christentum Begriffe allein durch seinen Atheismus hervor, durch den Atheismus, den es mehr als jede andere Religion absondert. Für die Philosophen ist der Atheismus kein Problem, der Tod Gottes ebensowenig, die Probleme fangen erst danach an, wenn man zum Atheismus des Begriffs gelangt ist. Man wundert sich, daß so viele Philosophen noch den Tod Gottes tragisch nehmen. Der Atheismus stellt kein Drama dar, er bildet vielmehr die Heiterkeit des Philosophen und die Errungenschaft der Philosophie. Aus einer Religion läßt sich immer ein Atheismus extrahieren. Das gilt bereits für das jüdische Denken: Seine Figuren treibt es bis zum Begriff, doch kommt es dort erst an mit dem Atheisten Spinoza. Und wenn die Figuren zu den Begriffen hin streben, so stimmt das Umgekehrte genauso: Die philosophischen Begriffe reproduzieren immer dann Figuren, wenn die Immanenz einer Sache zugesprochen wird – der kontemplierten von Objekthaftigkeit, dem Reflexionssubjekt, der kommunikativen Intersubjektivität: die drei »Figuren« der Philosophie. Allerdings ist festzuhalten, daß die Religionen nicht zum Begriff vordringen, ohne sich zu verleugnen – ganz wie auch die Philosophien nicht zur Figur vordringen, ohne Verrat an sich zu begehen. Zwischen den Figuren und den Begriffen besteht Wesensunterschied, aber auch alle möglichen Gradunterschiede.

Kann man überhaupt von einer chinesischen, hinduistischen, jüdischen, islamischen »Philosophie« sprechen? Ja, insofern Denken sich auf einer Immanenzebene vollzieht, die von Figuren wie von Begriffen bevölkert werden kann. Dennoch ist diese Immanenzebene nicht im strengen Sinn philosophisch, sondern vorphilosophisch. Sie wird durch das affiziert, was sie bevölkert und auf sie reagiert, so daß sie philosophisch erst unter der Einwirkung des Begriffs wird: Von der Philosophie vorausgesetzt, wird sie nicht minder durch diese begründet und entfaltet sich in einem philosophischen Verhältnis zur Nicht-Philosophie. Im Fall der Figuren dagegen zeigt das Nicht-Philosophische, daß die Immanenzebene nicht unausweichlich für die Erschaffung von Begriffen oder eine philosophische Formation bestimmt war, sondern daß sie sich in Weisheiten und Religionen entsprechend einer Verzweigung entwickeln konnte, die die Philosophie vom Gesichtspunkt ihrer Möglichkeit selbst vorab bannte. Was wir leugnen: Daß die Philosophie – sei es an sich selbst, sei es bei den Griechen – eine innere Notwendigkeit darstellt (und die Vorstellung eines griechischen Wunders wäre demnach nur ein weiterer Aspekt dieser Pseudo-Notwendigkeit). Und doch war die Philosophie eine Sache der Griechen, wenn auch durch Migranten mitgebracht. Zur Geburt der Philosophie bedurfte es eines *Zusammentreffens* von griechischem Milieu und Immanenzebene des Denkens. Bedurfte es der Konjunktion von zwei höchst unterschiedlichen Deterritorialisierungsbewegungen, der relativen und der absoluten, wobei das erste bereits innerhalb der Immanenz operierte. Mußte sich die absolute Deterritorialisierung der Denkebene an die relative Deterritorialisierung der griechischen Gesellschaft anpassen oder sich direkt mit ihr verbinden. Bedurfte es des Zusammentreffens von Freund und Denken. Kurzum, es gibt durchaus eine Ratio der Philosophie, doch ist dies eine synthetische und kontingente Ratio – ein Zusammentreffen, eine Konjunktion. Sie ist an sich nicht unzureichend, wohl aber in sich kontingent. Selbst im Begriff hängt die Ratio von einer Verbindung von Komponenten ab, die anders, mit anderen Nachbarschaften hätte sein können. Der Satz vom Grund, so wie er in der Philosophie auftritt, ist ein Satz kontingenten Grunds, der da heißt: Einen guten Grund gibt es nur als kontingenten, Universalgeschichte gibt es nur als Kontingenz.

Beispiel VII
Es ist vergeblich, wie Hegel oder Heidegger eine Ratio zu suchen, die die Philosophie auf analytische und notwendige Weise mit Griechenland verbindet. Weil die Griechen freie Menschen sind, erfassen sie als erste das Objekt in einer Beziehung zum Subjekt: das wäre, so Hegel, der Begriff. Aber weil das Objekt weiterhin *kontemplativ* als »schön« erfaßt wird, ohne daß sein Verhältnis zum Subjekt bereits bestimmt wäre, muß auf die späteren Stadien gewartet werden, damit dieses Verhältnis *reflektiert*, dann in Bewegung gesetzt oder *kommuniziert* wird. Ungeachtet dessen haben die Griechen das erste Stadium erfunden, von dem aus alles sich innerhalb des Begriffs entwickelt. Sicherlich dachte der Orient; aber er dachte den Gegenstand an sich als reine Abstraktion, die reine Allgemeinheit identisch mit der bloßen Besonderheit: Ihm fehlte die Beziehung zum Subjekt als konkrete Allgemeinheit oder universelle Individualität. Der Orient weiß nichts vom Begriff, weil er sich damit begnügt, die abstrakteste Leere und das trivialste Seiende nebeneinander bestehen zu lassen, ohne Vermittlung. Dennoch wird nicht recht erkennbar, was das vorphilosophische Stadium des Orients vom philosophischen Stadium Griechenlands unterscheidet, da das griechische Denken sich doch des Verhältnisses zum Subjekt, das es voraussetzt, ohne schon reflektieren zu können, nicht bewußt ist.
Daher verschiebt Heidegger das Problem und verlegt den Begriff in die Differenz von Sein und Seiendem statt in die von Subjekt und Objekt. Er sieht im Griechen eher den Autochthonen als den freien Bürger (und Heideggers gesamte Reflexion über Sein und Seiendes nähert sich der Erde und dem Territorium, wovon Themen wie »bauen«, »wohnen« zeugen): Das Eigentliche der Griechen liegt im Bewohnen des Seins und darin, das Wort dafür zu besitzen. Als Deterritorialisierter reterritorialisiert sich der Grieche an seiner eigenen Sprache und seinem sprachlichen Schatz, dem Verb »sein«. Daher ist der Orient nicht vor der Philosophie, sondern daneben, weil er denkt, aber nicht das Sein denkt.[6] Und die Philosophie selbst vollzieht sich weniger durch einen graduellen Übergang von Subjekt und Objekt, sie entwickelt sich weniger, als daß sie eine

---

6 Vgl. Jean Beaufret: »Die Quelle ist überall, unbestimmt, ebenso chinesisch wie arabisch und indisch... Und dann aber gibt es die griechische Episode, die Griechen hatten das seltsame Privileg, die Quelle ›Sein‹ zu nennen...«, in: *Ethernité* 1 (1985).

Struktur des Seins heimsucht. Heideggers Griechen gelingt es nicht, ihr Verhältnis zum Sein zu »artikulieren«; denjenigen Hegels gelang es nicht, ihr Verhältnis zum Subjekt zu reflektieren. Aber bei Heidegger steht nicht zur Debatte, weiter als die Griechen zu gehen; es genügt, ihre Bewegung in einer neuerlichen, initiierenden Wiederholung wiederaufzugreifen. Weil nämlich das Sein aufgrund seiner Struktur im Zuge seines Wendens sich immer wieder abwendet, und weil die Geschichte des Seins oder der Erde die seiner Abwendung ist, seiner Deterritorialisierung in der weltweiten technischen Entwicklung der von den Griechen initiierten und am Nationalsozialismus reterritorialisierten abendländischen Zivilisation... Gemeinsam bleibt Heidegger und Hegel, das Verhältnis zwischen Griechenland und Philosophie als Ursprung gedacht zu haben und damit als Ausgangspunkt einer dem Abendland inhärenten Geschichte, so daß die Philosophie notwendig mit ihrer eigenen Geschichte verschmilzt. So nahe er ihr auch gekommen war, verrät Heidegger die Bewegung der Deterritorialisierung, weil er sie ein für allemal zwischen Sein und Seiendem erstarren läßt, zwischen griechischem Territorium und abendländischer Erde, die die Griechen »Sein« genannt hätten.

Hegel und Heidegger bleiben insoweit Historisten, als sie die Geschichte als eine Innerlichkeitsform setzen, in der der Begriff notwendig sein Geschick entfaltet oder enthüllt. Die Notwendigkeit beruht auf der Abstraktion des zirkulär gemachten historischen Elements. Unter dieser Perspektive wird die unvorhersehbare Schöpfung der Begriffe schwer verständlich. Die Philosophie ist eine Geo-Philosophie, genauso wie die Geschichte für Braudel eine Geo-Geschichte ist. Warum entsteht die Philosophie in genau diesem Augenblick in Griechenland? Es ist wie mit dem Kapitalismus nach Braudel: Warum entsteht der Kapitalismus an diesen bestimmten Orten und zu diesen bestimmten Augenblicken, warum nicht in China zu einem anderen Augenblick, da doch so viele Komponenten dort schon bereitstanden? Die Geographie liefert nicht bloß der historischen Form einen Stoff und variable Orte. Sie ist nicht nur physisch und human, sondern mental, wie die Landschaft. Sie entreißt die

Geschichte dem Kult der Notwendigkeit, um die Unreduzierbarkeit der Kontingenz zur Geltung zu bringen. Sie entreißt sie dem Kult der Ursprünge, um die Macht eines »Milieus« zu bejahen (was die Philosophie bei den Griechen findet, ist, so Nietzsche, kein Ursprung, sondern ein Milieu, eine Umgebung, eine umhüllende Atmosphäre: der Philosoph ist nicht länger Komet...). Sie entreißt sie den Strukturen, um die Fluchtlinien zu ziehen, die über den Mittelmeerraum hinweg durch die griechische Welt verlaufen. Schließlich entreißt sie die Geschichte ihrer selbst, um die Werdensprozesse zu entdecken, die nicht Geschichte sind, auch wenn sie in sie zurückfallen: Die Geschichte der Philosophie in Griechenland darf nicht verbergen, daß *die Griechen ein jedes Mal zunächst wieder Philosophen werden mußten – so wie die Philosophen Griechen.* Das »Werden« gehört nicht zur Geschichte; noch heute bezeichnet die Geschichte lediglich die Gesamtheit der wie immer rezenten Bedingungen, von denen man sich abwendet, um zu werden, das heißt, um etwas Neues zu schaffen. Die Griechen haben es getan, doch ein bestimmtes Abwenden hat nicht für alle Zeiten Geltung. Die Philosophie läßt sich auf ihre eigene Geschichte nicht reduzieren, weil sich die Philosophie von dieser Geschichte stets losreißt, um neue Begriffe zu erschaffen, die wieder in Geschichte verfallen, aber nicht von ihr herkommen. Wie sollte etwas von der Geschichte herkommen? Ohne die Geschichte bliebe das Werden unbestimmt, bedingungslos, aber das Werden ist nicht geschichtlich. Die psycho-sozialen Typen gehören der Geschichte an, die Begriffspersonen dagegen dem Werden. Das Ereignis selbst bedarf des Werdens als eines ungeschichtlichen Elements. »Das Unhistorische«, sagt Nietzsche, »ist einer umhüllenden Atmosphäre ähnlich, in der sich Leben allein erzeugt, um mit der Vernichtung dieser Atmosphäre wieder zu verschwinden.« Es ist gleichsam ein Moment der Gnade: »Wo finden sich Taten, die der Mensch zu tun vermöchte, ohne vorher in jene Dunstschicht des Unhistorischen eingegangen zu sein?«[7] Tritt die Philosophie in Griechenland in Erscheinung, dann in Abhängigkeit einer Kontingenz eher denn einer Notwendigkeit, einer Umgebung oder eines Milieus eher denn eines Ursprungs, eines Werdens eher denn einer Geschichte, einer Geographie eher denn einer Historiographie, einer Gnade eher denn einer Natur.

Warum überlebt die Philosophie Griechenland? Man kann nicht behaupten, der Kapitalismus während des Mittelalters sei die Fortsetzung der griechischen Stadt (sogar die Handelsformen sind kaum vergleichbar). Doch unter stets kontingenten Gründen zieht der Kapitalismus Europa in eine phantastische relative Deterritorialisierung, die zunächst auf Stadtstaaten zurückweist und *gleichfalls immanent verfährt.* Die territorialen Produktionen beziehen sich auf eine gemeinsame immanente Form, die die Meere zu durchqueren vermag: »Reichtum überhaupt«, »Arbeit schlechthin« und das Zusammentreffen beider als Ware. Marx konstruiert eben einen Begriff vom Kapitalismus, indem er die beiden Hauptbestandteile bestimmt, nackte Arbeit und purer Reichtum, mit ihrer Ununterscheidbarkeitszone, wenn der Reichtum die Arbeit kauft. Warum entsteht der Kapitalismus im Okzident statt in China des 3. oder auch des 8. Jahrhunderts?[8] Weil der Okzident seine Komponenten langsam montiert und anpaßt, während der Orient sie an ihrer Vollendung hindert. *Nur der Okzident erweitert und propagiert seine Immanenzherde.* Das Gesellschaftsfeld verweist nicht mehr, wie in den frühen Reichen, auf eine äußere Grenze, die es oben beschränkt, sondern auf immanente innere Grenzen, die sich fortwährend verschieben, dabei das System vergrö-

---

7 Nietzsche, *Unzeitgemäße Betrachtungen*, Zweites Stück: »Vom Nutzen und Nachteil der Historie für das Leben«, in: *Werke*, Bd. I, S. 215. Über den Philosophen als Kometen und das »Milieu«, das er in Griechenland findet, »Die Philosophie im tragischen Zeitalter der Griechen«, in: *Werke*, Bd. III, S. 357.
8 Vgl. B. Balazs, *La bureaucratie céleste*, Paris 1968, Kapitel XIII.

ßern und sich selbst in der Verschiebung rekonstituieren.[9] Die äußeren Hindernisse sind nur mehr technologischer Natur, lediglich innere Rivalitäten bestehen weiter. Ein Weltmarkt, der sich bis an die äußersten Enden der Erde ausweitet, bevor er galaktisch wird: Selbst die Lüfte werden horizontal. Das ist keine Fortsetzung des griechischen Versuchs, vielmehr eine Wiederholung auf einer bis dahin unbekannten Stufe, in einer gewandelten Gestalt und mit anderen Mitteln, eine Wiederholung, die gleichwohl jene Kombination wieder in Gang setzt, zu der die Griechen den Anstoß gegeben hatten: den demokratischen Imperialismus, die kolonisatorische Demokratie. Deshalb vermag sich der Europäer nicht als ein psycho-sozialer Typus unter anderen zu betrachten, sondern als der Mensch schlechthin, wie es der Grieche bereits getan hatte, freilich mit weitaus mehr expansiver Kraft und missionarischem Eifer als dieser. Husserl sagte, die Völker gruppierten sich sogar in ihrer Feindschaft in Typen, die ein territoriales »Heim« und »familienhafte Verwandtschaft« aufweisen, so die Völker Indiens; doch allein Europa – und ungeachtet der Feindschaft zwischen seinen Nationen – böte sich selbst und den anderen Völkern folgendes dar: »sich im ungebrochenen Willen zu geistiger Selbsterhaltung doch immer zu europäisieren«, so daß die gesamte Menschheit sich in diesem Abendland verschwistert, so wie sie es einst in Griechenland tat.[10] Allerdings hat man Mühe zu glauben, daß es »der Durchbruch der Philosophie [...], in welchem also alle Wissenschaften mitbeschlossen sind«, sei, wodurch sich das Privileg eines spezifisch europäischen transzendentalen Subjekts erklären ließe. Dazu muß

---

9 Marx, *Das Kapital*, Dritter Band, Berlin 1965, S. 260: »Die kapitalistische Produktion strebt beständig, diese ihr immanenten Schranken zu überwinden, aber sie überwindet sie nur durch Mittel, die ihr diese Schranken aufs neue und auf gewaltigerm Maßstab entgegenstellen. Die *wahre Schranke* der kapitalistischen Produktion ist *das Kapital selbst*...«
10 Edmund Husserl, *Die Krisis der europäischen Wissenschaften und die transzendentale Phänomenologie*, Den Haag 1962, S. 319 ff.

vielmehr die unendliche Bewegung des Denkens – von Husserl Telos genannt – in Verbindung treten mit der großen relativen Bewegung des Kapitals, das sich unablässig deterritorialisiert, um damit die Macht Europas über alle anderen Völker und deren Reterritorialisierung an Europa zu sichern. Das Band zwischen moderner Philosophie und Kapitalismus ist folglich von gleicher Art wie das zwischen antiker Philosophie und Griechenland: *die Verbindung einer absoluten Immanenzebene mit einem relativen Gesellschaftsmilieu, das ebenfalls immanent verfährt.* Unter dem Gesichtspunkt der Entwicklung der Philosophie liegt zwischen Griechenland und Europa keine notwendige Kontinuität vor, vermittelt über das Christentum; es ist vielmehr der kontingente Neubeginn des gleichen kontingenten Prozesses, aber mit veränderten Gegebenheiten.

Die immense relative Deterritorialisierung des Weltkapitalismus muß sich reterritorialisieren am modernen Nationalstaat, der seine Vollendung findet in der Demokratie, der neuen Gesellschaft der »Brüder«, der kapitalistischen Version der Gesellschaft der Freunde. Wie Braudel belegt, ging der Kapitalismus aus von den Stadtstaaten, doch trieben diese die Deterritorialisierung so weit voran, daß die immanenten modernen Staaten deren Wahnsinn abmildern, sie wieder einfangen und sie einschließen mußten, um auf diese Weise die notwendigen Reterritorialisierungen als neue interne Grenzen zu vollziehen.[11] Der Kapitalismus reaktiviert die griechische Welt auf seinen wirtschaftlichen, politischen und gesellschaftlichen Grundlagen. Dies ist das Neue Athen. Der Mensch des Kapitalismus ist nicht Robinson, sondern Odysseus, der listenreiche Plebejer, der beliebige Durchschnittsbewohner großer Städte, autochthoner Proletarier oder fremder Migrant, die sich in die unendliche Bewegung werfen – die Revolution. Nicht ein Schrei, zwei Schreie hal-

---

11 Fernand Braudel, *Die Geschichte der Zivilisation*, übers. von R. Nickel und Th. Piehler, München 1971, S. 597-616.

len durch den Kapitalismus und rennen derselben Enttäuschung entgegen: Emigranten aller Länder, vereinigt euch... Proletarier aller Länder... An den beiden Polen des Abendlands, Amerika und Rußland, bringen Pragmatismus und Sozialismus die Rückkehr Odysseus' und die neue Gesellschaft der Brüder oder Genossen ins Spiel: sie nimmt den griechischen Traum wieder auf und stellt die »demokratische Würde« wieder her.

Tatsächlich sind die Verbindung der antiken Philosophie mit der griechischen Stadt wie die Verbindung der modernen Philosophie mit dem Kapitalismus nicht ideologischer Natur; sie begnügen sich auch nicht damit, historische und gesellschaftliche Bestimmungen ins Unendliche zu treiben, um daraus geistige Figuren zu gewinnen. Sicher mag es reizvoll sein, in der Philosophie einen angenehmen Handel des Geistes zu sehen, der im Begriff seine ihm eigene Ware findet oder vielmehr seinen Tauschwert, und zwar vom Gesichtspunkt einer interesselosen und vom abendländischen demokratischen Gespräch erfüllten Geselligkeit aus, die in der Lage ist, einen Meinungskonsens herbeizuführen und der Kommunikation eine Ethik zu liefern, wie die Kunst ihr eine Ästhetik liefert. Wird so etwas Philosophie genannt, dann wird auch verständlich, daß das Marketing sich des Begriffs, des Konzepts, bemächtigt und der Werbemensch sich als der Begriffsschöpfer schlechthin, als Dichter und Denker, begreift: Was einen hier so traurig stimmt, ist weniger diese dreiste Aneignung als vielmehr und zunächst einmal die Konzeption von Philosophie, die sie allererst ermöglichte. Auch wenn der Vergleich etwas hinkt: Die Griechen haben mit bestimmmten Sophisten ähnliche Schändlichkeiten durchgemacht. Doch um des Heils der modernen Philosophie willen ist diese ebensowenig Freundin des Kapitalismus wie die antike Philosophie die der Stadt war. Die Philosophie treibt die relative Deterritorialisierung des Kapitals bis ins Absolute, sie läßt es auf die Immanenzebene übergehen als Bewegung des Unendlichen und unterdrückt es als innere

Grenze, *kehrt es gegen sich, um nach einer neuen Erde, einem neuen Volk zu rufen.* Auf diese Weise aber dringt sie vor zur nicht-propositionalen Figur des Begriffs, worin Kommunikation, Austausch, Konsens und Meinung sich in Nichts auflösen. Das steht also dem näher, was Adorno »negative Dialektik« nannte und was die Frankfurter Schule als »Utopie« bezeichnete. In der Tat *ist es die Utopie, die die Verbindung* herstellt zwischen der Philosophie und ihrer Epoche, dem europäischen Kapitalismus, aber auch bereits der griechischen Stadt. Jedesmal wird die Philosophie mit der Utopie politisch und treibt die Kritik ihrer Zeit auf den höchsten Punkt. Die Utopie ist nicht zu trennen von der unendlichen Bewegung: Etymologisch bezeichnet sie die absolute Deterritorialisierung, stets aber an jenem kritischen Punkt, an dem diese sich mit dem vorhandenen relativen Milieu, vor allem aber mit den darin unterdrückten Kräften verbindet. Das vom Utopisten Samuel Butler verwendete Wort »Erewhon« verweist nicht nur auf »No-where«, Nirgendwo, sondern auch auf »Now-here«, Hier-und-Jetzt. Nicht um die vorgebliche Unterscheidung eines utopischen von einem wissenschaftlichen Sozialismus geht es; vielmehr um die verschiedenen Typen von Utopie, deren einer die Revolution darstellt. In der Utopie (wie in der Philosophie) besteht immer die Gefahr einer Restauration der Transzendenz, zuweilen die ihrer arroganten Affirmation. Deshalb ist notwendig zwischen den autoritären Utopien, den Utopien der Transzendenz, und den libertären, revolutionären, immanenten Utopien zu unterscheiden.[12] Zu sagen, die Revolution selbst sei eine Utopie der Immanenz, heißt nun aber nicht, sie sei damit ein Traum, etwas, das sich nicht verwirklicht oder sich nur verwirklicht, indem es Verrat an sich selbst begeht. Im Gegenteil, es bedeutet, die Revolution als

---

12 Über diese Typen von Utopie vgl. Ernst Bloch, *Das Prinzip Hoffnung*, 2. Bd., Frankfurt am Main 1959. Und die Kommentare René Schérers über Fouriers Utopie in ihren Beziehungen zur Bewegung, *Pari sur l'impossible*, Paris 1989.

Immanenzebene zu setzen, als unendliche Bewegung, absolutes Überfliegen, allerdings insofern diese Merkmale sich mit dem verbinden, was es hier und jetzt im Kampf gegen den Kapitalismus an Realem gibt, und immer wieder neue Kämpfe entfachen, sobald der vorhergehende verraten ist. Das Wort Utopie bezeichnet folglich diese *Verbindung der Philosophie oder des Begriffs mit dem vorhandenen Milieu*: politische Philosophie (vielleicht jedoch ist Utopie aufgrund des verstümmelten Sinns, den es durch die öffentliche Meinung erhalten hat, nicht das beste Wort).

Es ist nicht falsch zu sagen: An der Revolution »sind die Philosophen schuld« (obgleich sie nicht von Philosophen durchgeführt wird). Die Tatsache, daß die beiden großen modernen Revolutionen, die amerikanische und die russische, eine derart schlimme Entwicklung genommen haben, verschlägt nicht, daß der Begriff seinen immanenten Weg weiter verfolgt. Wie Kant gezeigt hat, steckt der Begriff der Revolution nicht in der Art und Weise, wie diese innerhalb eines notwendig relativen gesellschaftlichen Feldes durchgeführt werden kann, sondern in dem »Enthusiasm«, mit dem sie auf einer absoluten Immanenzebene gedacht wird, als Präsentation des Unendlichen im Hier-und-Jetzt, die nichts Vernünftiges oder selbst Verständiges umfaßt.[13] Der Begriff befreit die Immanenz von allen Grenzen, die ihm das Kapital noch auferlegte (oder die es sich in Form des als etwas Transzendentes erscheinenden Kapitals selbst auferlegte). Bei diesem Enthusiasmus handelt es sich dennoch weniger um eine Trennung von Zuschauer und Akteur als um eine Unterscheidung innerhalb des Handelns selbst zwischen den historischen Faktoren und der »Dunstschicht des Unhistorischen«, zwischen dem gegebenen Stand der Dinge und dem Ereignis. Als Begriff und Ereignis ist die Revolution selbst-

---

13 Immanuel Kant, *Der Streit der Fakultäten*, Zweiter Abschnitt, Kap. 6 (dieser Text hat heute durch die höchst unterschiedlichen Kommentare von Foucault, Habermas und Lyotard seine ganze Bedeutung wiedergewonnen).

bezüglich oder genießt eine Selbst-Setzung, die sich in einem immanenten Enthusiasmus erfassen läßt, den in den Sachverhalten oder im Erleben nichts, nicht einmal die Enttäuschungen der Vernunft, zu schmälern vermag. Die Revolution ist die absolute Deterritorialisierung an jenem Punkt, an dem diese nach der neuen Erde, dem neuen Volk ruft.

Die absolute Deterritorialisierung vollzieht sich nicht ohne Reterritorialisierung. Die Philosophie reterritorialisiert sich am Begriff. Der Begriff ist nicht Objekt, sondern Territorium. Er hat kein Objekt, sondern ein Territorium. Genau als solches besitzt er eine vergangene, gegenwärtige und vielleicht zukünftige Form. Die moderne Philosophie reterritorialisiert sich an Griechenland als Form ihrer eigenen Vergangenheit. Vor allem die deutschen Philosophen haben die Beziehung zu Griechenland als eine persönliche Beziehung erlebt. Nur erlebten sie sich aber gerade als das Gegenteil oder die andere Seite der Griechen, als den symmetrischen Gegensatz: Die Griechen hielten sich wohl an die Immanenzebene, die sie trunken und voller Enthusiasmus entwarfen, aber um nicht wieder den Figuren des Orients zu verfallen, mußten sie nach den Begriffen suchen, mit denen sie zu füllen sind; wir dagegen besitzen Begriffe, glauben sie zu besitzen, nach so vielen Jahrhunderten abendländischen Denkens, aber wir wissen nicht so recht, wo wir sie hintun sollen, fehlt uns doch, zerstreut wie wir durch die christliche Transzendenz sind, eine wirkliche Ebene. Kurzum: In seiner vergangenen Form gab es den Begriff noch nicht. Wir heute haben die Begriffe, die Griechen aber hatten sie noch nicht; sie hatten die Ebene, die wir nicht mehr haben. Deshalb *leisteten* die Griechen Platons eine *kontemplative Schau* des Begriffs als etwas, das noch sehr weit entfernt und erhaben ist, während wir den Begriff haben, wir haben ihn im Geist auf angeborene Weise, wir brauchen nur zu *reflektieren*. Dies drückte Hölderlin auf so tiefe Weise aus: das »Heimatliche« der Griechen ist unser »Fremdes«, ist das, was wir erwerben müssen, während die Griechen unser Heimatliches als das ihnen Fremde erwerben mußten.[14] Oder auch Schelling: Die Griechen lebten und dachten in der Natur, beließen den Geist dagegen in den »Mysterien«, wohingegen wir im Geist, in der Reflexion leben, fühlen und denken, die Natur dagegen in einem tiefen alchimistischen Mysterium belassen, das wir fortgesetzt profanisieren. Autochthoner und Fremder stehen sich nicht mehr wie zwei verschiedene Personen gegenüber, verteilen sich vielmehr wie ein und dieselbe doppelte Person, die sich ihrerseits in zwei Versionen aufteilt, eine gegenwärtige und eine vergangene: Was autochthon war, wird fremd, was fremd war, wird autochthon. Mit all seiner Kraft ruft Hölderlin nach einer »Gesellschaft der Freunde« als Voraussetzung des Denkens, doch es ist, als habe diese Gesellschaft eine Katastrophe durchgemacht, die die Natur der Freundschaft verändert. Wir reterritorialisieren uns bei den Griechen, in Abhängigkeit davon freilich, was sie nicht hatten und noch nicht waren, derart, daß wir sie an uns selbst reterritorialisieren.

Die philosophische Reterritorialisierung weist demzufolge auch eine gegenwärtige Form auf. Kann man sagen, daß die Philosophie sich am modernen demokratischen Staat und an den Menschenrechten reterritorialisiert? Aber da es keinen universellen demokratischen Staat gibt, impliziert diese Bewegung die Partikularität eines Staates, eines Rechts, oder den Geist eines Volkes, das die Menschenrechte in »seinem«

---

14 Hölderlin: Die Griechen besaßen die große panische Ebene, sie teilten sie mit dem Orient, aber sie müssen den Begriff oder die abendländische organische Komposition erwerben; »bei uns ist es andersherum« (Brief an Böhlendorf, 4. Dezember 1801, und die Kommentare von Jean Beaufret, in: *Remarques sur Œdipe*, Paris 1963, S. 8-11; vgl. auch Philippe Lacoue-Labarthe, *Die Nachahmung der Modernen*, Frankfurt am Main 1996). Selbst der berühmte Text Renans über das griechische »Wunder« weist eine ähnliche komplexe Wendung auf: Was die Griechen von Natur her besaßen, können wir lediglich durch Reflexion wieder erreichen, in der Konfrontation eines gleichermaßen fundamentalen Vergessens und fundamentalen Kummers; wir sind keine Griechen mehr, wir sind Bretonen (*Souvenir d'enfance et de jeunesse*).

Staat auszudrücken und die moderne Gesellschaft der Brüder zu skizzieren vermag. In der Tat hat nicht nur der Philosoph in seiner Eigenschaft als Mensch eine Nation, die Philosophie reterritorialisiert sich vielmehr am Nationalstaat und am Geist des Volkes (meistens, aber nicht immer die des Philosophen). So hat Nietzsche die Geophilosophie dadurch begründet, daß er die Nationalmerkmale der französischen, englischen und deutschen Philosophie zu bestimmen suchte. Aber warum waren nur drei Länder jeweils kollektiv in der Lage, in der kapitalistischen Welt Philosophie zu schaffen? Warum nicht Spanien, warum nicht Italien? Namentlich Italien konnte ein Ensemble deterritorialisierter Städte und eine Seemacht vorweisen, mit denen die Voraussetzungen eines »Wunders« neuerlich gegeben waren, und markierte den Beginn einer unvergleichbaren Philosophie, die aber fehlschlug und deren Erbe (mit Leibniz und Schelling) vielmehr nach Deutschland überging. Vielleicht stand Spanien zu sehr unter der Knute der Kirche, war Italien zu nah dem Heiligen Stuhl; was England und Deutschland geistig rettete, war womöglich der Bruch mit dem Katholizismus, und Frankreich, der Gallikanismus... In Italien und Spanien fehlte ein »Milieu« für die Philosophie, so daß ihre Denker »Kometen« blieben und sie bereit waren, diese ihre Kometen auf dem Scheiterhaufen zu verbrennen. Italien und Spanien waren die beiden okzidentalen Länder, die den Conzettismo zu machtvoll zu entwickeln vermochten, das heißt jenen katholischen Kompromiß zwischen Begriff [concept] und Figur, der einen bemerkenswerten ästhetischen Wert besaß, aber die Philosophie kaschierte, sie in Rhetorik abgleiten ließ und die volle Inbesitznahme des Begriffs verhinderte.

Die gegenwärtige Form äußert sich so: Wir haben die Begriffe! Während die Griechen sie noch nicht »hatten«, sie nur von weitem erschauten oder erahnten: Daraus erwächst die Differenz zwischen der platonischen Wiedererinnerung und dem kartesianischen Angeborensein oder dem kantischen Apriori. Doch scheint der Besitz des Begriffs nicht mit der

Revolution, dem demokratischen Staat und den Menschenrechten zusammenzufallen. Steht in Amerika das in Frankreich derart verkannte philosophische Unternehmen des Pragmatismus tatsächlich in einer Kontinuität mit der demokratischen Revolution und der neuen Gesellschaft der Brüder, so läßt sich das weder für das Goldene Zeitalter der französischen Philosophie im 17. Jahrhundert noch für die englische des 18. Jahrhunderts oder die deutsche des 19. Jahrhunderts sagen. Aber damit ist lediglich zum Ausdruck gebracht, daß die Geschichte der Menschen und die Geschichte der Philosophie nicht denselben Rhythmus aufweisen. Und die französische Philosophie beruft sich bereits auf eine Republik der Geister und auf eine Fähigkeit des Denkens als der »bestverteilten Sache«, die sich am Ende in einem revolutionären Cogito zum Ausdruck bringen wird; England wird unablässig seine revolutionäre Erfahrung reflektieren und als erstes sich fragen, warum die Revolutionen in den Fakten eine so negative Wendung nehmen, wo sie im Geist doch so viel versprechen. Amerika, England und Frankreich erfahren sich als die drei Länder der Menschenrechte. Deutschland wiederum hört nicht auf, die Französische Revolution zu reflektieren, als das, was es nicht machen kann (ihm fehlen hinreichend deterritorialisierte Städte, es leidet unter der Last eines Hinterlands, des Lands*). Aber was Deutschland nicht tun kann, das gibt es sich zu denken auf. Jedesmal findet sich die Philosophie in der Pflicht, sich gemäß dem Geist eines Volkes und seiner Anschauung von Recht in der modernen Welt zu reterritorialisieren. Die Geschichte der Philosophie ist also durch nationale oder vielmehr nationalitäre Charaktere gekennzeichnet, die gleichsam philosophische »Meinungen« sind.

Beispiel VIII
Wenn es stimmt, daß wir Modernen den Begriff besitzen, aber die Immanenzebene aus dem Blick verloren haben, so neigt der französische philosophische Charakter dazu, sich mit dieser Situation

zu arrangieren, indem er die Begriffe durch eine bloße Ordnung des reflexiven Erkennens, eine Ordnung der Gründe, eine »Epistemologie« unterstützt. Das ist wie die Registrierung bewohnbaren, zivilisierbaren, erkennbaren oder bekannten Landes, das sich an einer Bewußt»machung« oder einem Cogito bemißt, selbst wenn dieses Cogito vor-reflexiv und dieses Bewußtsein nicht-thetisch werden muß, um die unergiebigsten Böden zu kultivieren. Die Franzosen sind wie Grundeigentümer, deren Bodenrente im Cogito besteht. Sie haben sich stets am Bewußtsein reterritorialisiert. Deutschland dagegen entsagt dem Absoluten nicht: es bedient sich des Bewußtseins, aber als eines Mittels der Deterritorialisierung. Deutschland will die Immanenzebene Griechenlands zurückerobern, die unbekannte Erde, die es jetzt als seine eigene *Barbarei* empfindet, als seine eigene den *Nomaden* seit dem Verschwinden der Griechen ausgelieferte *Anarchie*.[15] Deshalb muß es diesen Boden auch fortwährend beackern und befestigen, das heißt fundieren. Diese Philosophie ist von einer Gründungs-, Eroberungswut besessen; was die Griechen durch Bodenständigkeit, autochthon besaßen, wird Deutschland durch Eroberung und Grundlegung besitzen, so daß es die Immanenz *einer* Sache immanent machen wird, seinem eigenen Akt des Philosophierens, seiner eigenen philosophierenden Subjektivität (das Cogito gewinnt also, da es den Boden erobert und fixiert, einen ganz anderen Sinn).

15 Siehe den Anfang der Vorrede zur 1. Auflage der *Kritik der reinen Vernunft*: »Der Kampfplatz dieser endlosen Streitigkeiten heißt nun Metaphysik. [...] Anfänglich war ihre Herrschaft unter der Verwaltung der Dogmatiker, despotisch. Allein, weil die Gesetzgebung noch die Spur der alten Barberei an sich hatte, so artete sie durch innere Kriege nach und nach in völlige Anarchie aus und die Skeptiker, eine Art Nomaden, die allen beständigen Anbau des Bodens verabscheuen, zertrennten von Zeit zu Zeit die bürgerliche Vereinigung. Da ihrer aber zum Glück nur wenige waren, so konnten sie nicht hindern, daß jene sie nicht immer aufs neue, obgleich nach keinem unter sich einstimmigen Plane, wieder anzubauen versuchten.« Und über die *Insel der Begründung*, den großartigen Text in der »Analytik der Grundsätze« (Drittes Hauptstück). Die Kritiken Kants enthalten nicht nur eine »Geschichte«, sondern vor allem auch eine Geographie der Vernunft, der zufolge ein »Feld«, ein »Boden« oder Territorium und ein »Gebiet« des Begriffs unterschieden sind (vgl. die *Kritik der Urteilskraft*, Einleitung, § 2). Jean-Clet Martin hat eine sehr schöne Analyse dieser Geographie der Reinen Vernunft bei Kant vorgenommen: *Variations*, a. a. O.

Von diesem Gesichtspunkt aus stellt England Deutschlands Obsession dar; sind die Engländer doch genau jene Nomaden, die die Immanenzebene als lockeren, leichten Boden behandeln, als ein radikales Experimentier-, Erfahrungsfeld, als eine Welt aus Inseln, wo sie sich damit begnügen, auf dem Meeresweg von Insel zu Insel zu gehen und ihre Zelte aufzuschlagen. Nomaden gleich ziehen die Engländer auf der zerbrochenen, fraktalisierten, über das ganze Universum ausgebreiteten alten griechischen Erde umher. Man kann nicht einmal sagen, daß sie die Begriffe besitzen, wie die Franzosen oder die Deutschen; sie erwerben sie vielmehr, sie glauben nur an das Erworbene. Nicht weil alles von den Sinnen herkommt, sondern weil man einen Begriff erwirbt, indem man sein Zelt aufpflanzt, es bewohnt, indem man eine Gewohnheit annimmt. In der Dreiheit Gründen-Bauen-Wohnen sind es die Franzosen, die bauen, und die Deutschen, die gründen, während die Engländer wohnen. Ein Zelt reicht ihnen. Von der Gewohnheit machen sie sich eine außerordentliche Vorstellung: Gewohnheiten nimmt man an in der kontemplativen Betrachtung und im Übernehmen dessen, was man betrachtet. Die Gewohnheit ist schöpferisch. Die Pflanze schaut das Wasser, den Boden, den Stickstoff, den Kohlenstoff, die Chloride und die Sulfate, übernimmt sie, um ihren eigenen Begriff zu erwerben und sich damit zu erfüllen (enjoyment). Der Begriff ist eine Gewohnheit, erworben durch kontemplatives Betrachten der Elemente, von denen man herkommt (von daher das ganz besondere Griechentum der englischen Philosophie, ihr empirischer Neuplatonismus). Wir alle sind kontemplative Betrachtungen, also Gewohnheiten. *Ich* ist eine Gewohnheit. Begriff gibt es überall dort, wo es Gewohnheit gibt, und die Gewohnheiten entstehen und zerfallen auf der Immanenzebene der radikalen Erfahrung: sie sind »Konventionen«.[16] Deshalb ist die englische Philosophie eine freie und wilde Schöpfung von Begriffen. Eine Proposition sei gegeben: auf welche Konvention bezieht sie sich, welche Gewohnheit konstituiert deren Begriff? So lautet die Frage des Pragmatismus. Das englische Recht ist Gewohnheits- oder Konventionalrecht, so wie das französische Vertragsrecht (deduktives System) und das

---

16 Hume, *Abhandlung über die menschliche Natur*, Buch II, Hamburg 1978, S. 233: »Auch wenn zwei Männer gemeinsam die Ruder eines Bootes bewegen, so tun sie dies auf Grund eines Einverständnisses oder einer Übereinkunft, obgleich sie sich gegenseitig keine Versprechungen gemacht haben.«

deutsche Institutionsrecht (organische Totalität). Reterritorialisiert sich die Philosophie am Rechtsstaat, wird der Philosoph Philosophieprofessor: allerdings ist es der Deutsche kraft Institution und Begründung, der Franzose kraft Vertrag und der Engländer nur kraft Konvention.

Daß es, trotz des Begründungstraums der deutschen Philosophie, keinen universellen demokratischen Staat gibt, liegt daran, daß das einzige Universelle im Kapitalismus der Markt ist. Im Gegensatz zu den archaischen Reichen, die transzendente Überkodierungen vornahmen, funktioniert der Kapitalismus als eine immanente Axiomatik dekodierter Ströme (Ströme von Geld, von Arbeit, von Produkten...). Die Nationalstaaten sind keine Paradigmen der Überkodierung mehr, sondern bilden »Realisierungsmodelle« dieser immanenten Axiomatik. In einer Axiomatik beziehen sich die Modelle nicht auf eine Transzendenz, im Gegenteil. Es ist, als drosselte die Deterritorialisierung der Staaten jene des Kapitals und lieferte diesem die kompensatorischen Reterritorialisierungen. Nun können die Realisierungsmodelle höchst unterschiedlich sein (demokratisch, diktatorisch, totalitär...), wirklich heterogen – und sind doch in bezug auf den Weltmarkt isomorph, insofern dieser entscheidende Ungleichheiten der Entwicklung nicht nur voraussetzt, sondern hervorbringt. Deshalb sind die demokratischen Staaten, wie häufig angemerkt, in einem solchen Maße mit den diktatorischen Staaten verbunden und dadurch kompromittiert, daß die Verteidigung der Menschenrechte notwendig über die interne Kritik einer jeden Demokratie erfolgen muß. Jeder Demokrat ist auch der »zweite Tartuffe« von Beaumarchais, der humanitäre Tartuffe, wie Péguy sagte. Gewiß gibt es keinen Grund zu glauben, wir könnten nach Auschwitz nicht mehr denken und wir alle seien verantwortlich für den Nazismus, aus einem unguten Schuldgefühl heraus, das im übrigen nur die Opfer treffen würde. Primo Levi sagt: Man wird uns nicht dazu bringen, die Opfer für die Henker zu halten. Was aber Nazismus und Konzentrationslager uns nahelegen, meint er, das ist sehr viel mehr oder auch sehr viel weniger: »die Scham, ein Mensch zu sein« (weil selbst die Überlebenden paktieren, sich kompromittieren mußten...).[17] Nicht nur unsere Staaten, jeder von uns, jeder Demokrat ist zwar nicht für den Nazismus verantwortlich, wohl aber durch ihn besudelt. Natürlich ist das eine Katastrophe, doch besteht die Katastrophe darin, daß die Gesellschaft der Brüder oder Freunde durch eine solche Prüfung hindurchgegangen ist, daß diese sich wechselseitig oder sich selbst ohne »Müdigkeit«, vielleicht Verachtung nicht mehr anschauen können, die zu unendlichen Bewegungen des Denkens werden, die Freundschaft nicht aus der Welt schaffen, ihr vielmehr ihre moderne Färbung verleihen und die schlichte »Rivalität« der Griechen ersetzen. Wir sind keine Griechen mehr, und Freundschaft ist nicht mehr dieselbe: Blanchot, Mascolo haben die Tragweite dieser Wandlung für das Denken selbst wahrgenommen.

Die Menschenrechte sind Axiome: Auf dem Markt können sie mit vielen anderen Axiomen nebenher bestehen, insbesondere über die Sicherheit des Eigentums, von denen sie eher ignoriert oder aufgehoben werden, als daß sie ihnen widersprechen: »das unreine Gemisch oder das Unreine Seite an Seite«, wie es bei Nietzsche heißt. Wer kann die Misere und die Deterritorialisierung–Reterritorialisierung der Elendsviertel aushalten und verwalten – wer sonst außer der Polizei und den mächtigen Armeen, die mit den Demokratien koexistieren? Welche Sozialdemokratie gab nicht den Schießbefehl, als das Elend sein Territorium oder Getto verließ? Die Rechte retten weder die Menschen noch eine

17 Was Primo Levi hier beschreibt, ist ein »gemischtes« Gefühl: Scham, daß Menschen derartiges tun konnten, Scham, daß wir es nicht haben verhindern können, Scham, dies überlebt zu haben, Scham, erniedrigt oder herabgewürdigt worden zu sein. Vgl. *Die Untergegangenen und die Geretteten*, München 1993 (und über die »Grauzone« mit den undeutlichen Konturen, die die beiden Lager der Herren und der Sklaven zur gleichen Zeit trennt und verbindet, vgl. S. 33).

Philosophie, die sich am demokratischen Staat reterritorialisiert. Die Menschenrechte werden uns nicht dazu bringen, ein Loblied auf den Kapitalismus anzustimmen. Und es bedarf schon einiger Unschuld oder Gerissenheit, wenn eine Philosophie der Kommunikation durch Bildung einer als »Konsens« verstandenen universellen Meinung, die in der Lage sei, Nationen, Staaten und den Markt auf moralische Prinzipien zu gründen, die Gesellschaft der Freunde oder sogar der Weisen wiederherstellen will.[18] Die Menschenrechte sagen nichts über die immanenten Existenzweisen des mit Rechten ausgestatteten Menschen. Und die Scham, ein Mensch zu sein, überkommt uns nicht nur in den von Primo Levi geschilderten Extrem-Situationen, sondern auch unter minder bedeutsamen Umständen, angesichts der Niedertracht und Vulgarität der Existenz, die die Demokratien heimsucht, angesichts der Ausbreitung dieser Existenzweisen und dieses marktgerechten Denkens, angesichts der Werte, Ideale und Ansichten unserer Epoche. Die Schmach der uns gebotenen Lebensmöglichkeit kommt von innen zum Vorschein. Wir fühlen uns nicht außerhalb unserer Epoche, im Gegenteil: wir schließen unaufhörlich schändliche Kompromisse mit ihr. Dieses Schamgefühl ist eines der mächtigsten Motive der Philosophie. Wir sind nicht für die Opfer verantwortlich, vielmehr vor den Opfern. Und es gibt kein anderes Mittel, der Schmach zu entkommen, als zum Tier zu werden (grunzen, wühlen, grinsen, sich auf dem Boden wälzen): Das Denken selbst ist manchmal einem verendenden Tier näher als einem lebenden Menschen, und sei er Demokrat.

Wenn die Philosophie sich am Begriff reterritorialisiert, findet sie dessen Bedingung nicht in der gegenwärtigen Form des demokratischen Staates, auch nicht in einem Kommuni-

---

18 Zur Kritik der »demokratischen Meinung«, ihres amerikanischen Vorbilds und der Mystifikationen der Menschenrechte oder des internationalen Rechtsstaates vgl. Michel Butels Analyse, eine der stärksten zu diesen Themen, in: *L'Autre Journal*, Nr. 10, März 1991, S. 21-25.

kationscogito, das noch fragwürdiger ist als das Reflexionscogito. Uns fehlt nicht Kommunikation, im Gegenteil: wir haben zuviel davon, uns fehlt Schöpferisches. *Uns fehlt es an Widerstand gegenüber der Gegenwart.* Die Schöpfung von Begriffen verweist in sich selbst auf eine zukünftige Form, sie verweist auf eine neue Erde und auf ein Volk, das es noch nicht gibt. Die Europäisierung stellt kein Werden, sie stellt lediglich die Geschichte des Kapitalismus dar, der das Werden der unterworfenen Völker verhindert. Kunst und Philosophie treffen sich an diesem Punkt: der Konstitution einer Erde und eines Volkes, die noch fehlen, als Korrelat des Schöpferischen. Nicht populistische, vielmehr die aristokratischsten Autoren klagen diese Zukunft ein. Dieses Volk und diese Erde werden nicht in unseren Demokratien zu finden sein. Demokratien sind Mehrheiten, aber ein Werden ist seiner Natur nach das, was sich immer der Mehrheit entzieht. Eine komplexe, zwiespältige Position: die vieler Autoren gegenüber der Demokratie. Die Affäre Heidegger hat die Dinge noch komplizierter gemacht: Ein großer Philosoph mußte sich tatsächlich am Nazismus reterritorialisieren, damit die sonderbarsten Kommentare sich kreuzten, teils, um seine Philosophie in Frage zu stellen, teils, um ihm Absolution zu erteilen, unter Berufung auf derart komplizierte und verdrehte Argumente, daß man zu träumen glaubt. Es ist nicht immer leicht, Heideggerianer zu sein. Man hätte ja noch verstanden, wenn ein großer Maler oder ein großer Musiker derart der Schmach verfallen wären (aber das gerade ist nicht geschehen). Es mußte ein Philosoph sein, als hätte die Scham in die Philosophie selbst einziehen müssen. Er wollte zurück zu den Griechen, und zwar über die Deutschen, im schlimmsten Moment ihrer Geschichte: Was gibt es Schlimmeres, so Nietzsche, als vor einem Deutschen zu stehen, wenn man einen Griechen erwartete? Wie sollten die Begriffe (Heideggers) nicht innerlich besudelt sein durch eine abscheuliche Reterritorialisierung? Es sei denn, alle Begriffe enthielten jene Grauzone, jene Zone der Ununterscheidbarkeit, in der die Kämpfenden sich einen Augenblick auf dem Boden vermengen und das müde Auge des Denkers den einen für den anderen hält: nicht nur den Deutschen für einen Griechen, sondern den Faschisten für einen Schöpfer von Dasein und Freiheit. Heidegger hat sich auf den Wegen der Reterritorialisierung verirrt, denn diese Wege sind unmarkiert und ohne Geländer. Vielleicht war dieser strenge Professor verrückter, als es den Anschein hatte. Er hat sich im Volk, im Boden, im Blut getäuscht. Denn die Rasse, an die Kunst und Philosophie appellieren, ist nicht jene, die den Anspruch erhebt, rein zu sein, sondern eine unterdrückte, inferiore, anarchische, nomadische, eine unwiderruflich kleine, mindere Mischrasse – jene genau, die Kant von den Wegen der Neuen Kritik ausschloß... Artaud sagte: Schreiben *für* die Analphabeten – sprechen für die Aphasiker, denken für die Azephalen. Freilich, was bedeutet »für«? Nicht »zugunsten von...«, nicht einmal »an Stelle von...«. Es bedeutet »vor«. Es ist eine Frage des Werdens. Der Denker ist kein Azephaler, Aphasiker oder Analphabet, aber er wird es. Er wird Indianer, hört nicht auf, es zu werden, vielleicht »damit« der Indianer, der Indianer ist, selbst etwas anderes wird und sich aus seiner Agonie herausreißt. Man denkt und schreibt für die Tiere selbst. Man wird Tier, damit das Tier etwas anderes wird. Der Todeskampf einer Ratte oder das Abschlachten eines Kalbes bleiben im Denken gegenwärtig, nicht des Mitleids wegen, sondern als die Austauschzone zwischen Mensch und Tier, wo etwas vom einen zum anderen übergeht. Das ist das konstitutive Verhältnis der Philosophie zur Nicht-Philosophie. Das Werden ist immer doppelt, und dieses doppelte Werden konstituiert das zukünftige Volk und die neue Erde. Der Philosoph muß Nicht-Philosoph werden, damit die Nicht-Philosophie zur Erde und zum Volk der Philosophie wird. Selbst ein so hochgeachteter Philosoph wie Bischof Berkeley sagt immer wieder: Wir Irländer, das gemeine Volk... Das Volk ist dem Denker innerlich, weil dies ein »Volk-Werden« ist, insoweit der Denker dem Volk innerlich ist, als nicht minder grenzenloses Werden. Natürlich sind Künstler und Philosoph unfähig, ein Volk zu schaffen, sie können es nur herbeirufen, mit all ihren Kräften. Ein Volk kann sich nur unter fürchterlichsten Schmerzen erschaffen und kann sich nicht auch noch um Kunst oder Philosophie kümmern. Doch auch die philosophischen Werke und die Kunstwerke enthalten ihre unvorstellbare Summe an Schmerzen, die das Kommen eines Volkes ahnen läßt. Gemeinsam ist ihnen, daß sie widerstehen: dem Tod, der Knechtschaft, dem Untragbaren, der Schande, der Gegenwart.

Die Deterritorialisierung und die Reterritorialisierung kreuzen sich im doppelten Werden. Der Autochthone und der Fremde sind kaum noch zu unterscheiden, weil der Fremde autochthon wird beim anderen, der es nicht ist, während zur gleichen Zeit der Autochthone fremd wird, fremd sich selbst, seiner eigenen Klasse, seiner eigenen Nation, seiner eigenen Sprache: Wir sprechen die gleiche Sprache, und doch verstehe ich euch nicht... Sich selbst fremd werden, seiner Sprache und seiner Nation: ist das nicht das Eigentümliche des Philosophen und der Philosophie, ihr »Stil«, das, was man philosophisches Kauderwelsch nennt? *Kurzum, die Philosophie reterritorialisiert sich dreimal*: einmal in der Vergangenheit an den Griechen, einmal in der Gegenwart am demokratischen Staat, einmal in der Zukunft am neuen Volk und an der neuen Erde. Griechen und Demokraten unterliegen einer seltsamen Deformierung in diesem Spiegel der Zukunft.

Die Utopie ist kein guter Begriff, denn wenn sie sich auch der Geschichte entgegenstellt, bezieht sie sich doch noch auf sie und schreibt sich ihr als Ideal oder Motivation ein. Werden aber ist der eigentliche Begriff. Aus der Geschichte erwachsend und in sie zurückfallend, ist es doch keine Geschichte. In ihm selbst ist weder Anfang noch Ende, sondern nur Mitte. Deshalb ist es eher geographisch als geschichtlich. Ähnlich die Revolutionen und die Gesellschaften der

Freunde, Gesellschaften des Widerstands, denn erschaffen heißt widerstehen: reine Werdensprozesse, reine Ereignisse auf einer Immanenzebene. Was die Geschichte vom Ereignis erfaßt, ist seine Verwirklichung in Sachverhalten oder im Erleben; das Ereignis in seinem Werden, in der ihm eigenen Konsistenz, in seiner Selbstsetzung als Begriff aber entzieht sich der Geschichte. Die psycho-sozialen Typen sind geschichtlich, die Begriffspersonen aber sind Ereignisse. Bald altert man im Zuge der Geschichte und mit ihr, bald wird man älter in einem ganz unauffälligen Ereignis (vielleicht demselben Ereignis, das das Problem zu stellen erlaubt: »Was ist Philosophie?«). Es ist dasselbe wie für jene, die jung sterben, man kann auf vielfache Weise so sterben. Denken bedeutet experimentieren, doch das Experiment ist stets das, was sich gerade ereignet – das Neue, das Ausgezeichnete, das Interessante, die an die Stelle der Erscheinung der Wahrheit treten und anspruchsvoller als diese sind. Was sich gerade ereignet, das ist nicht, was zu einem Ende kommt, aber ebensowenig das, was beginnt. Die Geschichte ist kein Experimentieren, sie ist nur die Menge der fast negativen Bedingungen, die das Experimentieren von etwas ermöglichen, das sich der Geschichte entzieht. Ohne die Geschichte bliebe das Experimentieren unbestimmt, voraussetzungslos, aber das Experimentieren ist nicht historisch, es ist philosophisch.

Beispiel IX
In einem großen philosophischen Buch erklärt Péguy, daß es zwei Arten gibt, das Ereignis zu betrachten. Die erste besteht darin, das Ereignis seiner Länge nach zu verfolgen, dessen Verwirklichung in der Geschichte, seine geschichtliche Bedingtheit und Verwesung festzuhalten, die zweite jedoch darin, das Ereignis wiederaufzurichten, sich in ihm wie in einem Werden einzurichten, in ihm gleichzeitig jünger und älter zu werden, durch alle seine Komponenten und Singularitäten hindurchzugehen. Es kann vorkommen, daß in der Geschichte sich nichts ändert oder zu ändern scheint, aber im Ereignis ändert sich alles, und wir ändern uns in ihm: »Nichts ist geschehen. Und ein Problem, dessen Ende man nicht

absah, ein auswegloses Problem, ... existiert mit einem Mal nicht mehr, und man fragt sich, wovon die Rede war«; es ist in andere Probleme übergegangen; »nichts ist geschehen, und man ist in einem anderen Volk, in einer neuen Welt, in einem neuen Menschen«.[19] Das ist kein Geschichtliches mehr und ist kein Ewiges [éternel], so Péguy, es ist *Internelles* [Internel]. Ein Wort, das Péguy schaffen mußte, um einen neuen Begriff wie auch die Komponenten, die Intensitäten dieses Begriffs zu bezeichnen. Und hatte nicht ein Péguy keineswegs nahestehender Denker Ähnliches mit dem Wort *Unzeitgemäßes* bezeichnet: die Dunstschicht des Unhistorischen, die nichts mit dem Ewigen zu tun hat, das Werden, ohne das sich nichts in der Geschichte ereignet, aber dennoch nicht mit ihr zusammenfällt. Über die Griechen und die Staaten hinweg schleudert es ein Volk, eine Erde, gleich dem Pfeil und dem Diskus einer neuen Welt, die kein Ende findet, die immer und immer von neuem entsteht: »gegen die Zeit und dadurch auf die Zeit und hoffentlich zugunsten einer kommenden Zeit – zu wirken.« Gegen die Vergangenheit zu wirken und dadurch auf die Gegenwart und hoffentlich zugunsten einer Zukunft – aber die Zukunft ist keine – und sei sie utopische – historische Zukunft, sie ist das unendliche Jetzt, das Noun, das Platon bereits von jedem Gegenwärtigen trennte, das Intensive oder Unzeitgemäße, kein Augenblick, sondern ein Werden. Ist es nicht auch das, was Foucault das *Aktuelle* nannte? Aber wie sollte der Begriff jetzt den Namen des Aktuellen erhalten, während es bei Nietzsche das Unzeitgemäße, Inaktuelle hieß? Weil für Foucault die Differenz von Gegenwärtigem und Aktuellem das ist, was zählt. Das Neue, Interessante, das ist das Aktuelle. Nicht das, was wir sind, vielmehr das, was wir werden, was wir dabei sind zu werden, das heißt das Andere, unser Anders-Werden ist das Aktuelle. Das Gegenwärtige dagegen ist das, was wir sind und dadurch gerade auch schon wieder nicht mehr sind. Wir müssen nicht nur den Teil des Vergangenen und den des Gegenwärtigen unterscheiden, sondern tiefer noch den des Gegenwärtigen und den des Aktuellen.[20] Das heißt nicht, daß das Aktuelle noch die – womöglich – utopische Vorahnung einer Zukunft unserer Geschichte sei; es ist vielmehr das Jetzt unseres Werdens. Wenn Foucault Kant dafür bewundert, das Problem der Philosophie nicht in Beziehung

---

19 Charles Péguy, *Clio*, Paris 1931, S. 266-269.
20 Michel Foucault, *Die Archäologie des Wissens*, Frankfurt am Main 1981, S. 189.

zum Ewigen, sondern zum Jetzt gestellt zu haben, dann will er damit sagen, daß der Gegenstand der Philosophie weder darin besteht, das Ewige kontemplativ zu betrachten noch die Geschichte zu reflektieren, sondern darin, unsere aktuellen Pflichten zu diagnostizieren: ein Revolutionär-Werden, das nach Kant selbst weder mit der Vergangenheit noch mit der Gegenwart, noch mit der Zukunft der Revolutionen zusammenfällt. Ein Demokratisch-Werden, das nicht mit den faktischen Rechtsstaaten zusammenfällt, oder selbst ein Griechisch-Werden, das nicht mit dem zusammenfällt, was die Griechen waren. Die Werdensprozesse in jeder sich ereignenden Gegenwart zu *diagnostizieren*: das wies Nietzsche dem Philosophen als Arzt zu, dem »Arzt der Zivilisation« oder Erfinder neuer immanenter Daseinsweisen. Die ewige Philosophie, aber auch die Geschichte der Philosophie machen einem Philosophisch-Werden Platz. Welche Werdensprozesse durchqueren uns heute, die in die Geschichte zurückfallen, aber nicht von ihr herkommen, oder vielmehr: die von ihr nur herkommen, um aus ihr herauszukommen? Das Internelle, das Unzeitgemäße, das Aktuelle: drei Beispiele philosophischer Begriffe; exemplarische Begriffe... Und nennt der eine »Aktuelles«, was der andere »Inaktuelles« nannte, dann nur aufgrund einer Ziffer des Begriffs, aufgrund seiner Nähen und Komponenten, deren noch so geringe Verschiebungen, wie Péguy sagte, die Veränderung eines Problems nach sich ziehen können (das Zeitlich-Ewige bei Péguy, die Ewigkeit des Werdens nach Nietzsche, das inwendige Außen mit Foucault).

II. Philosophie, logische Wissenschaft und Kunst

5. Funktive und Begriffe

Die Wissenschaft hat nicht Begriffe zum Gegenstand, sondern Funktionen, die sich als Propositionen in diskursiven Systemen darstellen. Die Elemente der Funktionen heißen *Funktive*. Eine wissenschaftliche Notion wird nicht durch Begriffe, sondern durch Funktionen oder Propositionen bestimmt. Dies ist eine sehr vielfältige, sehr komplexe Idee, wie man es bereits an deren jeweiliger Verwendung in der Mathematik und in der Biologie sehen kann; dennoch ist es diese Idee von Funktion, die den Wissenschaften Reflexion und Kommunikation ermöglicht. Für diese Aufgaben bedarf die Wissenschaft keineswegs der Philosophie. Und wenn umgekehrt ein Objekt mittels Funktionen wissenschaftlich konstruiert ist – ein geometrischer Raum etwa –, so muß dessen philosophischer Begriff noch gesucht werden, ein Begriff, der keinesfalls in der Funktion gegeben ist. Darüber hinaus kann ein Begriff die Funktive jeder möglichen Funktion als Komponenten aufnehmen, ohne deshalb schon den geringsten wissenschaftlichen Wert zu besitzen, mit dem Ziel vielmehr, die Wesensunterschiede zwischen Begriffen und Funktiven zu kennzeichnen.

Unter diesen Voraussetzungen besteht der erste Unterschied in der jeweiligen Haltung von Wissenschaft und Philosophie gegenüber dem Chaos. Man definiert das Chaos weniger durch seine Unordnung als durch die unendliche Geschwindigkeit, mit der sich jede in ihm abzeichnende Form auflöst. Es ist ein Vakuum, das kein Nichts, sondern ein *Virtuelles* ist, alle möglichen Partikel enthält und alle möglichen Formen zeichnet, die auftauchen, um sogleich zu verschwinden, ohne Konsistenz oder Referenz, ohne Folge.[1] Dies ist eine unend-

---

[1] Ilya Prigogine und Isabelle Stengers, *Entre le temps et l'éternité*, Paris 1988, S. 162 f. (die Autoren nehmen als Beispiel die Kristallisierung einer unterkühlten Flüssigkeit, einer Flüssigkeit, deren Temperatur unterhalb ihrer Kristallisationstemperatur liegt: »In einer derartigen Flüssigkeit bil-

liche Geschwindigkeit in Geburt und Vergehen. Nun fragt die Philosophie danach, wie sich die unendlichen Geschwindigkeiten bewahren lassen, indem man zugleich Konsistenz hinzugewinnt, indem man *dem Virtuellen eine ihm angemessene Konsistenz* verschafft. Als Immanenzebene, die das Chaos schneidet, selektiert das philosophische Sieb unendliche Bewegungen des Denkens und stattet sich mit formierten Begriffen als konsistenten Partikeln aus, die so schnell sind wie das Denken. Die Wissenschaft geht das Chaos auf ganz andere, fast entgegengesetzte Weise an: Sie verzichtet auf das Unendliche, auf die unendliche Geschwindigkeit, um eine *Referenz* zu gewinnen, *die das Virtuelle zu aktualisieren vermag*. Die Philosophie, die das Unendliche bewahrt, verleiht dem Virtuellen Konsistenz durch Begriffe; die Wissenschaft, die auf das Unendliche verzichtet, verleiht dem Virtuellen eine Referenz, die es aktualisiert, und zwar durch Funktionen. Die Philosophie verfährt mit einer Immanenz- oder Konsistenzebene; die Wissenschaft mit einer Referenzebene. Im Falle der Wissenschaft entspricht dies einem Bildstop. Dies ist eine phantastische *Verzögerung*, und es ist diese Verlangsamung, mit der sich die Materie aktualisiert, aber auch das wissenschaftliche Denken, das sie mittels Propositionen zu durchdringen vermag. Eine Funktion ist eine Zeitlupe. Sicher befördert die Wissenschaft fortwährend Beschleunigungen, nicht nur in den Katalysen, sondern auch in den Teilchenbeschleunigern, in den Expansionen, die die Galaxien auseinandertreiben. Dennoch finden diese Phänomene in der urspünglichen Verzögerung keinen Null-Moment, mit dem sie brechen, sondern eher eine Bedingung, die ihre Entwicklung insgesamt begleitet. Verzögern heißt, eine Grenze im Chaos zu ziehen, die von allen Geschwindigkeiten unter-

    den sich kleine Kristallkeime, aber diese Keime erscheinen und lösen sich dann ohne weitere Folgen auf«). [Eine gegenüber dem französischen Original erheblich geänderte deutsche Fassung: *Das Paradox der Zeit. Zeit, Chaos und Quanten*, übers. von Friedrich Griese, München 1993 – A. d. Ü.]

schritten wird, so daß sie eine als Abszisse bestimmte Variable bilden, während die Grenze zugleich eine universale Konstante bildet, die man nicht überschreiten kann (etwa ein Maximum an Kontraktion). Die ersten Funktive sind also die Grenze und die Variable, und die Referenz ist ein Verhältnis zwischen Werten der Variablen oder eigentlich das Verhältnis der Variablen als Abszisse der Geschwindigkeiten mit der Grenze.

Es kommt vor, daß die Grenzkonstante selbst als ein Verhältnis in der Gesamtheit des Universums erscheint, dem alle Teile mit einer endlichen Bedingung unterliegen (eine Quantität von Bewegung, Kraft, Energie...). Freilich muß es Koordinatensysteme geben, auf die die Glieder des Verhältnisses sich beziehen: Dies ist also ein zweiter Sinn der Grenze, eine äußere Rahmung oder eine Exo-Referenz. Denn die Proto-Grenzen erzeugen – außerhalb aller Koordinaten – zunächst Geschwindigkeitsabszissen, auf denen sich die koordinierbaren Achsen errichten werden. Ein Partikel wird eine Position, eine Energie, eine Masse, einen Spinwert besitzen, unter der Bedingung allerdings, daß es eine Existenz oder eine physische Aktualität erhält oder in Trajektorien »landet«, die von Koordinatensystemen erfaßt werden können. Diese ersten Grenzen machen die Verzögerung im Chaos oder die Suspensionsschwelle des Unendlichen aus, dienen als Endo-Referenz und bewirken eine Zählung: Sie sind keine Verhältnisse, sondern Zahlen, und die gesamte Theorie der Funktionen hängt an Zahlen. Man kann die Lichtgeschwindigkeit, den absoluten Nullpunkt, das Wirkungsquantum, den Big Bang anführen: Der absolute Nullpunkt der Temperaturen ist $-273,15$ Grad; die Lichtgeschwindigkeit 299 796 km/sek, wo nämlich die Längen gegen Null schrumpfen und die Uhren stillstehen. Derartige Grenzen gelten nicht aufgrund des empirischen Werts, den sie nur in Koordinatensystemen annehmen, sie wirken zunächst als Bedingung ursprünglicher Verzögerung, die sich im Verhältnis zum Unendlichen über jeden Maßstab der korrespondierenden Geschwindigkeiten, über ihre bedingten Beschleunigungen oder Verzögerungen hinweg erstreckt. Und nicht nur die Vielfalt dieser Grenzen rechtfertigt den Zweifel an der einheitlichen Bestimmung der Wissenschaft; jede erzeugt nämlich ihrerseits irreduzible heterogene Koordinatensysteme und schreibt je nach Nähe oder Ferne der Variable (etwa der Entfernung der Galaxien) Diskontinuitätsschwellen vor. Die Wissenschaft wird nicht von ihrer eigenen Einheit beherrscht, sondern von der Referenzebene, die von allen Grenzen oder Rändern gebildet wird, mit denen sie dem Chaos trotzt. Die Ränder verleihen der Ebene ihre Referenzen; was die Koordinatensysteme betrifft, so bevölkern oder besetzen sie die Referenzebene selbst.

Beispiel X
Es ist schwer zu verstehen, wie die Grenze unmittelbar auf das Unendliche, die Unbegrenztheit ausgreifen soll. Und doch ist es nicht das begrenzte Ding, das dem Unendlichen eine Grenze aufzwingt, es ist vielmehr die Grenze, die ein begrenztes Ding ermöglicht. Pythagoras, Anaximander, Platon selbst werden dies denken: ein Handgemenge der Grenze mit dem Unendlichen, dem die Dinge entspringen werden. Jede Grenze ist trügerisch und jede Bestimmung Negation, wenn die Bestimmung nicht in einem unmittelbaren Bezug zum Unbestimmten steht. Die Theorie der Wissenschaft und der Funktionen hängt davon ab. Später ist es Cantor, der die Theorie unter einem doppelten – intrinsischen und extrinsischen – Gesichtspunkt in mathematische Formeln faßt. Dem ersten Aspekt zufolge wird eine Menge unendlich genannt, wenn sie eine Term-zu-Term-Zuordnung mit einem ihrer Teile oder einer ihrer Teilmengen präsentiert, wobei die Menge und die Teilmenge gleich mächtig sind oder dieselbe Zahl von Elementen, die sich mit »Aleph 0« bezeichnen lassen, besitzen: so etwa bei der Menge der ganzen Zahlen. Der zweiten Bestimmung zufolge ist die Menge der Teilmengen einer gegebenen Menge notwendig größer als die Ausgangsmenge: Die Menge der Aleph 0 Teilmengen verweist also auf eine andere transfinite Zahl Aleph 1, die die Mächtigkeit des Kontinuums besitzt oder der Menge der reellen Zahlen entspricht (man fährt dann mit Aleph 2 usw. fort). Nun ist es allerdings seltsam, daß man in dieser Konzeption so oft eine Wiedereinführung des Un-

endlichen in die Mathematik gesehen hat: Dies ist eher die äußerste Konsequenz der Definition der Grenze durch eine Zahl, wobei diese die erste ganze Zahl ist, die auf alle endlichen ganzen Zahlen folgt, von denen keine Maximum ist. Die Mengenlehre wird durch die Einschreibung des Grenzwerts in das Unendliche selber gebildet, andernfalls es nie eine Grenze geben würde: In ihrer strengen Hierarchisierung begründet sie eine Verzögerung oder eher, wie Cantor selber sagt, einen Halt, ein »Hemmungsprinzip«, dem zufolge man eine neue ganze Zahl nur dann erzeugt, »wenn die Gesamtheit aller voraufgegangenen Zahlen die Mächtigkeit einer, ihrem ganzen Umfange nach bereits vorhandenen, definierten Zahlenklasse« hat.[2] Ohne dieses Hemmungs- oder Verzögerungsprinzip gäbe es eine Menge aller Mengen, die bereits Cantor verwirft und die nur das Chaos sein könnte, wie Russell zeigt. Die Mengenlehre ist die Konstitution einer Referenzebene, die nicht nur eine *Endo-Referenz* (intrinsische Bestimmung einer unendlichen Menge), sondern bereits eine *Exo-Referenz* (extrinsische Bestimmung) enthält. Trotz Cantors ausdrücklichem Bemühen um die Vereinigung von philosophischem Begriff und wissenschaftlicher Funktion bleibt der charakteristische Unterschied weiter bestehen, da sich der eine auf einer referenzlosen Immanenz- oder Konsistenzebene entfaltet, die andere aber auf einer Referenzebene ohne Konsistenz (Gödel).

Wenn der Grenzwert durch Verzögerung eine Abszisse der Geschwindigkeiten erzeugt, so streben die virtuellen Formen des Chaos zu ihrer Aktualisierung gemäß einer Ordinate. Und sicher vollzieht die Referenzebene schon eine Vorauswahl, die die Formen den Grenzwerten oder sogar den betrachteten Abszissenbereichen paarweise zuordnet. Nichtsdestoweniger aber bilden die Formen deren Variablen, die unabhängig von denjenigen sind, die sich auf der Abszisse verschieben. Dies ist sehr verschieden vom philosophischen Begriff: Die intensiven Ordinaten bezeichnen nicht mehr untrennbare Komponenten, die im Begriff als absolu-

---

[2] Georg Cantor, *Grundlagen einer allgemeinen Mannigfaltigkeitslehre. Ein mathematisch-philosophischer Versuch in der Lehre des Unendlichen*, Leipzig 1883, S. 37. Schon zu Beginn seines Textes beruft sich Cantor auf die platonische Grenze.

tem Überflug angehäuft sind (Variationen), sondern distinkte Bestimmungen, die sich in einer diskursiven Formation mit anderen, extensiv gefaßten Bestimmungen (Variablen) paaren müssen. Die intensiven Ordinaten von Formen müssen sich den extensiven Geschwindigkeitsabszissen auf eine Weise zuordnen, daß die Entfaltungsgeschwindigkeiten und die Aktualisierung der Formen sich als distinkte, extrinsische Bestimmungen aufeinander beziehen.³ Gerade unter diesem zweiten Gesichtspunkt ist der Grenzwert nun der Ursprung eines Koordinatensystems, das aus mindestens zwei unabhängigen Variablen besteht; diese aber gehen ein Verhältnis ein, von dem eine dritte Variable abhängt, und zwar als Sachverhalt oder als im System gebildete Materie (derartige Sachverhalte können mathematisch, physikalisch, biologisch etc. sein). Dies ist tatsächlich der neue Sinn der Referenz als Form der Proposition, der Bezug eines Sachverhalts zum System. Der Sachverhalt ist eine Funktion: eine komplexe Variable, die von einem Verhältnis zwischen mindestens zwei unabhängigen Variablen abhängt.

Die jeweilige Unabhängigkeit der Variablen erscheint in der Mathematik, wenn die eine eine höhere Potenz als die erste besitzt. Hegel zeigt deshalb, daß sich die Variabilität in der Funktion nicht mit Werten begnügt, die man verändern kann (2/3 und 4/6) oder unbestimmt läßt (a = 2 b), sondern verlangt, daß eine der Variablen eine höhere Potenz annimmt ($y^2/x = P$). Denn damit kann ein Verhältnis unmittelbar als Differentialquotient dx/dy' bestimmt werden, in dem der Wert der Variablen keine andere Bestimmung mehr hat als sein Schwinden oder Entstehen, obwohl er den unendlichen Geschwindigkeiten entrissen wird. Von einem derartigen

---

3 Zur Einführung der Koordinaten durch Nikolaus von Oresme, die intensiven Ordinaten und ihre Relationierung mit extensiven Linien vgl. P. Duhem: *Le système du monde*, Paris o. J., Bd. 7, Kap. 6. Und Gilles Châtelet: »La toile, le spectre, le pendule«, in: *Les enjeux du mobile* (erscheint demnächst): zur Verbindung eines »kontinuierlichen Spektrums mit einer diskreten Sequenz« und den Diagrammen des Nikolaus von Oresme.

Verhältnis hängt ein Sachverhalt oder eine »abgeleitete« Funktion ab: Man hat eine Depotenzierungsoperation durchgeführt, die einen Vergleich distinkter Potenzen erlaubt, von denen ausgehend sich sogar ein Ding und ein Körper werden entwickeln können (Integration).[4] Allgemein aktualisiert ein Sachverhalt kein chaotisches Virtuelles, ohne ihm ein *Potential* zu entlehnen, das sich im Koordinatensystem verteilt. Er schöpft aus dem Virtuellen, das er aktualisiert, ein Potential, das er sich aneignet. Noch das geschlossenste System hat einen Faden, der zum Virtuellen hinaufführt und über den die Spinne herabsteigt. Die Frage aber, ob das Potential im Aktuellen wiedererschaffen werden kann, ob es erneuert und erweitert werden kann, erlaubt eine strengere Unterscheidung der Sachverhalte, Dinge und Körper. Wenn wir vom Sachverhalt zum Ding selber übergehen, so sehen wir, daß sich ein Ding stets auf mehrere Achsen zugleich bezieht, nach Maßgabe von Variablen, die jeweils Funktionen der anderen sind, selbst wenn die interne Einheit unbestimmt bleibt. Wenn aber das Ding selber Veränderungen von Koordinaten erfährt, so wird es ein *Körper* im eigentlichen Sinn, und die Funktion nimmt nicht mehr den Grenzwert und die Variable als Referenzort, sondern vielmehr eine Invariante und eine Gruppe von Transformationen (der euklidische Körper der Geometrie etwa wird von Invarianten im Verhältnis zur Gruppe der Bewegungen konstituiert werden). Der »Körper« ist hier freilich keine biologische Spezialität; er erfährt eine mathematische Bestimmung ausgehend von einem absoluten Minimum, das von den rationalen Zahlen repräsentiert wird, und zwar in der Durchführung von unabhängigen Extensionen dieses Grundkörpers, die die möglichen Substitutionen fortschreitend bis hin zu einer perfekten Individualisierung begrenzen. Der Unter-

---

4 Georg Wilhelm Friedrich Hegel, *Wissenschaft der Logik*, in: *Sämtliche Werke*, hg. V. H. Glockner, Bd. 4, Stuttgart [4]1965, S. 354 ff. (und zu den Depotenzierungs- und Potenzierungsoperationen der Funktion nach Lagrange).

schied zwischen dem Körper und dem Sachverhalt, dem Zustand der Dinge (oder des Dings) betrifft die Individuation des Körpers, die sich über eine Kaskade von Aktualisierungen abspielt. Mit den Körpern vervollständigt das Verhältnis zwischen unabhängigen Variablen hinreichend seine Proportion, wenn es sich auch mit einem Potential oder einer Potenz versieht, die dessen Individuation erneuert. Insbesondere wenn der Körper ein Lebewesen ist, das mit Differenzierung und nicht mehr mit Extension oder Adjunktion verfährt, taucht wiederum ein neuer Typ von Variablen auf, von internen Variablen, die spezifisch biologische Funktionen im Verhältnis zu inneren Milieus bestimmen (Endo-Referenz), aber auch an Wahrscheinlichkeitsfunktionen mit den externen Variablen des äußeren Milieus beteiligt sind (Exo-Referenz).[5]

Wir stehen also einer neuen Folge von Funktiven, Koordinatensystemen, Potentialen, Sachverhalten, Dingen, Körpern gegenüber. Die Sachverhalte sind geordnete Mischungen ganz unterschiedlichen Typs, die überhaupt nur Trajektorien betreffen können. Die Dinge aber sind Wechselwirkungen und die Körper Kommunikationen. Die Sachverhalte verweisen auf geometrische Koordinaten von – der Annahme nach – geschlossenen Systemen, die Dinge auf energetische Koordinaten von verkoppelten Systemen, die Körper auf informatische Koordinaten von getrennten, unverbundenen Systemen. Die Geschichte der Wissenschaften ist nicht von der Konstruktion von Achsen, ihrer Beschaffenheit, ihren Dimensionen, ihrer Proliferation zu trennen. Die Wissenschaft bewirkt keinerlei Vereinheitlichung des Referenten, sondern alle Arten von Gabelungen auf einer Referenzebene, die ihren Krümmungen oder ihrem Verlauf nicht vorausliegt. Es ist, als ob die Gabelung im unendlichen Chaos des Virtu-

---

5 Pierre Vendryès, *Déterminisme et autonomie*, Paris 1956. Das Interesse von Verndryès' Arbeiten liegt nicht in einer Mathematisierung der Biologie, sondern eher in einer Homogenisierung von mathematischer und biologischer Funktion.

ellen neue Formen zur Aktualisierung holen würde, indem sie eine Art Potentialisierung der Materie vollzieht: Der Kohlenstoff führt in der Tabelle Mendelejews eine Gabelung ein, die aus ihm kraft seiner plastischen Eigenschaften die Beschaffenheit einer organischen Materie macht. Das Problem einer Einheit oder Mannigfaltigkeit der Wissenschaft darf also nicht in Abhängigkeit eines Koordinatensystems gestellt werden, das zu einem gegebenen Augenblick möglicherweise einmalig ist; wie hinsichtlich der Immanenzebene in der Philosophie muß man danach fragen, welchen Status das Vorher und Nachher gleichzeitig auf einer Referenzebene mit zeitlicher Dimension und Evolution annehmen. Gibt es eine einzige oder mehrere Referenzebenen? Die Antwort wird nicht dieselbe wie bei der philosophischen Immanenzebene, ihren Schichten oder ihren übereinanderliegenden Blättern sein. Das rührt daher, daß die Referenz, insofern sie einen Verzicht aufs Unendliche impliziert, nur Funktiv-Ketten einrichten kann, die zu einem bestimmten Augenblick notwendigerweise auseinanderbrechen. Die Gabelungen, Verzögerungen und Beschleunigungen produzieren Löcher, Einschnitte und Brüche, die auf andere Variablen, auf andere Verhältnisse und andere Referenzen verweisen. Pauschalen Beispielen folgend, sagt man, die Bruchzahl erledige die ganze Zahl, die irrationale die rationalen die Riemannsche Geometrie die Euklidische. In der anderen, gleichzeitigen Richtung aber – vom Nachher zum Vorher – erscheint die ganze Zahl als ein besonderer Fall der Bruchzahl oder die rationale als besonderer Fall von »Einschnitt« in einer linearen Menge von Punkten. Allerdings werden durch diesen vereinheitlichenden Prozeß, der sich in Gegenrichtung vollzieht, notwendig andere Referenzen ins Spiel gebracht, deren Variablen nicht nur restriktiven Bedingungen unterliegen, um den besonderen Fall zu ergeben, diese Variablen unterliegen vielmehr an sich selbst neuen Brüchen und Gabelungen, die deren eigene Referenzen verändern werden. Dies eben geschieht, wenn man Newton von Einstein ableitet oder die realen Zahlen vom Einschnitt oder die Euklidische Geometrie von einer abstrakten metrischen Geometrie. Mit Kuhn gesprochen heißt dies etwa, daß die Wissenschaft *paradigmatisch* ist, während die Philosophie syntagmatisch war.

Ebensowenig wie die Philosophie gibt sich die Wissenschaft mit einer linearen zeitlichen Abfolge zufrieden. Anstatt einer stratigraphischen Zeit aber, die das Vorher und Nachher in einer Schichtungsordnung ausdrückt, entfaltet die Wissenschaft eine spezifisch serielle, verästelte Zeit, in der das Vorher (der Vorläufer) stets künftige Gabelungen und Brüche bezeichnet, und das Nachher rückwirkende Wiederverkettungen: daher eine ganz andere Gangart des wissenschaftlichen Fortschritts. Und die Eigennamen der Wissenschaftler werden in dieser anderen Zeit, in diesem anderen Element geschrieben, wobei sie die Bruchpunkte und die Wiederverkettungspunkte markieren. Sicher ist es immer möglich und zuweilen fruchtbar, die Geschichte der Philosophie nach diesem wissenschaftlichen Rhythmus zu interpretieren. Wenn man aber sagt, Kant breche mit Descartes und das Kartesianische Cogito werde zu einem Sonderfall des Kantischen Cogito, so ist das nicht gänzlich zufriedenstellend, weil dies eben bedeutet, daß man aus der Philosophie eine Wissenschaft macht. (Umgekehrt wäre es ebensowenig zufriedenstellend, zwischen Newton und Einstein eine Schichtungsordnung zu errichten.) Weit davon entfernt, uns noch einmal dieselben Komponenten durchlaufen zu lassen, hat der Eigenname des Wissenschaftlers die Funktion, uns dies zu ersparen und uns davon zu überzeugen, daß kein Grund zur neuerlichen Vermessung eines bereits zurückgelegten Wegs besteht: Man durchläuft keine mit einem Eigennamen versehene Gleichung, man bedient sich ihrer. Weit davon entfernt, die Kardinalpunkte zu verteilen, die die Syntagmen auf einer Immanenzebene organisieren, errichtet der Eigenname des Wissenschaftlers Paradigmen, die sich in den notwendig orientierten Referenzsystemen abzeichnen. Schließlich liegt das Problem weniger im Verhältnis zwischen Wissenschaft und Philosophie als im noch leidenschaftlicheren Verhältnis der Wissenschaft zur Religion, wie es in all dem wissenschaftlichen Vereinheitlichungs- und Universalisierungsstreben auf der Suche nach einem einzigen Gesetz, einer einzigen Kraft, einer einzigen Wechselwirkung sichtbar wird. Die Nähe der Wissenschaft zur Religion ergibt sich daraus, daß die Funktive keine Begriffe, sondern Figuren sind, die sich eher durch eine geistige Spannung als durch eine räumliche Anschauung definieren. Es liegt etwas Figurales in den Funktiven, das eine der Wissenschaft eigentümliche *Ideographie* ausbildet und aus dem Sehen bereits eine Lektüre macht. Wodurch aber der Gegensatz der Wissenschaft zu jeder Religion stets von neuem bestätigt und zugleich die Vereinheitlichung der Wissenschaft glücklich verhindert wird, ist die Ersetzung jeglicher Transzendenz durch die Referenz, die funktionale Korrespondenz des Paradigmas mit einem Referenzsystem, die jeden unendlichen religiösen Gebrauch der Figur untersagt, und zwar durch die Bestimmung einer ausschließlich wissenschaftlichen Weise, mit der diese Figur durch Funktive *konstruiert*, *gesehen* und *gelesen* werden muß.[6]

Der erste Unterschied zwischen der Philosophie und der Wissenschaft liegt in der jeweiligen Voraussetzung des Begriffs und der Funktion: einerseits eine Immanenz- oder Konsistenzebene, andererseits eine Referenzebene. Die Referenzebene ist ein- und vielfältig zugleich, allerdings auf andere Weise als die Immanenzebene. Der zweite Unterschied betrifft den Begriff und die Funktion noch unmittel-

---

6 Zur Bedeutung, die das Wort *Figur* (oder imago, Bild*) in einer Theorie der Funktionen annimmt, vgl. die Analyse Vuillemins, Riemann betreffend: In der Projektion einer komplexen Funktion macht die Figur »den Verlauf der Funktion und ihre verschiedenen Affektionen sichtbar«, macht sie »die funktionale Korrespondenz« der Variablen und der Funktion »unmittelbar sichtbar« (*La philosophie de l'algèbre*, Paris 1993, S. 320-326).

barer: Die Untrennbarkeit der Variationen ist das Eigentümliche des unbedingten Begriffs, während die Unabhängigkeit der Variablen in bedingbaren Verhältnissen zur Funktion gehört. In einem Fall haben wir eine Menge von *untrennbaren Variationen* in einer »kontingenten Proportion«, die den Begriff der Variationen bildet; im anderen Fall eine Menge von *unabhängigen Variablen* in einer »notwendigen Proportion«, die die Funktion der Variablen bildet. Darum weist unter letzterem Aspekt die Theorie der Funktionen zwei Pole auf, je nachdem ob bei n gegebenen Variablen eine davon als Funktion der n-1 unabhängigen Variablen betrachtet werden kann, mit n-1 partiellen Ableitungen und einem vollständigen Differential der Funktion; oder ob im Gegenteil n-1 Größen Funktionen ein und derselben unabhängigen Variablen sind, ohne vollständiges Differential der zusammengesetzten Funktion. Ebenso mobilisiert das Problem der Tangenten (Differentiation) so viele Variablen wie Kurven, deren Ableitung jeweils die beliebige Tangente in einem beliebigen Punkt ist; aber das umgekehrte Problem der Tangenten (Integration) berücksichtigt nur eine einzige Variable, nämlich die Kurve, die selbst zu allen Kurven derselben Ordnung tangential ist, und zwar unter der Bedingung eines Koordinatenwechsels.[7] Eine analoge Dualität betrifft die dynamische Beschreibung eines Systems von n unabhängigen Partikeln: Der augenblickliche Zustand kann durch n Punkte und n Geschwindigkeitsvektoren in einem dreidimensionalen Raum dargestellt werden, aber auch von einem Punkt in einem Phasenraum.

Man könnte sagen, daß Wissenschaft und Philosophie zwei entgegengesetzten Wegen folgen, weil die Konsistenz der philosophischen Begriffe in Ereignissen liegt, während die Referenz der wissenschaftlichen Funktionen in Sachverhal-

---

7 Gottfried Wilhelm Leibniz, »De linea ex lineis numero infinitis« und »Nova calculi differentialis applicatio«, in: *Mathematische Schriften*, hg. v. C. I. Gerhard, Bd. 5, Halle 1858 (Nachdruck Olm 1971) Diese Texte von Leibniz werden als Grundlage der Theorie der Funktionen betrachtet.

ten oder Mischungen besteht: Die Philosophie extrahiert mittels Begriffen dem Sachverhalt fortwährend ein konsistentes Ereignis, ein Grinsen ohne Katze gewissermaßen, während die Wissenschaft mittels Funktionen stets das Ereignis in einem Sachverhalt, Ding oder Körper aktualisiert, auf die man sich refentiell beziehen kann. Unter diesem Gesichtspunkt hielten die Vorsokratiker schon das Wesentliche einer Bestimmung der Wissenschaft fest, die bis in unsere Tage gültig ist, als sie nämlich aus der Physik eine Wissenschaft von den Mischungen und ihren unterschiedlichen Typen machten.[8] Und die Stoiker werden die grundlegende Unterscheidung an den äußersten Punkt treiben, die Unterscheidung nämlich zwischen den Sachverhalten oder Körpergemischen, in denen sich das Ereignis aktualisiert, und den unkörperlichen Ereignissen, die wie Rauch aus den Sachverhalten selbst aufsteigen. Der philosophische Begriff und die wissenschaftliche Funktion unterscheiden sich also in zwei zusammengehörigen Merkmalen: untrennbare Variationen, unabhängige Variablen; Ereignisse auf einer Immanenzebene, Sachverhalte in einem Referenzsystem (daher rührt der jeweils unterschiedliche Status der intensiven Ordinaten in den beiden Fällen, da sie einerseits die inneren Komponenten des Begriffs, andererseits aber zu den extensiven Abszissen in den Funktionen bloß koordiniert sind, wenn die Variation nur mehr ein Zustand der Variablen ist). *Die Begriffe und die Funktionen erweisen sich auf diese Weise als zwei Typen von Mannigfaltigkeiten oder Varietäten, die sich wesensmäßig voneinander unterscheiden.* Und obwohl die Typen wissenschaftlicher Mannigfaltigkeiten an sich

---

8 Nachdem sie das »Gemisch« der Trajektorien unterschiedlicher Typen in jedem Gebiet des Phasenraums mit schwacher Stabilität beschrieben haben, schließen Prigogine und Stengers: »Es ist amüsant, daran zu erinnern, wie Anaxagoras sich die Vielfalt der in der Natur enthaltenen keativen Möglichkeiten vorstellte. Für ihn enthält jedes Objekt in jedem seiner Teile eine unendliche Mannigfaltigkeit an qualitativ unterschiedlichen Samen« (*Dialog mit der Natur*, München [7]1993, S. 250).

selbst eine große Verschiedenartigkeit aufweisen, schließen sie die spezifisch philosophischen Mannigfaltigkeiten aus, für die Bergson einen besonderen, durch die Dauer, durch »verschmolzene Vielheiten« definierten Status reklamierte, die die Untrennbarkeit der Variationen im Gegensatz zu den Mannigfaltigkeiten von Raum, Zahl und Zeit ausdrückte, die die Mischungen bestimmten und auf die Variable oder auf die unabhängigen Variablen verwiesen.[9] Freilich ist ebendieser Gegensatz zwischen wissenschaftlichen und philosophischen, diskursiven und intuitiven, extensionalen und intensiven Mannigfaltigkeiten dazu angetan, auch über das Verhältnis zwischen Wissenschaft und Philosophie, über ihre mögliche Zusammenarbeit, ihre wechselseitigen Anleihen zu urteilen.

Es gibt schließlich einen dritten großen Unterschied, der nicht mehr die jeweilige Voraussetzung noch das Element als Begriff oder Funktion betrifft, sondern den *Äußerungsmodus*. Gewiß gibt es in der Philosophie ebensoviel Experimentelles – als Denkerfahrung – wie in der Wissenschaft, und in beiden Fällen kann die Erfahrung verstörend, in der Nähe des Chaos angesiedelt sein. Es gibt aber auch in der Wissenschaft ebensoviel Schöpferisches wie in der Philosophie oder in den Künsten. Keine Schöpfung existiert ohne Experiment. Was immer die Unterschiede zwischen der wissenschaftlichen Sprache, der philosophischen Sprache und ihren Beziehungen zu den sogenannten natürlichen Sprachen sein

---

9 Die Theorie der beiden Arten von »Mannigfaltigkeiten« erscheint bei Bergson schon im *Essai sur les données immédiates de la conscience*, Kap. 2 (dt.: *Zeit und Freiheit*, Meisenheim 1949): Die Mannigfaltigkeiten des Bewußtseins werden durch »Verschmelzung«, »Durchdringung« definiert, welche Terme man ebenso bei Husserl von der *Philosophie der Arithmetik* an findet. In dieser Hinsicht ähneln sich beide Autoren in höchstem Maße. Bergson wird den Gegenstand der Wissenschaft unablässig durch Raum-Zeit-Gemenge definieren, er wird ihren wesentlichen Akt durch ihre Neigung definieren, die Zeit als »unabhängige Variable« zu begreifen, während die Dauer am anderen Pol alle Variationen durchläuft.

mögen, so sind die Funktive (die Koordinatenachsen eingeschlossen) ebensowenig fertig vorgegeben wie die Begriffe; Granger konnte zeigen, daß »Stile«, die auf Eigennamen verweisen, in den wissenschaftlichen Systemen nicht als extrinsische Bestimmung existierten, sondern zumindest als Dimension ihrer Erschaffung und sogar in Kontakt mit einer experimentellen Erfahrung oder einem Erlebnis.[10] Die Koordinaten, die Funktionen und Gleichungen, die Gesetze, die Phänomene oder Wirkungen bleiben an Eigennamen gebunden, wie eine Krankheit auch weiterhin mit dem Namen des Arztes bezeichnet wird, der einstmals deren variable Zeichen zu isolieren, zusammenzufassen oder neu zu ordnen vermochte. Sehen, sehen, was geschieht – das hatte stets eine wesentliche und noch größere Bedeutung als die Beweisführungen, selbst in der reinen Mathematik, die durchaus visuell, figural genannt werden kann, unabhängig von ihren Anwendungen: Viele Mathematiker glauben heute, daß ein Computer wertvoller ist als eine Axiomatik und daß das Studium nicht-linearer Funktionen über Langsamkeiten und Beschleunigungen in beobachtbaren Zahlenreihen verläuft. Die Tatsache, daß die Wissenschaft diskursiv ist, bedeutet keineswegs, daß sie deduktiv ist. Im Gegenteil, in ihren Verzweigungen widerfahren ihr ebenso viele Katastrophen, Brüche und Neuverkettungen, die von den Eigennamen markiert werden. Wenn die Wissenschaft einen untilgbaren Unterschied gegenüber der Philosophie bewahrt, so deshalb, weil die Eigennamen in dem einen Fall eine referentielle Reihung und im anderen Fall eine blattartige Schichtung kennzeichnen: Sie stehen einander in allen Merkmalen der Referenz und der Konsistenz gegenüber. Aber Philosophie und Wissenschaft enthalten auf beiden Seiten (wie die Kunst selbst mit ihrer dritten Seite) ein *Ich weiß nicht*, das positiv und schöpferisch, zur Bedingung der Schöpfung selbst ge-

---

10 G.-G. Granger, *Essai d'une philosophie du style*, Paris 1968, S. 10f., 102-105.

worden ist und darin besteht, dasjenige zu bestimmen, *wodurch* man nicht weiß – wie Galois sagte: »den Gang der Berechnungen anzeigen und die Ergebnisse vorhersehen, ohne sie jemals ausführen zu können«.[11]

Wir werden darum auf einen weiteren Aspekt der Äußerung verwiesen, der nicht mehr dem Eigennamen eines Wissenschaftlers oder Philosophen gilt, sondern ihren idealen Fürsprechern im Innern der betrachteten Gebiete: Wir haben weiter oben die philosophische Rolle der *Begriffspersonen* im Verhältnis zu den fragmentarischen Begriffen auf einer Immenenzebene gesehen, nun aber läßt die Wissenschaft *Partialbeobachter* im Verhältnis zu den Funktionen in den Referenzsystemen erscheinen. Daß es keinen Totalbeobachter gibt, wie es der Laplacesche »Dämon« wäre, der Zukunft wie Vergangenheit ausgehend von einem gegebenen Sachverhalt zu berechnen vermag, bedeutet nur, daß Gott ebensowenig wissenschaftlicher Beobachter wie philosophische Person ist. Der Name »Dämon« aber bleibt in der Philosophie wie in der Wissenschaft ein vortreffliches Mittel, das nicht nur etwas anzeigt, was unsere Möglichkeiten übersteigen würde, sondern auch eine gemeinsame Gattung jener notwendigen Fürsprecher als jeweilige »Subjekte« der Äußerung: Der philosophische Freund, der Bewerber, der Idiot, der Übermensch etc. sind ebenso Dämonen wie der Maxwellsche Dämon, Einsteins oder Heisenbergs Beobachter. Die Frage bezieht sich nicht darauf, was sie können oder nicht können, sondern auf die Art und Weise, wie sie aus der Sicht des Begriffs oder der Funktion ganz und gar positiv sind, und zwar selbst noch bezüglich dessen, was sie nicht wissen oder nicht können. In jedem der beiden Fälle ist die Varietät unermeßlich, reicht aber nicht hin, den Wesensunterschied der beiden großen Typen vergessen zu machen.

---

11 Vgl. die großartigen Texte von Galois über die mathematische Aussage: André Dalmas, *Evariste Galois. Révolutionnaire et géomètre*, Paris 1956, S. 117-132.

Um zu begreifen, was die Partialbeobachter sind, die sich über alle Wissenschaften und alle Referenzsysteme hinweg niederlassen, muß man vermeiden, ihnen die Rolle einer Grenze der Erkenntnis oder einer Subjektivität der Äußerung zuzuweisen. Man konnte bemerken, wie die kartesianischen Koordinaten die Punkte nahe dem Ursprung privilegierten, während die Koordinaten der projektiven Geometrie ein »endliches Bild aller Werte der Variablen und der Funktion« gaben. Die Perspektive jedoch bindet einen Partialbeobachter als Auge an die Spitze eines Kegels und erfaßt folglich Umrisse, ohne die Profile oder die Qualität der Oberfläche zu erfassen, die auf eine andere Beobachterposition verweisen. In der Regel ist der Beobachter weder unzulänglich noch subjektiv: Selbst in der Quantenphysik drückt der Heisenbergsche Dämon nicht die Unmöglichkeit einer gleichzeitigen Messung von Geschwindigkeit und Position eines Teilchens aus, und zwar unter dem Vorwand einer subjektiven Interferenz zwischen Messung und Gemessenem, er mißt vielmehr exakt einen objektiven Sachverhalt, der die jeweilige Position zweier seiner Teilchen zueinander aus seinem Aktualisierungsfeld ausschließt, wobei die Zahl von unabhängigen Variablen reduziert ist und die Werte der Koordinaten sogar Wahrscheinlichkeit besitzen. Die subjektivistischen Interpretationen der Thermodynamik, der Relativität, der Quantenphysik legen gleiche Unzulänglichkeiten an den Tag. Der wissenschaftliche Perspektivismus oder Subjektivismus ist niemals relativ zu einem Subjekt: Er bildet keine Relativität des Wahren, sondern im Gegenteil eine Wahrheit des Relativen, das heißt der Variablen, deren Fälle er nach den Werten ordnet, die er in seinem Koordinatensystem aus ihnen herausholt (so etwa die Ordnung der Kegelformen nach den Schnitten des Kegels, dessen Spitze vom Auge besetzt wird). Und mit Sicherheit holt ein wohldefinierter Beobachter all das heraus, was er herausholen kann, all das, was im korrespondierenden System herausgeholt werden kann. Kurz, die Rolle eines Partialbeobachters besteht im *Wahrnehmen* und *Empfinden*, obwohl diese Wahrnehmungen und Affektionen nicht die eines Menschen im gewöhnlichen Sinne sind, sondern zu den Dingen gehören, die er untersucht. Der Mensch spürt nichtsdestoweniger deren Wirkung (welcher Mathematiker empfindet nicht ganz und gar die Wirkung eines Schnitts, einer Ablation, einer Adjunktion), aber er empfängt diese Wirkung nur vom idealen Beobachter, den er selbst als einen Golem im Referenzsystem installiert hat. Diese Partialbeobachter sind in der Nachbarschaft der Singularitäten einer Kurve, eines physikalischen Systems, eines lebenden Organismus angesiedelt; und selbst der Animismus steht der biologischen Wissenschaft näher, als man meint, wenn er die den Organen und Funktionen innewohnenden kleinen Seelen vervielfältigt, vorausgesetzt, er entzieht ihnen jegliche aktive oder wirksame Rolle, um aus ihnen bloß molekulare Wahrnehmungs- und Affektionsbrennpunkte zu machen: Die Körper sind auf diese Weise von einer Unendlichkeit kleiner Monaden bevölkert. Man wird das Gebiet des von einem Partialbeobachter aufgefaßten Sachverhalts oder Körpers einen Lageort nennen. Die Partialbeobachter sind Kräfte, die Kraft ist aber nicht das Agierende, sie ist vielmehr, wie Nietzsche und Leibniz wußten, das Wahrnehmende und Empfindende.

Es gibt Beobachter überall dort, wo rein funktionale Erkenntnis- oder Selektionseigenschaften erscheinen, ohne unmittelbare Einwirkung: so etwa in der gesamten Molekularbiologie, in der Immunologie oder bei den allosterischen Enzymen.[12] Schon Maxwell nahm einen Dämon an, der in einem Gemisch die langsamen und schnellen Moleküle, die

---

12 Jacques Monod, *Zufall und Notwendigkeit*, München 1971, S. 97 f.: Die »allosterischen Wechselwirkungen« sind »indirekt und nur auf die unterschiedlichen stereospezifischen Erkennungseigenschaften des Proteins in den zwei (oder mehr) ihnen zugänglichen Zuständen zurückzuführen.« Ein molekularer Erkenntnisprozeß kann ganz verschiedene Mechanismen, Schwellen, Lageorte und Beobachter eingreifen lassen, wie im männlich-weiblichen Erkennen bei den Pflanzen.

Moleküle mit hoher oder schwacher Energie zu unterscheiden vermochte. Freilich würde innerhalb eines Systems im Gleichgewichtszustand dieser mit dem Gas assoziierte Maxwellsche Dämon notwendig von einem Schwindelgefühl affiziert werden; er kann dennoch für lange Zeit in einem metastabilen enzymnahen Zustand verbleiben. Die Teilchenphysik bedarf zahlloser unendlich subtiler Beobachter. Man kann sich Beobachter vorstellen, deren Lageort um so kleiner ist, als der Sachverhalt Koordinatenveränderungen durchläuft. Schließlich *sind die idealen Partialbeobachter die spürbaren Perzeptionen oder Affektionen der Funktive selbst.* Sogar die geometrischen Figuren haben Affektionen und Wahrnehmungen (Pathemata und Symptome, sagte Proclus), ohne die die einfachsten Probleme unverständlich blieben. Die Partialbeobachter sind *Sensibilia*, die die Funktive verdoppeln. Anstatt sinnliche und wissenschaftliche Erkenntnis gegeneinanderzustellen, muß man diese Sensibilia freilegen, die die Koordinatensysteme bevölkern und der Wissenschaft eigentümlich sind. Russell tat nichts anderes, als er jene völlig subjektivitätslosen Qualitäten darstellte, jene sensorischen Gegebenheiten, die sich von jeglicher Empfindung unterscheiden, jene in den Sachverhalten errichteten Lageorte, leeren Perspektiven, die den Dingen selbst zugehören, kontrahierten Raum-Zeit-Stücke, die der Gesamtheit oder den Teilen einer Funktion entsprechen. Er vergleicht sie mit Apparaten und Instrumenten, mit dem Interferometer von Michaelson oder noch einfacher mit einer photographischen Platte, einer Kamera, einem Spiegel, die das einfangen, was niemand – weil abwesend – sehen kann, und jene ungefühlten Sensibilia aufblitzen lassen.[13] Diese Sensibilia aber werden keineswegs durch die Instrumente definiert, da diese ja einen realen Beobachter verlangen, der nachsehen wird, vielmehr setzen die Instrumente den idealen Partialbeobachter

---

13 Bertrand Russell, »The relation of sense-data to physics«, *Mysticism and logic*, Baltimore 1953.

voraus, der am richtigen Standort in den Dingen situiert ist: Der nicht-subjektive Beobachter ist exakt das Sinnliche, das (bisweilen tausendfältig) jeweils wissenschaftlich bestimmte Sachverhalte, Dinge oder Körper qualifiziert.

Die Begriffspersonen ihrerseits sind die philosophischen Sensibilia, die Wahrnehmungen und Affektionen der fragmentarischen Begriffe selbst: Durch sie werden die Begriffe nicht nur gedacht, sondern wahrgenommen und empfunden. Man kann sich indessen nicht mit der Feststellung begnügen, daß sie sich von den wissenschaftlichen Beobachtern unterscheiden wie die Begriffe von den Funktiven, da sie dann keinerlei zusätzliche Bestimmung mit sich bringen würden: Die beiden Träger der Äußerung müssen sich nicht nur im Wahrgenommenen, sondern auch im Wahrnehmungsmodus (der in beiden Fällen nicht-natürlich ist) unterscheiden. Es reicht nicht hin, wenn man mit Bergson den wissenschaftlichen Beobachter (etwa den in einer Kanonenkugel sitzenden Reisenden der Relativität) mit einem bloßen *Symbol* gleichsetzt, das die Zustände von Variablen kennzeichnen würde, während die philosophische Person das Privileg des *Erlebens* (eines Wesens, das der Dauer unterliegt) besäße, weil es die Variationen selbst duchlaufen würde.[14] Der eine ist nicht weniger erlebt als die andere symbolisch. In beiden Fällen gibt es ideale Wahrnehmung und Affektion, allerdings sehr unterschiedlicher Art. Die Begriffspersonen stehen immer und schon am Horizont und werden vor dem Hintergrund einer unendlichen Geschwindigkeit wirksam, wobei die anergetischen Unterschiede zwischen dem Schnellen und dem Langsamen bloß von den Oberflächen herrühren, die sie überfliegen, oder von den Komponenten, die sie in einem

---

14 In seinem gesamten Werk stellt Bergson dem wissenschaftlichen Beobachter die philosophische Person gegenüber, die die Dauer »durchläuft«; und er versucht vor allem zu zeigen, daß ersterer die letztere voraussetzt, und zwar nicht nur in der Newtonschen Physik (*Zeit und Freiheit*, Kap. 3), sondern auch in der Relativitätstheorie (*Durée et simultanéité*, Paris [7]1968).

einzigen Augenblick durchlaufen; deshalb übermittelt die Wahrnehmung hier auch keine Information, sondern umschreibt einen (sympathischen oder antipathischen) Affekt. Demgegenüber sind die wissenschaftlichen Beobachter Standpunkte in den Dingen selbst, die eine Eichung von Horizonten und eine Abfolge von Bildeinstellungen vor dem Hintergrund von Verzögerungen und Beschleunigungen voraussetzen: Die Affekte werden hier energetische Beziehungen und die Wahrnehmung selbst eine Informationsquantität. Wir können diese Bestimmungen kaum entwikkeln, weil sich der Status reiner Perzepte und Affekte noch unserer Kenntnis entzieht, sofern er auf die Existenz der Künste verweist. Aber gerade die Tatsache, daß es spezifisch philosophische und spezifisch wissenschaftliche Wahrnehmungen und Affektionen gibt, kurz, daß es Begriffs- und Funktionssensibilia gibt, zeigt bereits die Grundlage einer Beziehung zwischen Wissenschaft und Philosophie einerseits, Kunst andererseits an, und zwar derart, daß sich von einer Funktion oder einem Begriff sagen läßt, sie seien schön. Die speziellen Wahrnehmungen und Affektionen der Philosophie oder der Wissenschaft werden sich notwendig an die Perzepte und Affekte der Kunst heften, die der Wissenschaft ebenso wie die der Philosophie.
Was die unmittelbare Gegenüberstellung von Wissenschaft und Philosophie betrifft, so ergibt sie sich in drei wesentlichen Leitgegensätzen, die die Funktivreihen einerseits, die Begriffszugehörigkeiten andererseits umfassen. Zunächst das Referenzsystem und die Immanenzebene; dann die unabhängigen Variablen und die untrennbaren Variationen; schließlich die Partialbeobachter und die Begriffspersonen. Dies sind zwei Typen von Mannigfaltigkeit. Eine Funktion kann gegeben sein, ohne daß der Begriff selbst gegeben ist, obwohl er gegeben sein kann und muß; eine Raumfunktion kann gegeben sein, ohne daß wiederum der Begriff dieses Raums gegeben ist. Die wissenschaftliche Funktion bestimmt einen Sachverhalt, ein Ding oder einen Körper, die

das Virtuelle auf einer Referenzebene und in einem Koordinatensystem aktualisieren; der philosophische Begriff drückt ein Ereignis aus, das dem Virtuellen eine Konsistenz auf einer Immanenzebene und in einer geordneten Form verleiht. Das jeweilige kreative Feld ist also in den beiden Fällen mit ganz verschiedenen Entitäten angefüllt, die aber nichtsdestoweniger eine gewisse Analogie in ihren Aufgaben an den Tag legen: In der Wissenschaft wie in der Philosophie besteht ein *Problem* nicht in der Antwort auf eine Frage, sondern – mit Hilfe eines höheren »Geschmacks« als Problem-Vermögen – in der Adaption oder Koadaption der entsprechenden Elemente, die gerade bestimmt werden (etwa in der Wissenschaft: die Wahl der richtigen unabhängigen Variablen; die Einrichtung des Partialbeobachters, der für eine derartige Reichweite ergiebig ist; die Konstruktion der besten Koordinaten einer Gleichung oder einer Funktion). Diese Analogie erzwingt noch zwei weitere Aufgaben. Wie lassen sich die praktischen Übergänge zwischen den beiden Problemarten begreifen? In theoretischer Hinsicht aber vor allem: Verhindern die Leitgegensätze jede Vereinheitlichung und sogar jede Reduktion der Begriffe auf Funktive und umgekehrt? Und wie läßt sich, wenn jegliche Reduktion unmöglich ist, eine Menge von positiven Beziehungen zwischen den beiden denken?

6. Prospekte und Begriffe

Die Logik ist reduktionistisch, und zwar nicht zufällig, sondern wesentlich und notwendig: Sie möchte aus dem Begriff eine Funktion nach dem von Frege und Russell eingeschlagenen Weg machen. Dazu muß aber die Funktion zunächst nicht nur in einer mathematischen oder wissenschaftlichen Proposition definiert werden, sondern auch eine allgemeinere propositionale Ordnung als Ausgedrücktes der Sätze einer natürlichen Sprache kennzeichnen. Man muß also einen neuen, spezifisch logischen Funktionstyp erfinden. Die propositionale Funktion »x ist menschlich« markiert sehr wohl die Stellung einer unabhängigen Variablen, die nicht zur Funktion als solcher gehört, ohne die aber die Funktion unvollständig ist. Die vollständige Funktion besteht aus einem oder mehreren »geordneten Paaren«. Dies ist ein Abhängigkeits- oder Korrespondenzverhältnis (notwendiger Proportion), das die Funktion definiert, so daß »menschlich sein« nicht einmal die Funktion, sondern der Wert von f(a) für eine Variable x ist. Es ist nicht weiter wichtig, daß die meisten Propositionen mehrere unabhängige Variablen besitzen; und selbst daß der Begriff der Variablen, sofern er an eine unbestimmte Zahl gebunden ist, durch den des Arguments ersetzt wird, der eine disjunktive Assumption innerhalb bestimmter Grenzen oder eines Intervalls impliziert. Das Verhältnis zur Variablen oder zum Argument unabhängig von der propositionalen Funktion definiert die *Referenz* der Proposition oder den Wahrheitswert (»wahr« und »falsch«) der Funktion für das Argument: Hans ist ein Mensch, aber Bill ist eine Katze... Die Menge der Wahrheitswerte einer Funktion, die wahre affirmative Propositionen bestimmen, bildet die *Extension* eines Begriffs: Die Gegenstände des Begriffs besetzen den Platz der Variablen oder Argumente der propositionalen Funktion, für die die Proposition wahr oder ihre Referenz erfüllt ist. Der Begriff

selbst ist damit Funktion für die Menge der Gegenstände, die seine Extension bilden. Jeder vollständige Begriff ist eine Menge in diesem Sinne und hat eine bestimmte Zahl; die Gegenstände des Begriffs sind die *Elemente* der Menge.[1]
Freilich müssen die Bedingungen der Referenz festgelegt werden, die die Grenzen oder Intervalle vorgeben, innerhalb deren eine Variable in eine wahre Proposition einrückt: X ist ein Mensch, Hans ist ein Mensch, weil er das getan hat, weil er sich so zeigt... Derartige Referenzbedingungen bilden nicht den Inhalt, sondern die Intension des Begriffs. Sie sind logische Darstellungen oder Beschreibungen, Intervalle, Potentiale oder »mögliche Welten«, wie die Logiker sagen, Koordinatenachsen, Sachverhalte oder Situationen, *Teilmengen* des Begriffs: der Abendstern und der Morgenstern. So hat etwa ein Begriff mit einem Element, der Begriff Napoleon I., die Intensionen »Sieger von Jena«, »Verlierer von Waterloo«... Man sieht recht gut, daß keinerlei Wesensunterschied hier Intension und Extension voneinander trennt, da sich beide auf die Referenz beziehen, wobei die Intension nur Referenzbedingung ist und eine Endo-Referenz der Proposition bildet, die Extension die Exo-Referenz ausmacht. Man kann die Referenz nicht im Rückgriff auf ihre Bedingung hinter sich lassen; man verbleibt innerhalb der Extensionalität. Die Frage lautet vielmehr, wie man im Durchgang durch diese intensionalen Darstellungen zu einer eindeutigen

---

1 Vgl. Russell, *Principles of Mathematics*, Cambridge 1903, vor allem A., und Gottlob Frege, *Grundlagen der Arithmetik. Eine logisch-mathematische Untersuchung über den Begriff der Zahl*, Breslau 1884 (Nachdruck Darmstadt und Hildesheim 1964), § 48 und 54; *Funktion, Begriff, Bedeutung. Fünf logische Untersuchungen*, Göttingen ²1966, vor allem »Funktion und Begriff«, »Über Begriff und Gegenstand«, und zur Kritik der Variablen »Was ist eine Funktion?«. Vgl. die Kommentare von Claude Imbert in den französischen Ausgaben dieser beiden Bücher von Frege (*Les fondements de l'arithmétique*, Paris 1970; *Écrits logiques et philosophiques*, Paris 1971) und Philippe Rouilhan, *Frege, les Paradoxes de la représentation*, Paris 1988.

Bestimmung der Gegenstände oder Elemente des Begriffs, der propositionalen Variablen, der Argumente der Funktion vom Standpunkt der Exo-Referenz (oder der Vorstellung) her gelangt: Dies ist das Problem des Eigennamens und die Sache einer logischen Identifikation oder Individuation, die uns von den Sachverhalten zum Ding oder Körper (Gegenstand) übergehen läßt, und zwar durch Quantifizierungsverfahren, die ebensogut die Zuschreibung der wesentlichen Prädikate des Dings ermöglichen wie das, was schließlich die *Komprehension* des Begriffs bildet. Die Venus (der Abendstern und der Morgenstern) ist ein Planet, dessen Umlaufzeit unterhalb der der Erde liegt... »Sieger von Jena« ist eine Beschreibung oder Darstellung, während »General« ein Prädikat von Bonaparte, »Kaiser« ein Prädikat von Napoleon ist, obwohl es Beschreibungen sind, wenn man General genannt oder zum Kaiser gekrönt wird. Der »propositionale Begriff« bewegt sich also gänzlich im Zirkel der Referenz, insofern er eine Logifizierung der Funktive vollzieht, die damit die Prospekte einer Proposition werden (Übergang von der wissenschaftlichen Proposition zur logischen Proposition).

Die Sätze haben keine Autoreferenz, wie es das Paradox von »ich lüge« zeigt. Selbst die Performative sind nicht autoreferentiell, sondern implizieren eine Exo-Referenz der Proposition (die Handlung, die konventionell mit ihr verbunden ist und mit der Äußerung der Proposition vollzogen wird) und eine Endo-Referenz (der Titel oder Sachverhalt, durch den man ermächtigt ist, die Aussage zu formulieren: Beispielsweise ist die Intension des Begriffs in der Aussage »ich schwöre« ein Zeuge vor Gericht, ein Kind, dem man Vorwürfe macht, ein Liebender, der sich erklärt, usw.).[2] Wenn man dagegen dem Satz eine Auto-Konsistenz zuschreibt, so

---

[2] Oswald Ducrot hat den autoreferentiellen Charakter kritisiert, den man den performativen Aussagen zuschreibt (etwa wenn man sagt: ich schwöre, ich verspreche, ich befehle...): *Dire et ne pas dire. Principes de sémantique linguistique*, Paris ³1991, S. 72 ff.

kann diese nur in der formalen Widerspruchsfreiheit der Proposition oder der Propositionen untereinander liegen. Das aber heißt, daß die Propositionen in materialer Hinsicht weder Endo-Konsistenz noch Exo-Konsistenz besitzen. In dem Maße, wie eine Kardinalzahl zum propositionalen Begriff gehört, benötigt die Logik der Propositionen einen wissenschaftlichen Beweis für die Konsistenz der Arithmetik der ganzen Zahlen, ausgehend von Axiomen; nun kann aber nach den beiden Aspekten des Gödelschen Theorems der Konsistenzbeweis der Arithmetik nicht innerhalb des Systems repräsentiert werden (es gibt keine Endo-Konsistenz), und das System trifft notwendigerweise auf wahre Aussagen, die dennoch nicht beweisbar sind und unentscheidbar bleiben (es gibt keine Exo-Konsistenz, oder das konsistente System kann nicht vollständig sein). Kurz, *der Begriff verliert, indem er propositional wird, alle Merkmale, die er als philosophischer Begriff besaß*, seine Auto-Referenz, seine Endo-Konsistenz und seine Exo-Konsistenz. Das rührt daher, daß eine Unabhängigkeitsordnung die der Untrennbarkeit ersetzt hat (Unabhängigkeit der Variablen, der Axiome und der unentscheidbaren Propositionen). Selbst die möglichen Welten als Referenzbedingungen sind vom Begriff des Anderen abgeschnitten, der ihnen Konsistenz verleihen würde (so daß die Logik seltsam machtlos vor dem Solipsismus steht). Der Begriff überhaupt hat keine Ziffer mehr, sondern eine arithmetische Zahl; das Unentscheidbare markiert nicht mehr die Untrennbarkeit der intensionalen Komponenten (Ununterscheidbarkeitszone), sondern im Gegenteil die Notwendigkeit ihrer Unterscheidung gemäß dem Anspruch der Referenz, die jegliche Konsistenz (die Auto-Konsistenz) »ungewiß« macht. Die Zahl selbst markiert ein allgemeines Sonderungsprinzip: »der Begriff *Buchstabe des Worts Zahl** sondert Z von a, a von h, usw.«. Die Funktionen beziehen ihr ganzes Vermögen aus der Referenz, sei es auf Sachverhalte, auf Dinge, auf andere Propositionen: Es ist verhängnisvoll, daß die Reduktion des Begriffs auf die Funk-

tion diesen aller seiner eigentümlichen Merkmale beraubt, die auf eine andere Dimension verwiesen.
Die Referenzakte sind endliche Bewegungen des Denkens, mit denen die Wissenschaft Sachverhalte und Körper konstituiert oder modifiziert. Ebenso kann man sagen, daß der geschichtliche Mensch derartige Modifikationen vollzieht, unter Bedingungen allerdings, die die des Erlebens sind, in dem die Funktive durch Wahrnehmungen, Affektionen und Handlungen ersetzt werden. Das gleiche gilt nicht mehr für die Logik: Da sie die leere Referenz an sich als bloßen Wahrheitswert betrachtet, kann sie sie nur auf Sachverhalte und bereits gebildete Körper anwenden, sei es in gültigen Propositionen der Wissenschaft, sei es in faktischen Propositionen (Napoleon ist der Verlierer von Waterloo), sei es in bloßen Meinungen (»X glaubt, daß ...«). Alle diese Propositionstypen sind *Prospekte* mit Informationswert. Die Logik hat also ein Paradigma, sie ist sogar der dritte Fall eines Paradigmas, der nicht mehr der der Religion oder der Wissenschaft ist, der gleichsam die *Rekognition des Wahren* in den Prospekten oder den informativen Propositionen ist. Der wissenschaftliche Ausdruck »Meta-Mathematik« zeigt recht gut den Übergang von der wissenschaftlichen Aussage zur logischen Proposition unter einer Rekognitionsform. Die Projektion dieses Paradigmas bewirkt, daß die logischen Begriffe ihrerseits nur Figuren sind und die Logik eine Ideographie ist. Die Logik der Propositionen benötigt eine Projektionsmethode, und das Gödelsche Theorem selbst erfindet ein projektives Modell.[3] Dies ist gleichsam eine geregelte, schiefe Deformation der Referenz im Verhältnis zu ihrem wissenschaftlichen Status. Die Logik scheint sich auf ewig mit der komplexen Frage ihres Unterschieds zur Psychologie herumzuschlagen; man billigt ihr jedoch mühelos zu, daß sie ein

---

[3] Zur Projektion und der Gödelschen Methode vgl. Ernest Nagel und James R. Newman, *Der Gödelsche Beweis*, München und Wien ²1979, S. 59-68.

rechtmäßiges Bild des Denkens, das keineswegs psychologisch ist (ohne deswegen normativ zu sein) zum Modell erhebt. Die Frage liegt eher im Wert dieses rechtmäßigen Bildes und in dem, was es uns vorgeblich über die Mechanismen eines reinen Denkens beibringt.

Von allen – selbst endlichen – Bewegungen des Denkens ist die Form der Rekognition gewiß diejenige, die am wenigsten weit reicht, die armseligste und kindischste. Zu allen Zeiten war die Philosophie jener Gefahr ausgesetzt: das Denken an so uninteressanten Vorfällen zu messen wie demjenigen, »Guten Tag, Theodoros« zu sagen, wenn Theaitetes vorbeigeht; das klassische Bild des Denkens war nicht gegen diese Abenteuer gefeit, die mit der Rekognition des Wahren zusammenhängen. Mit Mühe wird man glauben, daß die Probleme des Denkens – in der Wissenschaft ebenso wie in der Philosophie – von derartigen Fällen betroffen sind: Ein Problem als gedankliche Schöpfung hat nichts mit einem Abfragen zu tun, das nur eine aufgeschobene Proposition ist, der blutleere Doppelgänger einer affirmativen Proposition, die der Frage als Antwort dienen soll (»wer ist der Autor von *Waverley*?«, »ist Scott der Autor von *Waverley*?«). Die Logik wird stets von sich selbst besiegt, das heißt von der Bedeutungslosigkeit der Fälle, von denen sie sich nährt. In ihrem Verlangen, die Philosophie zu verdrängen, entreißt die Logik die Proposition all ihren psychologischen Dimensionen, bewahrt aber um so mehr die Gesamtheit der Postulate, die das Denken auf die Zwänge einer Rekognition des Wahren in der Proposition begrenzte und es ihnen unterwarf.[4] Und wenn sich die Logik an ein Kalkül von Problemen wagt, so in der Weise, daß sie es vom Kalkül der Propositionen, isomorph mit ihm, abpaust. Man könnte sagen: weniger ein

---

4 Zur Konzeption des Fragesatzes bei Frege vgl. *Logische Untersuchungen*, Göttingen 1966, S. 35. Ebenso zu den drei Elementen: Fassen des Gedankens oder Denken; Anerkennung (Rekognition) der Wahrheit eines Gedankens oder Urteil; Kundgebung des Urteils oder Behauptung. Ebenso Russell, *Principles of mathematics*, a. a. O., § 477.

Schach- oder Sprachspiel als ein Spiel für ein Fernsehquiz. Aber die Probleme sind niemals propositional.
Eher als eine Verkettung von Propositionen sollte man besser den Strom des inneren Monologs oder die seltsamen Verzweigungen der gewöhnlichsten Unterhaltung freilegen, indem man gerade auch sie von ihrem psychologischen und soziologischen Ballast losmacht, um zeigen zu können, wie das Denken etwas *Interessantes* erzeugt, wenn es Zugang zur unendlichen Bewegung erlangt, die es vom Wahren als einem unterstellten Paradigma befreit und eine immanente Schöpfungskraft zurückgewinnt. Zu diesem Zweck aber müßte das Denken ins Innere der wissenschaftlichen Sachverhalte oder Körper, die sich gerade bilden, aufsteigen, um in die Konsistenz einzudringen, das heißt in die Sphäre des Virtuellen, das sich in ihnen bloß aktualisiert. *Es müßte den Weg zurückgehen, den die Wissenschaft herabsteigt* und an dessen Fuß die Logik ihre Lager aufschlägt. (Dasselbe gilt für die Geschichte, bei der man das nicht-historische Gewölk erreichen müßte, das die aktuellen Faktoren zugunsten einer Schöpfung des Neuen übersteigt.) Aber gerade diese Sphäre des Virtuellen, dieses Natur-Denken, kann die Logik, einem berühmten Wort zufolge, nur *zeigen*, ohne es jemals in Propositionen fassen und auf eine Referenz beziehen zu können. Die Logik schweigt dann, und sie ist interessant nur, wenn sie schweigt. Paradigma um Paradigma kehrt sie zu einer Art Zen-Buddhismus zurück.
Indem sie die Begriffe mit Funktionen verwechselt, tut sie so, als ob sich die Wissenschaft bereits mit Begriffen beschäftigte oder Begriffe erster Ordnung bildete. Sie selbst aber muß die wissenschaftlichen Funktionen um logische Funktionen verdoppeln, die eine neue Klasse von rein logischen Begriffen oder Begriffen zweiter Ordnung bilden sollen. In ihrer Rivalität oder ihrem Willen, die Philosophie zu verdrängen, wird die Logik von einem regelrechten Haß getrieben. Sie tötet den Begriff zweimal. Der Begriff jedoch ersteht von neuem, weil er keine wissenschaftliche Funktion und weil er keine

logische Proposition ist: Er gehört zu keinem diskursiven System, hat keine Referenz. Der Begriff zeigt sich [se montre], er tut nichts anderes, zeigt sich ausschließlich. In der Tat sind die Begriffe Ungeheuer [monstres], die aus ihren Trümmern wiedererstehen.

Die Logik selbst läßt zuweilen die philosophischen Begriffe wiedererstehen, aber in welcher Form und in welchem Zustand? Da die Begriffe allgemein einen pseudorigorosen Status in den wissenschaftlichen und logischen Funktionen angenommen haben, erbt die Philosophie *Begriffe dritter Ordnung*, die der Zahl entrinnen und keine wohldefinierten, wohlbegrenzten Mengen mehr bilden, die sich auf Mischungen beziehen lassen, die man als physikalisch-mathematische Sachverhalte festlegen kann. Sie sind eher unbestimmte oder unscharfe Mengen, bloße Aggregate von Wahrnehmungen und Affektionen, die sich als subjekt- und bewußtseinsimmanente im Erleben bilden. Sie sind qualitative oder intensive Mannigfaltigkeiten wie das »Rote«, das »Kahle«, bei denen sich nicht entscheiden läßt, ob manche Elemente zur Menge gehören oder nicht. Diese erlebten Mengen drücken sich in einer dritten Art von Prospekten aus, nicht mehr in wissenschaftlichen Aussagen oder logischen Propositionen, sondern in reinen und bloßen Meinungen des Subjekts, in subjektiven Wertungen oder Geschmacksurteilen: Das ist schon rot, er ist fast kahl... Doch selbst für einen Feind der Philosophie sind es nicht diese empirischen Urteile, in denen man unmittelbar das Refugium der philosophischen Begriffe findet. Man muß Funktionen herausarbeiten, für die diese unscharfen Mengen, diese erlebten Inhalte bloß die Variablen sind. Und an diesem Punkt stehen wir vor einer Alternative: *Entweder* wird es gelingen, für diese Variablen wissenschaftliche oder logische Funktionen zu rekonstituieren, die den Rekurs auf philosophische Begriffe definitiv überflüssig machen werden[5]; *oder* man wird einen neuen, spezifisch philo-

---

[5] Man führt etwa Wahrheitsgrade zwischen wahr und falsch (1 und 0) ein,

sophischen Funktionstyp erfinden müssen, einen dritten Bereich, in dem sich alles seltsam zu verkehren scheint, da er die beiden anderen wird tragen müssen.

Wenn die Welt des Erlebens gleichsam der Boden ist, der die Wissenschaft und die Logik der Sachverhalte begründen oder tragen muß, so ist es klar, daß von den scheinbar philosophischen Begriffen verlangt wird, diese erste Gründung zu vollziehen. Der philosophische Begriff erfordert dann eine »Zugehörigkeit« zu einem Subjekt und nicht mehr eine Zugehörigkeit zu einer Menge. Nicht daß der philosophische Begriff mit dem bloßen Erleben zusammenfallen würde, selbst wenn es als eine verschmolzene Mannigfaltigkeit oder als ein dem Subjekt immanenter Strom definiert würde; das Erleben liefert nur Variablen, während die Begriffe noch regelrechte Funktionen begründen müssen. Diese Funktionen werden sich nur auf das Erleben beziehen, wie die wissenschaftlichen Funktionen sich auf Sachverhalte beziehen. Die philosophischen Begriffe werden Funktionen des Erlebens sein, wie die wissenschaftlichen Begriffe Funktionen von Sachverhalten sind; die Rangfolge oder die Ableitung ändern nun aber die Richtung, da jene Funktionen des Erlebens primär werden. Es ist dies eine transzendentale Logik (man kann sie auch Dialektik nennen), die sich dem Erdboden und allem anschmiegt, was er trägt, und als Urboden für die formale Logik und die abgeleiteten regionalen Wissenschaften dient. Man wird also gerade im Kern der Immanenz des Erlebens in einem Subjekt Transzendenzakte dieses Subjekts entdecken müssen, *die die neuen Variablenfunktionen oder*

die keine Wahrscheinlichkeiten darstellen, sondern eine Art Brechung der Wahrheitskämme und Falschheitstäler bewirken, so daß die unscharfen Mengen wiederum numerisch werden, allerdings in einer Bruchzahl zwischen 0 und 1. Dennoch gilt die Bedingung, daß die unscharfe Menge die Teilmenge einer normalen Menge ist und auf eine reguläre Funktion verweist. Vgl. Arnold Kaufmann, *Introduction à la théorie des sous-ensembles flous*, Paris 1975 ff. Und Pascal Engel, *La norme du vrai*, Paris 1979, der dem »Unbestimmten« ein Kapitel widmet.

die begrifflichen Referenzen zu bilden vermögen: Das Subjekt ist in diesem Sinne nicht mehr solipsistisch oder empirisch, sondern transzendental. Wir haben gesehen, daß Kant mit der Erledigung dieser Aufgabe begonnen hat, indem er zeigte, wie sich die philosophischen Begriffe notwendig auf die gelebte Erfahrung beziehen, und zwar mit Propositionen oder Urteilen a priori als Funktionen eines Ganzen der möglichen Erfahrung. Husserl aber ist es, der diesen Weg bis ans Ende geht, indem er in den nicht-numerischen Mannigfaltigkeiten oder perzeptiv-affektiven immanenten Verschmelzungsmengen die dreifache Wurzel der Transzendenzakte (Denken) entdeckt, mit denen das Subjekt zuerst eine sinnliche, mit Objekten angefüllte Welt konstituiert, dann eine intersubjektive Welt, die von anderen bevölkert ist, schließlich eine gemeinsame ideale Welt, die von den wissenschaftlichen, mathematischen und logischen Formationen erfüllt sein wird. Die zahlreichen phänomenologischen oder philosophischen Begriffe (wie »das In-der-Welt-sein«, »der Leib«, »die Idealität« usw.) werden Ausdrücke dieser Akte sein. Sie sind nicht nur Erlebnisinhalte im Innern des solipsistischen Subjekts, sondern die Referenzen des transzendentalen Subjekts auf das Erleben; sie sind nicht perzeptiv-affektive Variablen, sondern die großen Funktionen, die in diesen Variablen ihren jeweiligen Wahrheitsverlauf finden. Sie sind keine unbestimmten oder unscharfen Mengen, keine Teilmengen, sondern Totalisierungen, die alle Mächtigkeit der Mengen übersteigen. Sie sind nicht nur Urteile oder empirische Meinungen, sondern Proto-Überzeugungen, Urdoxata, *Urmeinungen als Propositionen*.[6] Sie sind nicht die sukzessiven

---

6 Zu den drei Transzendenzen, die im Immanenzfeld erscheinen, nämlich der primordinalen, der intersubjektiven und der objektiven, vgl. Husserl, *Cartesianische Meditationen*, Husserliana, Bd. 1, Den Haag 1963, insbesondere § 55-56. Zur Urdoxa: *Ideen zu einer reinen Phänomenologie und phänomenologischen Philosophie*, Husserliana, Bd. 3,1, Den Haag 1976, insbesondere § 103-104; *Erfahrung und Urteil. Untersuchungen zur Genealogie der Logik*, hg. von L. Landgrebe, Hamburg 1948.

Inhalte des Immanenzstroms, sondern die Transzendenzakte, die ihn durchqueren und mit sich reißen, indem sie die »Bedeutungen« der potentiellen Totalität des Erlebens bestimmen. Der Begriff als Bedeutung ist all das zugleich, Immanenz des Erlebnisses im Subjekt, Transzendenzakt des Subjekts im Verhältnis zu den Variationen des Erlebens, Totalisierung des Erlebens oder Funktion dieser Akte. Man könnte sagen, daß sich die philosophischen Begriffe nur dann bewahren, wenn sie akzeptieren, spezielle Funktionen zu werden, und wenn sie die Immanenz denaturieren, deren sie noch bedürfen: Da die Immanenz nur mehr die des Erlebens ist, ist sie zwangsläufig Immanenz in einem Subjekt, dessen Akte (Funktionen) die Begriffe relativ zu diesem Erleben sein werden – wie wir es entsprechend der langwierigen Denaturierung der Immanenzebene gesehen haben.

Obwohl es für die Philosophie riskant ist, vom Wohlwollen der Logiker oder von ihrer Reumütigkeit abzuhängen, kann man sich fragen, ob nicht ein labiles Gleichgewicht zwischen den wissenschaftlich-logischen Begriffen und den phänomenologisch-philosophischen Begriffen gefunden werden kann. Gilles-Gaston Granger konnte eine Aufteilung vorschlagen, in der der Begriff, der zunächst als wissenschaftliche und logische Funktion bestimmt ist, dennoch einen – allerdings autonomen – Platz dritter Ordnung freiläßt, und zwar für philosophische Funktionen, Funktionen oder Bedeutungen des Erlebens als virtueller Totalität (die unscharfen Mengen scheinen eine Scharnierrolle zwischen den beiden Begriffsformen zu spielen).[7] Die Wissenschaft hat

---

[7] G.-G. Granger, *Pour la connaissance philosophique*, Paris 1988, Kap. 6 und 7. Die Erkenntnis des philosophischen Begriffs reduziert sich zur Referenz auf das Erleben, und zwar in dem Maße, wie dieses es als »virtuelle Totalität« konstituiert: Dies impliziert ein transzendentales Subjekt, und Granger scheint dem »Virtuellen« keinen anderen Sinn als den Kantischen eines Ganzen der möglichen Erfahrung zu geben (S. 174f.). Man wird die hypothetische Rolle bemerken, die Granger den »unscharfen

sich also den Begriff angemaßt, es gibt aber dennoch nichtwissenschaftliche Begriffe, die man in homöopathischen, das heißt phänomenologischen Dosen erträgt. Daher die seltsamsten Hybriden, die man heute aus dem Frego-Husserlianismus oder gar Wittgensteino-Heideggerianismus entstehen sieht. War das nicht schon seit langem die Situation der Philosophie in Amerika, mit einem fetten Institut für Logik und einem kleinen für Phänomenologie, obwohl sich die beiden Parteien zumeist bekriegten? Es ist wie mit der Lerchenpastete, aber der Anteil an phänomenologischer Lerche ist nicht einmal der erlesenste, er ist vielmehr derjenige, den das logische Pferd[8] zuweilen der Philosophie zugesteht. Es ist eher wie beim Nashorn und dem Vogel, der von dessen Parasiten lebt.

Es besteht eine lange Reihe von Mißverständnissen über den Begriff. Freilich ist der Begriff unscharf, vage, aber nicht, weil er konturlos wäre: vielmehr weil er ruhelos, nicht-diskursiv ist und sich auf einer Immanenzebene verschiebt. Er ist intensional oder modulatorisch, nicht weil er Referenzbedingungen hat, sondern weil er aus unzertrennbaren Variationen zusammengesetzt ist, die Ununterscheidbarkeitszonen durchlaufen und dessen Umriß verändern. Er besitzt überhaupt keine Referenz, auf das Erleben genausowenig wie auf die Sachverhalte, sondern eine Konsistenz, die durch ihre internen Komponenten definiert ist: Weder Denotation eines Sachverhalts noch Bedeutung des Erlebnisses, ist der Begriff das Ereignis als reiner Sinn, der unmittelbar die Komponenten durchläuft. Es hat keine Zahl, weder eine ganze noch eine Bruchzahl, um die Dinge zu zählen, die dessen Eigenschaften darstellen, sondern eine Ziffer, die die

Begriffen« im Übergang von den wissenschaftlichen Begriffen zu den philosophischen Begriffen gibt.

8 Anspielung auf die Wendung »un cheval (et) une alouette«, die ein ungleiches Verhältnis bezeichnet: in der Lerchenpastete (pâte d'alouette) wird von den Feinkosthändlern das teure Lerchenfleisch (alouette) oft zum großen Teil durch Pferdefleisch (cheval) ersetzt. [A. d. Ü.]

Komponenten verdichtet und akkumuliert, die er durchlaufen und überflogen hat. Der Begriff ist eine Form oder eine Kraft, niemals eine Funktion in irgendeinem möglichen Sinn. Kurz, es gibt auf der Immanenzebene einen Begriff nur als philosophischen, und die wissenschaftlichen Funktionen oder die logischen Propositionen sind keine Begriffe.

Prospekte bezeichnen zunächst die Elemente der Proposition (propositionale Funktion, Variablen, Wahrheitswert...), aber auch die verschiedene Propositionenstypen oder Modalitäten des Urteils. Wenn der philosophische Begriff mit einer Funktion oder einer Proposition verwechselt wird, so wird dies nicht auf spezifisch wissenschaftliche und logische Weise geschehen, sondern durch Analogie, als eine Funktion des Erlebens oder eine Meinungsproposition (dritter Typ). Folglich muß man einen Begriff erzeugen, der dieser Situation gerecht wird: Die *Meinung* bietet eben einen gewissen Bezug zwischen einer äußeren Wahrnehmung als Zustand eines Subjekts und einer inneren Affektion als Übergang von einem Zustand zu einem anderen (Exo- und Endoreferenz). Wir gewinnen eine Qualität, die der Annahme nach mehreren von uns wahrgenommenen Objekten gemeinsam ist, und eine Affektion, die der Annahme nach mehreren Subjekten gemeinsam ist, welche sie empfinden und mit uns jene Qualität erfassen. Die Meinung ist die Korrespondenzregel zwischen beiden, *sie ist eine Funktion oder eine Proposition, deren Argumente Wahrnehmungen und Affektionen sind*, sie ist in diesem Sinne eine Funktion des Erlebens. So erfassen wir etwa eine perzeptive Qualität, die den Katzen oder Hunden gemeinsam ist, und ein gewisses Gefühl, das uns die einen oder die anderen lieben oder hassen läßt: Bei einer Gruppe von Gegenständen kann man viele verschiedene Qualitäten extrahieren und viele Gruppen von ganz verschiedenen Attraktions- oder Repulsionssubjekten bilden (»Gesellschaft« derjenigen, die die Katzen lieben, oder derjenigen, die sie verabscheuen...), so daß die Meinungen wesentlich Gegenstand eines Kampfes oder eines

Austausches sind. Das ist die populäre demokratisch-abendländische Auffassung der Philosophie, in der sich diese zu angenehmen oder kämpferischen Abendunterhaltungen bei Herrn Rorty anbietet. Meinungen rivalisieren an der Tafel des Gastmahls, ist das nicht das ewige Athen, unsere Art, noch Griechen zu sein? Die drei Merkmale, mit denen man die Philosophie auf die griechische Polis bezog, waren eben die Gesellschaft der Freunde, die Tafel der Immanenz und die aufeinanderprallenden Meinungen. Man wird einwenden, daß die griechischen Philosophen nicht müde wurden, die Doxa zu verurteilen und ihr eine Episteme als einzig angemessenes Wissen der Philosophie entgegenzusetzen. Das aber ist eine verwickelte Sache, und die Philosophen, die nur Freunde und keine Weisen sind, haben alle Mühe, die Doxa hinter sich zu lassen.

Die *Doxa* ist ein Propositionstyp, der sich folgendermaßen darstellt: Gegeben sei eine perzeptiv-affektiv erlebte Situation (man stellt zum Beispiel etwas Käse auf die Tafel des Gastmahls), wobei jemand eine reine Qualität daraus extrahiert (einen üblen Geruch etwa); sobald er aber die Qualität abstrahiert, identifiziert er sich selbst mit einem Gattungssubjekt, das eine gemeinsame Affektion empfindet (die Gesellschaft derer, die den Käse verabscheuen – welche als solche mit denen rivalisieren, die ihn mögen, und zwar meist aufgrund einer anderen Qualität). Die »Diskussion« bezieht sich also auf die Wahl der abstrakten perzeptiven Qualität und auf das Vermögen des affizierten Gattungssubjekts. Heißt etwa den Käse verabscheuen, daß man darauf verzichtet, ein Genießer zu sein? Ist aber »Genießer« eine Affektion, die in gattungsmäßiger Hinsicht begehrenswert ist? Muß man nicht sagen, daß all die Käseliebhaber und alle Genießer selbst stinken? Außer es sind die Gegner des Käses, die stinken. Es ist wie die Geschichte, die Hegel erzählte, nämlich von der Händlerin, zu der man sagte: »Alte, ihre Eyer sind faul!«, und welche antwortete: »Sie mag mir faul seyn! Sie soll mir das von meinen Eyern sagen? Sie? Haben ihren Vater nicht die Läuse an der Landstraße aufgefressen, ist nicht ihre Mutter mit den Franzosen fortgelaufen, und ihre Großmutter im Spital gestorben...«: Die Meinung ist ein abstrakter Gedanke, und die Beleidigung spielt eine wirkungsvolle Rolle in dieser Abstraktion, weil die Meinung die allgemeinen Funktionen besonderer Zustände ausdrückt.[9] Sie gewinnt aus der Wahrnehmung eine abstrakte Qualität und aus der Affektion ein allgemeines Vermögen: Jede Meinung ist in diesem Sinne bereits politisch. Darum lassen sich so viele Diskussionen folgendermaßen ausdrücken: »Ich als Mann halte alle Frauen für treulos«, »ich als Frau meine, daß alle Männer Lügner sind«.

Die Meinung ist ein Denken, das sich eng an die Form der Rekognition anschmiegt: Rekognition einer Qualität in der Wahrnehmung (Kontemplation), Rekognition einer Gruppe in der Affektion (Reflexion), Rekognition eines Rivalen in der Möglichkeit anderer Gruppen und anderer Qualitäten (Kommunikation). Sie verleiht der Rekognition des Wahren eine Extension und Kriterien, die ihrer Natur nach die einer »Orthodoxie« sind: Wahr wird eine Meinung sein, die mit der Meinung der Gruppe zusammenfällt, der man angehört, indem man sie ausspricht. Dies läßt sich recht gut bei gewissen Auswahlverfahren bemerken: Sie sollen Ihre Meinung sagen, Sie gewinnen aber nur (Sie haben wahr gesprochen), wenn Sie dasselbe wie die Mehrheit derer gesagt haben, die an diesem Verfahren teilnehmen. In ihrem Wesen ist die Meinung Mehrheitswille und spricht bereits im Namen einer Majorität. Selbst der Mann des »Paradoxes« drückt sich nur deswegen mit so viel Augenzwinkern und selbstsicherer Dummheit aus, weil er die geheime Meinung aller auszudrücken und der Sprecher dessen zu sein vermeint, was die anderen nicht auszusprechen wagen. Freilich ist das nur der

---

9 Zum abstrakten Denken und zum populären Urteil vgl. den kurzen Text Hegels »Wer denkt abstrakt?« (*Sämtliche Werke*, hg. v. H. Glockner, Bd. 20, Stuttgart 1968, S. 445-450).

erste Schritt ins Reich der Meinung: Diese triumphiert, wenn die festgehaltene Qualität nicht länger die Konstitutionsbedingung einer Gruppe, sondern nur mehr das Bild oder die »Marke« der bereits gebildeten Gruppe ist, die selbst das perzeptive und affektive Modell, die Qualität und die Affektion, die jeder erlangen soll, bestimmt. Das Marketing erscheint dann als der Begriff, als das Konzept selbst: »Wir, die Konzeptemacher...« Wir befinden uns im Zeitalter der Kommunikation, jede edle Seele aber flieht und verkriecht sich, sobald man ihr eine kleine Diskussion, ein Kolloquium, eine schlichte Unterhaltung anträgt. In jeder Unterhaltung wird stets das Los der Philosophie hin und her gewälzt, und viele philosophische Diskussionen überschreiten als solche nicht die über den Käse, Beleidigungen und die Konfrontation von Weltanschauungen eingeschlossen. Die Philosophie der Kommunikation erschöpft sich in der Suche nach einer liberalen Universalmeinung als Konsens, hinter dem man die zynischen Wahrnehmungen und Affektionen des Kapitalisten in persona wiederfindet.

Beispiel XI
Worin betrifft diese Situation die Griechen? Man behauptet oft, seit Platon würden die Griechen die Philosophie als *Wissen*, das noch die Wissenschaften einschließt, und die *Meinung als Doxa*, die sie den Sophisten und Rhetoren zuschieben, gegeneinanderstellen. Wir haben aber erfahren, daß dies kein so klarer einfacher Gegensatz war. Wie sollten die Philosophen das Wissen besitzen, sie, die das Wissen der Weisen weder restaurieren können noch wollen und nur Freunde sind? Und wie sollte die Meinung gänzlich die Sache der Sophisten sein, da sie ja einen Wahrheitswert erhält?[10]

Zudem schienen sich die Griechen eine recht klare Vorstellung von der Wissenschaft zu machen, die nicht mit der Philosophie zusammenfällt: Sie war eine Erkenntnis der Ursache, der Definition, eine Art Funktion bereits. Das ganze Problem bestand dann darin: Wie

---

10 Marcel Detienne zeigt, daß die Philosophen ein Wissen beanspruchen, das nicht mit der alten Weisheit, und eine Meinung, die nicht mit der Meinung der Sophisten verschmilzt: *Les maîtres de vérité dans la Grèce archaïque*, Paris 1981, Kap. 4, S. 131 ff.

kann man zu den Definitionen gelangen, zu diesen Prämissen des wissenschaftlichen oder logischen Syllogismus? Mit Hilfe der Dialektik: einer Untersuchung, die bei einem gegebenen Thema diejenigen Meinungen zu bestimmen versuchte, die die wahrscheinlichsten waren, hinsichtlich der durch sie gewonnenen Qualität, und die weisesten, hinsichtlich der Subjekte, von denen sie vorgebracht wurden. Selbst bei Aristoteles war die Dialektik der Meinungen notwendig zur Bestimmung der möglichen wissenschaftlichen Propositionen, und bei Platon war die »wahre Meinung« das Requisitum des Wissens und der Wissenschaften. Bereits Parmenides setzte Wissen und Meinung nicht als zwei disjunktive Wege.[11] Ob sie nun Demokraten waren oder nicht – die Griechen stellten weniger Wissen und Meinung gegeneinander als daß sie um die Meinungen stritten und im Element der reinen Meinung gegeneinander Stellung bezogen und miteinander rivalisierten. Was die Philosophen den Sophisten vorwarfen, war nicht, daß sie sich an die Doxa hielten, sondern daß sie die aus den Wahrnehmungen zu gewinnende Qualität und das Gattungssubjekt, das aus den Affektionen heraustreten soll, schlecht wählten, so daß die Sophisten nicht zu dem gelangen konnten, was es in einer Meinung an »Wahrem« gab: Sie blieben in den Variationen des Erlebens gefangen. Die Philosophen warfen den Sophisten vor, daß sie sich im Verhältnis zu einem einzelnen Menschen, oder im Verhältnis zur menschlichen Gattung, oder im Verhältnis zum Nomos der Stadt (drei Interpretationen des Menschen als Vermögen oder »Maß aller Dinge«) an irgendeine beliebige sinnliche Qualität hielten. Sie hingegen, die platonischen Philosophen, hatten eine hervorragende Antwort parat, die ihnen – so dachten sie – die Auswahl der Meinungen erlaubte. *Man mußte diejenige Qualität auswählen, die gleichsam die Entfaltung des Schönen in einer bestimmten Erlebnissituation war*, und den Menschen als Gattungssubjekt nehmen, der vom Guten geleitet ist. Die Dinge mußten sich im Schönen entfalten, und seine Benutzer mußten sich vom Guten leiten lassen, damit die Meinung an das Wahre heranreicht. Das war nicht immer leicht. Das Schöne in der Natur und das Gute in den Gemütern waren es, die die Philosophie als Funktion des wechselhaften Lebens definierten. Die griechische Philosophie ist somit der Moment des Schönen; das Schöne und das Gute sind die Funktionen, deren

---

11 Vgl. die berühmte Analyse bei Heidegger »Moira (Parmenides, Fragment VIII, 34-41)«, in: Martin Heidegger, *Vorträge und Aufsätze*, Pfullingen [5]1985), und bei Beaufret (*Le poème de Parménide*, Paris [4]1991, S. 31-34).

Wahrheitswert die Meinung darstellt. Man mußte die Wahrnehmung bis zur Schönheit des Wahrgenommenen (dokunta) und die Affektion bis zur Prüfung durch das Gute (dokimos) vorantreiben, um zur wahren Meinung zu gelangen: Diese wäre dann nicht mehr die wechselnde und willkürliche Meinung, sondern eine *Urmeinung, eine Proto-Meinung*, die uns zum vergessenen Vaterland des Begriffs zurückführte, wie – in der großen Platonischen Trilogie – die Liebe im *Symposion*, der Wahnsinn im *Phaidros*, der Tod im *Phaidon*. Dort dagegen, wo sich das Sinnliche ohne Schönheit, auf die Täuschung reduziert, und das Gemüt ohne Gutes, dem bloßen Vergnügen ausgeliefert, zeigen würde, bliebe die Meinung selber sophistisch und falsch – der Käse vielleicht, der Kot, die Haare ... Führt jedoch diese leidenschaftliche Suche nach der wahren Meinung die Platoniker nicht zu einer Aporie, jener nämlich, die im erstaunlichsten Dialog, im *Theaitetos*, zum Ausdruck kommt? Das Wissen muß transzendent sein, es muß zur Meinung hinzutreten und sich von ihr unterscheiden, um sie wahr zu machen, aber es muß auch immanent sein, damit sie als Meinung wahr ist. Die griechische Philosophie bleibt noch an jene alte Weisheit gebunden, die nur darauf wartet, ihre Transzendenz von neuem zu entfalten, obwohl sie zu ihr nur mehr Freundschaft, Zuneigung empfindet. Die Immanenz ist notwendig, sie muß aber etwas Transzendentem, der Idealität, immanent sein. Das Schöne und das Gute führen uns nur weiter zur Transzendenz zurück. Als ob die wahre Meinung noch ein Wissen beansprucht, das sie doch außer Kraft gesetzt hat.

Beginnt die Phänomenologie nicht wieder mit einem ähnlichen Versuch? Denn auch sie macht sich auf die Suche nach Urmeinungen, die uns an die Welt als unserem Vaterland (Erde) binden. Und sie benötigt das Schöne und das Gute, damit sich diese nicht mit der schwankenden empirischen Meinung vermengen, und damit Wahrnehmung und Affektion ihren Wahrheitswert erlangen: Diesmal handelt es sich um das Schöne in der Kunst und die Bildung der Menschheit in der Geschichte. Die Phänomenologie benötigt die Kunst wie die Logik die Wissenschaft; Erwin Straus, Merleau-Ponty oder Maldiney brauchen Cézanne oder die chinesische Malerei. Das Erleben macht aus dem Begriff nichts anderes als eine empirische Meinung als psycho-soziologischen Typ. Die Immanenz des Erlebens in einem transzendentalen Subjekt muß also aus der Meinung eine Proto-Meinung machen, in deren Bildung Kunst und Kultur eingehen und die sich als ein Transzendenzakt dieses Subjekts im Erleben ausdrückt (Kommunikation), und zwar derart, daß sie eine Gemeinschaft der Freunde ausprägt. Birgt aber das Husserlsche transzendentale Subjekt nicht den europäischen Menschen, dessen Privileg in der fortwährenden »Europäisierung« besteht – ganz wie der Grieche sich auf »Gräzisierung« verstand –, das heißt in der Überschreitung der Grenzen anderer Kulturen, die als psycho-soziale Typen beibehalten werden? Wird man dann nicht auf die bloße Meinung des Durchschnittskapitalisten zurückgeführt, auf den großen Mehrheitsmensch, den modernen Odysseus, dessen Wahrnehmungen Klischees und dessen Affektionen Warenzeichen in einer zum Marketing gewordenen Kommunikationswelt sind, der selbst Cézanne oder van Gogh nicht entrinnen können? Die Unterscheidung von Ursprünglichem und Abgeleitetem allein genügt nicht, um uns aus der bloßen Domäne der Meinung hinauszutragen, und die Urdoxa trägt uns nicht bis zum Begriff empor. Wie in der platonischen Aporie benötigte die Phänomenlogie eine höhere Weisheit, eine »strenge Wissenschaft« niemals mehr als in dem Augenblick, in dem sie uns doch deren Verzicht nahelegte. Die Phänomenologie wollte unsere Begriffe erneuern, indem sie uns Wahrnehmungen und Affektionen verschaffte, die uns zur Welt kommen lassen sollten: nicht als Säuglinge oder Hominiden, sondern als Lebewesen von Rechts wegen, deren Proto-Meinungen die Fundamente dieser Welt sein sollten. Aber man kämpft nicht gegen die perzeptiven oder affektiven Klischees, wenn man nicht auch gegen die Maschine kämpft, die sie produziert. Mit der Berufung auf das primordinale Erleben, mit der Umwandlung der Immanenz zu einer Immanenz in einem Subjekt konnte die Phänomenologie nicht verhindern, daß das Subjekt bloß Meinungen ausbildet, die von den neuen und versprochenen Wahrnehmungen und Affektionen schon das Klischee herausschlagen würden. Wir würden dann weiter in der Form der Rekognition fortfahren; wir würden uns auf die Kunst berufen, allerdings ohne zu den Begriffen zu gelangen, die dem künstlerischen Affekt und Perzept gewachsen wären. Die Griechen mit ihren Stadtstaaten und die Phänomenologie mit unseren abendländischen Gesellschaften haben sicherlich recht, wenn sie die Meinung als eine der Bedingungen der Philosophie annehmen. Wird aber die Philososphie den Weg finden, der zum Begriff führt, indem sie sich auf die Kunst als Mittel zur Vertiefung der Meinung und zur Freilegung der Urmeinungen beruft, oder muß nicht vielmehr mit Hilfe der Kunst die Meinung verkehrt und zur unendlichen Bewegung getrieben werden, die sie eben durch den Begriff ersetzt?

Die Verwechslung des Begriffs mit der Funktion ist für den philosophischen Begriff in mehrfacher Hinsicht fatal. Sie macht aus der Wissenschaft den Begriff schlechthin, der sich in der wissenschaftlichen Proposition ausdrückt (erster Prospekt). Sie ersetzt den philosophischen Begriff durch einen logischen Begriff, der sich in den faktischen Propositionen ausdrückt (zweiter Prospekt). Sie überläßt dem Begriff einen reduzierten oder entstellten Part, den er sich im Bereich der Meinung zurechtschneidet (dritter Prospekt), indem er seine Freundschaft mit einer höheren Weisheit oder einer strengen Wissenschaft ausspielt. Aber der Begriff findet seinen Platz in keinem dieser drei diskursiven Systeme. Der Begriff ist ebensowenig eine Funktion des Erlebens wie eine wissenschaftliche oder logische Funktion. Die Unreduzierbarkeit der Begriffe auf Funktionen tritt nur dann zutage, wenn man – anstatt sie auf unbestimmte Weise gegeneinanderzuhalten – einen Vergleich zieht zwischen dem, was die Referenz der einen konstituiert, und dem, was die Konsistenz der anderen ausmacht. Die *Sachverhalte*, die *Objekte* oder *Körper*, die *Erlebenszustände* bilden die Funktiosreferenzen, während die *Ereignisse* die Begriffskonsistenz darstellen. Diese Terme sind es, die man unter dem Aspekt einer möglichen Reduktion betrachten muß.

Beispiel XII
Ein derartiger Vergleich scheint dem Unternehmen Badious zu entsprechen, das im zeitgenössischen Denken ein besonderes Interesse gewinnt. Seine Absicht ist es, auf einer ansteigenden Linie eine Reihe von Faktoren zu staffeln, die von den Funktionen zu den Begriffen reichen. Er gibt sich eine Basis vor, die im Verhältnis zu den Begriffen wie zu den Funktionen neutralisiert ist: eine beliebige Mannigfaltigkeit, die sich als eine bis ins Unendliche erweiterbare Menge darstellt. Die erste Instanz ist die *Situation*, wenn die Menge auf Elemente bezogen wird, die zweifellos Mannigfaltigkeiten sind, die aber einer Ordnung »einfachen Abzählens« unterliegen (Körper oder Objekte, Einheiten der Situation). An zweiter Stelle sind die *Situationszustände* Teilmengen, die stets überschüssig im Verhältnis zu den Elementen der Menge oder den Objekten

der Situation sind; dieser Überschuß aber läßt sich nicht mehr hierarchisieren wie bei Cantor, er ist in Übereinstimmung mit der Entwicklung der Mengenlehre »ohne mögliche Zuschreibung«, einer »Irrlinie« folgend. Immerhin muß er in der Situation re-präsentiert werden, diesmal als »Nichtzuunterscheidendes«, während zugleich die Situation quasi vollständig wird: Die erratische Linie bildet hier vier Figuren, vier Schleifen als *Gattungsfunktionen* (wissenschaftlich, künstlerisch, politisch oder doxisch, liebend oder erlebt), denen »Wahrheits«-Produktionen entsprechen. Aber man erhält damit vielleicht eine Immanenz-Konversion der Situation, eine Konversion des Überschusses ins Leere, welches das Transzendente wieder einführen wird: Das ist der *Ereignisort*, der sich am Rand des Leeren in der Situation befindet und keine Einheiten mehr, sondern Singularitäten als Elemente enthält, die von den vorangehenden Funktionen abhängen. Schließlich erscheint (oder verschwindet) das *Ereignis* selbst, weniger als eine Singularität denn als ein abgetrennter aleatorischer Punkt, um den der Lageort vergrößert oder vermindert wird, und zwar in der Transzendenz des Leeren oder DER Wahrheit als Leere, ohne daß man über die Zugehörigkeit des Ereignisses zur Situation urteilen könnte, in der sich sein Lageort (das Unentscheidbare) befindet. Vielleicht gibt es dafür einen Eingriff wie einen Würfelwurf auf jenen Lageort, der das Ereignis qualifiziert und es in die Situation eintreten läßt, ein Vermögen, das Ereignis zu »machen«. Denn das Ereignis ist der Begriff oder die Philosophie als Begriff, die sich von den vier vorangehenden Funktionen unterscheidet, obwohl sie von ihnen bedingt wird und ihnen ihrerseits Bedingungen auferlegt – daß nämlich die Kunst ganz und gar »Dichtung« ist und die Wissenschaft der Mengenlehre zugehörig, und daß die Liebe das Unbewußte Lacans ist und die Politik der Meinung/Doxa entgeht.[12]

Ausgehend von einer neutralisierten Basis, der Menge, die *eine* beliebige Mannigfaltigkeit markiert, zieht Badiou eine Linie, die einzigartig und dennoch sehr komplex ist und auf der sich die Funktionen und der Begriff staffeln werden, und zwar dieser oberhalb von jenen: Die Philosophie scheint also in einer leeren Transzendenz, einem unbedingten Begriff zu schweben, der in den Funktionen die Totalität seiner Gattungsbedingungen findet (Wis-

---

12 Alain Badiou, *L'être et l'événement* (Paris 1988) und *Manifeste pour la Philosophie* (Paris 1989). Badious Theorie ist äußerst komplex; wir befürchten, daß wir sie allzusehr vereinfacht haben.

senschaft, Dichtung, Politik und Liebe). Ist das nicht die Rückkehr zu einer alten Konzeption der höheren Philosophie im Gewand des Mannigfaltigen? Die Theorie der Mannigfaltigkeiten scheint uns der Hypothese einer beliebigen Mannigfaltigkeit nicht standzuhalten (selbst die Mathematik hat genug von der Mengenlehre). *Die* Mannigfaltigkeiten – es sind zumindest zwei davon nötig, zwei Typen, von Anfang an. Nicht daß der Dualismus mehr wert wäre als die Einheit; aber die Mannigfaltigkeit ereignet sich eben zwischen den beiden. Folglich werden die beiden Typen sicher nicht übereinander stehen, sondern nebeneinander, gegeneinander, einander gegenüber oder Rücken an Rücken. Die Funktionen und die Begriffe, die aktuellen Sachverhalte und die virtuellen Ereignisse sind zwei Typen von Mannigfaltigkeiten, die sich nicht auf einer Irrlinie verteilen, sondern sich auf zwei Vektoren beziehen, die sich schneiden: der eine, dem zufolge die Sachverhalte die Ereignisse aktualisieren, der andere, dem zufolge die Ereignisse die Sachverhalte absorbieren (oder besser adsorbieren).

Die Sachverhalte treten aus dem virtuellen Chaos unter Bedingungen hervor, die durch den Grenzwert (Referenz) gebildet werden: Sie sind Aktualitäten, obwohl das noch keine Körper oder gar Dinge, Einheiten oder Mengen sind. Sie sind Anhäufungen von unabhängigen Variablen, Trajektorien-Teilchen oder Geschwindigkeits-Zeichen. Sie sind *Mischungen*. Diese Variablen bestimmen Singularitäten, insofern sie sich in Koordinaten einpassen, und werden Verhältnissen entnommen, denen zufolge eine von ihnen von einer großen Zahl anderer abhängt, oder – umgekehrt – viele von ihnen von der einen abhängen. Mit einem derartigen Sachverhalt ist ein Potential oder eine Potenz assoziiert (die Bedeutung der Leibnizschen Formel mv^2 rührt daher, daß sie ein Potential in den Sachverhalt einführt). Und zwar deswegen, weil der Sachverhalt eine chaotische Virtualität aktualisiert, indem er einen Raum mit sich bringt, der zwar nicht länger virtuell ist, aber noch seinen Ursprung erkennen läßt und als spezifisch unabdingbares Korrelat des Sachverhalts dient. So ist etwa in der Aktualität des Atomkerns das Nukleon noch nahe dem Chaos und wird von einer Wolke beständig ausgesendeter und wieder absorbierter virtueller Teilchen umgeben; auf einem fortgeschritteneren Niveau der Aktualisierung aber steht das Elektron in Bezug zu einem potentiellen Photon, das eine Wechselwirkung mit dem Nukleon eingeht, um einen neuen Zustand der Kernmaterie zu ergeben. *Man kann einen Sachverhalt nicht von dem Potential trennen, über das er wirksam wird*, und ohne das er keine Aktivität oder Evolution (in der Katalyse etwa) besäße. So kann er über dieses Potential Akzidenzen, Adjunktionen, Ablationen oder gar Projektionen erfahren, wie man es bereits in den geometrischen Figuren sieht; oder Variablen verlieren und gewinnen, Singularitäten bis hin zu neuen Nachbarschaften ausdehnen; oder Abzweigungen folgen, die ihn transformieren; oder einen Raum von Phasen durchlaufen, deren Anzahl an Dimensionen mit den zusätzlichen Variablen steigt; oder vor allem Körper in dem Feld individualisieren, das er zusammen mit dem Potential bildet. Keine dieser Operationen vollzieht sich alleine, sie alle ergeben »Probleme«. Das Privileg des Lebendigen liegt darin, daß es das assoziierte Potential, in dem es seinen Sachverhalt aktualisiert und seinen Körper individualisiert, von innen heraus reproduziert. In jedem Bereich aber repräsentiert der Übergang von einem Sachverhalt zum Körper über die Vermittlung eines Potentials oder einer Potenz – oder vielmehr die Teilung der individuierten Körper im vorhandenen Sachverhalt – einen wesentlichen Moment. Hier findet der Übergang von der Mischung zur *Wechselwirkung* statt. Und schließlich bedingen die Wechselwirkungen der Körper eine Sinnlichkeit, eine Proto-Perzeptibilität und eine Proto-Affektivität, die sich bereits in den mit den Sachverhalten verknüpften Partialbeobachtern ausdrücken, obwohl sie ihre Aktualisierung nur im Lebendigen vollenden. Was man »Perzeption« nennt, ist kein Sachverhalt mehr, sondern ein Zustand des Körpers, sofern er von einem anderen Körper induziert wird, und entsprechend ist »Affektion« der Übergang von diesem Zustand zu einem anderen, und zwar als Erhöhung oder Verminderung des Potentials bzw. der Potenz unter Einwirkung anderer Körper: Keiner ist passiv, vielmehr ist alles Wechselwirkung, selbst das Gewicht. Dies war die Definition, die Spinoza von »affectio« und »affectus« für die Körper in einem Sachverhalt gab und die Whitehead wiederentdeckte, als er aus jedem Ding ein »Erfassen« anderer Dinge und aus dem Übergang von einem Erfassen zum anderen ein positives oder negatives »feeling« machte. Die Wechselwirkung wird *Kommunikation*. Der (»öffentliche«) Sachverhalt war die Mischung der Gegebenheiten, die von der Welt in ihrem früheren Zustand aktualisiert wurden, während die Körper neue Aktualisierungen sind, deren »private« Zustände wiederum Sachverhalte für neue Körper vorgeben.[13] Selbst als nicht-lebendige und nicht-organische haben die Dinge ein Erleben, eben weil sie Perzeptionen und Affektionen sind.

Wenn sich die Philosophie mit der Wissenschaft vergleicht, kann es vorkommen, daß sie von dieser ein allzu simples Bild veranschlagt, das die Wissenschaftler zum Lachen bringt. Doch selbst wenn die Philosophie das Recht besitzt, ein Bild der Wissenschaft ohne wissenschaftlichen Wert (durch Begriffe) darzustellen, so hat sie nichts zu gewinnen, indem sie ihr Grenzen zuweist, die die Wissenschaftler schon in ihren elementarsten Verfahrensweisen fortwährend überschreiten. Wenn also die Philosophie die Wissenschaft an das fertig »Gegebene« verweist und für sich selbst das »Werdende« reserviert – wie Bergson oder die Phänomenologie, insbesondere bei Erwin Straus –, so läuft man damit nicht nur Gefahr, die Philosophie mit einem bloßen Erleben zusammenzubringen, sondern bietet auch von der Wissenschaft eine schlechte Karikatur: Paul Klee hat sicher ein angemesseneres Bild davon, wenn er sagt, Mathematik und Physik nähmen, indem sie sich dem Funktionalen zuwenden, die Formbildung

---

13 Vgl. Alfred North Whitehead, *Prozeß und Wirklichkeit. Entwurf einer Kosmologie*, Frankfurt am Main 1979, S. 63-70.

selbst und nicht die vollendete Form zum Gegenstand.[14] Mehr noch: Wenn man die philosophischen und die wissenschaftlichen Mannigfaltigkeiten, die begrifflichen und die funktionalen Mannigfaltigkeiten vergleicht, kann es allzu summarisch sein, letztere über Mengen zu definieren. Die Mengen sind, wie wir gesehen haben, nur als Aktualisierung des Grenzwerts von Interesse; sie hängen von den Funktionen ab, und nicht umgekehrt, und die Funktion ist der wahre Gegenstand der Wissenschaft.

Zunächst sind die Funktionen Funktionen von Sachverhalten und konstituieren damit wissenschaftliche Propositionen als einen ersten Typus von Prospekten: Ihre Argumente sind unabhängige Variablen, die der Bildung von Koordinationen und Potentialisierungen unterliegen, die deren notwendige Beziehungen bestimmen. Zweitens sind die Funktionen Funktionen von individuierten Dingen, Objekten oder Körpern, die logische Propositionen bilden: Ihre Argumente sind singuläre Terme, die als unabhängige logische Atome verstanden werden und Beschreibungen unterliegen (logischer Sachverhalt), die deren Prädikate bestimmen. Drittens haben die Funktionen des Erlebens Perzeptionen und Affektionen als Argumente und bilden Meinungen (Doxa als dritter Typ von Prospekt): Wir haben Meinungen über alles, was wir wahrnehmen oder was uns affiziert, so daß die Wissenschaften vom Menschen als eine umfassende Doxologie angesehen werden können – die Dinge selbst aber sind generische Meinungen, insofern sie molekulare Perzeptionen und Affektionen besitzen, und zwar in dem Sinne, wie sich der elementarste Organismus eine Proto-Meinung über das Wasser, den Kohlenstoff und die Salze bildet, von denen sein Zustand und sein Vermögen abhängen. Dies ist der Weg, der vom Virtuellen zu den Sachverhalten und den anderen Aktualitäten herabführt: Man begegnet auf diesem Weg kei-

---

14 Paul Klee, »exakte versuche im bereich der kunst«, in: *Schriften, Rezensionen und Aufsätze*, hg. v. Ch. Geelhaar, Köln 1976, S. 130.

nem Begriff, sondern Funktionen. *Die Wissenschaft steigt von der chaotischen Virtualität zu den Sachverhalten und Körpern herab, die sie aktualisieren*; sie wird dennoch weniger von der Sorge nach ihrem Zusammenschluß zu einem geordneten aktuellen System geleitet als durch einen Wunsch, sich nicht allzusehr vom Chaos zu entfernen, die Potentiale zu durchwühlen, um einen Teil dessen zu fassen und mitzunehmen, wovon sie heimgesucht wird: dem Geheimnis des Chaos hinter ihr, dem Druck des Virtuellen.[15]

Wenn man nun dagegen die Linie hinaufsteigt, wenn man von den Sachverhalten zum Virtuellen geht, so ist dies nicht dieselbe Linie, weil es nicht dasselbe Virtuelle ist (man kann sie also ebenso hinabsteigen, ohne daß sie sich mit der vorangehenden verwechseln läßt). Das Virtuelle ist nicht mehr die chaotische Virtualität, sondern die konsistent gewordene Virtualität, eine Entität, die sich auf einer Immanenzebene formiert, die das Chaos schneidet. Eben das nennt man Ereignis oder den Teil dessen, der in allem, was geschieht, seiner eigenen Aktualisierung entgeht. Das Ereignis ist keineswegs der Sachverhalt, es aktualisiert sich in einem Sachverhalt, in einem Körper, im Erleben, es hat aber einen schattenhaften und verborgenen Teil, der sich seiner Aktualisierung fortwährend hinzufügt oder abzieht: Im Gegensatz zum Sachverhalt besitzt es weder Anfang noch Ende, es hat vielmehr die unendliche Bewegung gewonnen oder bewahrt, der es Konsistenz verschafft. Es ist das Virtuelle, das sich vom Aktuellen unterscheidet, ein Virtuelles aber, das nicht mehr chaotisch ist, sondern konsistent oder real auf der Immanenzebene geworden ist, die es dem Chaos entreißt. Real, ohne aktuell zu sein, ideal, ohne abstrakt zu sein. Man

---

15 Die Wissenschaft verspürt nicht nur das Bedürfnis, das Chaos zu ordnen, sondern es zu sehen, zu berühren, zu machen: vgl. James Gleick, *Chaos – die Ordnung des Universums. Vorstoß in Grenzbereiche der modernen Physik*, München 1990. Gilles Châtelet zeigt, wie Mathematik und Physik etwas von einer Sphäre des Virtuellen zurückzubehalten versuchen: *Les enjeux du mobile* (erscheint demnächst).

könnte sagen, daß es transzendent ist, weil es den Sachverhalt überfliegt, die reine Immanenz aber ist es, die ihm die Fähigkeit verleiht, sich selbst in sich selbst und auf der Ebene zu überfliegen. Das Transzendente, Trans-deszendente, ist eher der Sachverhalt, in dem es sich aktualisiert, noch in diesem Sachverhalt aber ist es reine Immanenz dessen, was sich nicht aktualisiert oder indifferent gegenüber der Aktualisierung bleibt, da seine Realität nicht von ihr abhängt. Das Ereignis ist immateriell, unkörperlich, unlebbar: reine *Reserve*. Von den beiden Denkern, die das Ereignis am tiefsten durchdrungen haben, Péguy und Blanchot, sagt der eine, man müsse einerseits den Sachverhalt unterscheiden, der, vollendet oder potentiell vollendet, in einem zumindest potentiellen Verhältnis zu meinem Körper, zu mir selbst steht, und andererseits das Ereignis, das durch seine Realität selbst nicht vollendet werden kann, das Endlose, das weder aufhört noch beginnt, das so wenig endet wie es geschieht, das ohne Bezug zu mir – und mein Körper ohne Bezug zu ihm – bleibt, die unendliche Bewegung; und der andere sagt, man müsse einerseits den Sachverhalt unterscheiden, den wir passieren, wir selbst und unser Körper, und andererseits das Ereignis, in dem wir versinken oder auftauchen, was beginnt, ohne je begonnen oder geendet zu haben, das immanente Internale.[16]

Immer einem Sachverhalt, selbst einer Wolke oder einem Strom entlang versuchen wir zu diesem oder jenem Augenblick Variablen zu isolieren, versuchen wir zu bemerken, wann neue Variablen ausgehend von einem Potential eingreifen, welche Abhängigkeitsverhältnisse sie eingehen können, welche Singularitäten sie durchlaufen, welche Schwellen sie überschreiten, welche Abzweigungen sie nehmen. Wir entwerfen die Funktionen des Sachverhalts: Die Unterschiede zwischen dem Lokalen und dem Globalen liegen innerhalb des Bereichs der Funktionen (je nachdem etwa, ob alle unab-

---

16 Charles Péguy, *Clio*, Paris 1917, S. 230, 265; Blanchot, *L'espace littéraire*, Paris 1955, S. 104, 155, 160.

hängigen Variablen außer einer eliminiert werden können). *Die Unterschiede zwischen dem Physikalisch-Mathematischen, dem Logischen und dem Erleben* gehören ebenfalls zu den Funktionen (je nachdem, ob die Körper aus den Singularitäten von Sachverhalten oder als ihrerseits singuläre Terme oder gemäß den singulären Perzeptions- und Affektionsschwellen zwischen ihnen genommen werden). Ein aktuelles System, ein Sachverhalt oder ein Funktionsbereich definieren sich jedenfalls als eine Zeit zwischen zwei Augenblicken oder als Zeiten zwischen vielen Augenblicken. Darum läßt Bergson – wenn er sagt, es gebe stets Zeit zwischen zwei noch so nahe aneinanderliegenden Augenblicken – den Bereich der Funktionen noch nicht hinter sich und führt nur ein wenig Erleben in ihn ein.

Wenn wir aber zum Virtuellen hinaufsteigen, wenn wir uns der Virtualität zuwenden, die sich im Sachverhalt aktualisiert, so entdecken wir eine ganz andere Realität, in der wir nicht mehr suchen müssen, was von einem Punkt zum anderen, von einem Augenblick zum anderen geschieht, weil sie jede mögliche Funktion übersteigt. Den zwanglosen Worten zufolge, die man einem Wissenschaftler unterschieben konnte, kümmert sich das Ereignis »nicht darum, wo es gerade steckt, es schert sich nicht darum, wie lange es schon existiert«, so daß es von der Kunst und selbst von der Philosophie besser als von der Wissenschaft erfaßt werden kann.[17] Zwischen zwei Augenblicken befindet sich nicht mehr die Zeit, vielmehr ist das Ereignis selbst eine Zwischen-Zeit: Die Zwischen-Zeit ist nicht Ewigkeit, aber auch nicht Zeit überhaupt, sie ist Werden. Die Zwischen-Zeit, das Ereignis ist stets eine tote Zeit, dort, wo nichts geschieht, ein unendliches Warten, das bereits unendlich vergangen ist, Warten und Reserve. Diese tote Zeit folgt nicht auf das, was geschieht, sie koexistiert mit dem Augenblick oder der Zeit des Zufalls, allerdings als die Unermeßlichkeit der leeren Zeit, in der man

---

17 Gleick, a. a. O., S. 268. [Übersetzung verändert, A. d. Ü.]

sie noch als künftige und schon als geschehene sieht, in der seltsamen Indifferenz einer intellektuellen Anschauung. Alle Zwischen-Zeiten überlagern einander, während die Zeiten aufeinanderfolgen. In jedem Ereignis gibt es viele heterogene und stets simultane Komponenten, da sie alle jeweils eine Zwischen-Zeit, alle in der Zwischen-Zeit sind, die sie über Zonen von Ununterscheidbarkeit und Unbestimmbarkeit miteinander kommunizieren läßt: Dies sind Variationen, Modulationen, Intermezzi, Singularitäten einer neuen unendlichen Ordnung. Jede Ereigniskomponente *aktualisiert oder verwirklicht sich* in einem Augenblick, und das Ereignis entsprechend in der Zeit, die zwischen diesen Augenblicken vergeht; nichts aber geschieht in der *Virtualität*, deren Komponenten nur Zwischen-Zeiten sind und deren zusammengesetztes Werden ein Ereignis ist. Hier geschieht nichts, alles aber wird, so daß das Ereignis das Privileg besitzt, wieder zu beginnen, wenn die Zeit vergangen ist.[18] Nichts geschieht, und doch ändert sich alles, weil das Werden fortwährend seine Komponenten durchläuft und das Ereignis zurückholt, das sich anderswo, zu einem anderen Augenblick aktualisiert. Wenn die Zeit vorübergeht und den Augenblick mit sich nimmt, gibt es stets eine Zwischen-Zeit, die das Ereignis zurückholt. Ein *Begriff* erfaßt das Ereignis, sein Werden, seine untrennbaren Variationen, während eine Funktion einen Sachverhalt, eine Zeit und Variablen herausgreift, zusammen mit ihren Verhältnissen in der Zeit. Der Begriff besitzt ein Wiederholungsvermögen, das sich vom diskursiven Vermögen der Funktion unterscheidet. In seiner Produktion und Reproduktion hat der Begriff die Realität eines Virtuellen, eines Unkörperlichen, eines Fühllosen, im Gegensatz zu den Funktionen des aktuellen Sachverhalts, zu den Funktionen

---

18 Bezüglich der Zwischen-Zeit mag man sich auf einen sehr dichten Aufsatz von Groethuysen beziehen, »De quelques aspects du temps«, in: *Recherches philosophiques* 5, 1935-1936: »Jedes Ereignis ist sozusagen in der Zeit, in der nichts geschieht...« Das gesamte Romanwerk von Lernet-Holenia spielt sich in Zwischen-Zeiten ab.

des Körpers und des Erlebens. Einen Begriff bilden ist nicht dasselbe wie eine Funktion entwerfen, obwohl es auf beiden Seiten Bewegung gibt, obwohl es in beiden Fällen Transformationen und Schöpfungen gibt: Die beiden Typen von Mannigfaltigkeiten überkreuzen einander.

Sicher besteht das Ereignis nicht bloß aus untrennbaren Variationen, es ist vielmehr selbst untrennbar mit dem Sachverhalt, den Körpern und dem Erleben verbunden, in denen es sich aktualisiert oder verwirklicht. Man kann aber auch das Umgekehrte sagen: Der Sachverhalt ist ebensowenig vom Ereignis trennbar, das dennoch seine Aktualisierung in jeder Hinsicht übersteigt. Man muß bis zum Ereignis zurückgehen, das seine virtuelle Konsistenz dem Begriff verleiht, und ebenso zum aktuellen Sachverhalt herabsteigen, der der Funktion seine Referenzen verleiht. Von all dem, was ein Subjekt erleben kann, vom Körper, der ihm gehört, von den Körpern und Gegenständen, die sich von seinigem unterscheiden, und vom Sachverhalt oder vom physikalisch-mathematischen Feld, durch die jene bestimmt werden, steigt eine Dunstwolke auf, die ihnen nicht ähnelt und das Schlachtfeld, die Schlacht und die Wunde als die Komponenten oder Variationen eines reinen Ereignisses nimmt, in dem nur eine Anspielung auf das, was unsere Zustände betrifft, fortbesteht. Die Philosophie als gigantische Anspielung. Man aktualisiert oder verwirklicht das Ereignis immer dann, wenn man es wohl oder übel auf einen Sachverhalt verpflichtet, aber man *gegen-verwirklicht* es immer dann, wenn man von den Sachverhalten abstrahiert, um aus ihnen den Begriff zu gewinnen. Es gibt eine Dignität des Ereignisses, die stets untrennbar mit der Philosophie als »amor fati« verbunden war: sich dem Ereignis angleichen oder der Abkömmling seiner eigenen Ereignisse werden – »meine Wunde existierte vor mir, ich wurde geboren nur, um sie zu verkörpern«.[19] Ich

---

19 Joe Bosquet, *Les Capitales ou de Jean Duns Scot à Jean Paulhan*, Paris 1955, S. 103.

wurde geboren, um sie als Ereignis zu verkörpern, weil ich sie als Sachverhalt oder gelebte Situation zu entkörpern wußte. Es gibt keine andere Ethik als den *amor fati* der Philosophie. Die Philosophie ist stets Zwischen-Zeit. Wer das Ereignis gegen-verwirklicht, den nannte Mallarmé Mimen, weil er dem Sachverhalt ausweicht und »sich mit einer immerwährenden Anspielung begnügt, ohne den Spiegel zu zerbrechen«.[20] Ein derartiger Mime reproduziert den Sachverhalt so wenig, wie er das Erleben imitiert, er gibt kein Bild, sondern konstruiert einen Begriff. An dem, was geschieht, sucht er nicht die Funktion, sondern extrahiert das Ereignis oder den Teil dessen, was sich nicht aktualisieren läßt, die Realität des Begriffs. Nicht das Geschehende wollen, mit jenem falschen Willen, der klagt und sich wehrt und sich im Mimischen verliert, sondern die Klage und den Zorn auf eine Spitze treiben, wo sie sich gegen das Geschehende wenden, um das Ereignis hervorzubringen, um es aus dem lebendigen Begriff freizusetzen und zu extrahieren. Des Ereignisses würdig werden – die Philosophie hat kein anderes Ziel, und wodurch das Ereignis gegen-verwirklicht wird, ist eben die Begriffsperson. Mimus ist ein ambiger Name. Er ist es, die Begriffsperson, die die unendliche Bewegung vollzieht. Den Krieg wollen gegen die künftigen und vergangenen Kriege, die Agonie wollen gegen alle Tode und die Wunde gegen alle Narben, und zwar im Namen des Werdens und nicht des Ewigen: in diesem Sinne nur sammelt der Begriff.

Man steigt vom Virtuellen zu den aktuellen Sachverhalten herab, man steigt von den Sachverhalten zum Virtuellen empor, ohne daß man sie voneinander isolieren könnte. Aufstieg und Abstieg aber zeichnen nicht dieselbe Linie: Die Aktualisierung und die Gegen-Verwirklichung sind nicht zwei Segmente derselben Linie, sondern verschiedene Linien. Wenn man sich an die wissenschaftlichen Funktionen

---

20 Stéphane Mallarmé, »Mimique«, in: *Œuvres complètes*, Paris 1956, S. 310.

von Sachverhalten hält, so wird man sagen, daß sie sich nicht von einem Virtuellen isolieren lassen, das sie aktualisieren, dieses Virtuelle aber zeigt sich zunächst als Wolke oder Nebel oder gar als Chaos, als eine chaotische Virtualität eher denn als die Realität eines Ereignisses, das im Begriff geordnet ist. Darum scheint die Philosophie für die Wissenschaft oft ein bloßes Chaos zu verschleiern, weswegen die Wissenschaft glaubt sagen zu müssen: Ihr habt nur die Wahl zwischen dem Chaos und mir, der Wissenschaft. Die Aktualitätslinie entwirft eine Referenzebene, die das Chaos schneidet: Aus ihr holt sie Sachverhalte hervor, die in ihren Koordinaten sicher auch die virtuellen Ereignisse aktualisieren, von diesen aber nur Potentiale zurückbehalten, die schon auf dem Weg ihrer Aktualisierung Bestandteil der Funktionen sind. Wenn man umgekehrt die philosophischen Begriffe von Ereignissen betrachtet, so verweist ihre Virtualität auf das Chaos, allerdings auf einer Immanenzebene, die es ihrerseits schneidet und aus ihr nur die Konsistenz oder Realität des Virtuellen gewinnt. Was die allzu dichten Sachverhalte betrifft, so werden sie zweifellos vom Ereignis adsorbiert, gegen-verwirklicht, man findet aber von ihnen nur Anspielungen auf der Immanenzebene und im Ereignis. Die beiden Linien sind also voneinander nicht zu trennen, aber doch unabhängig voneinander, jede vollständig in sich selbst: gleichsam die Hüllkurven zweier so verschiedener Ebenen. Die Philosophie kann nur anspielungsweise von der Wissenschaft sprechen, und die Wissenschaft kann von der Philosophie nur als von einer Wolke sprechen. Wenn diese beiden Linien untrennbar sind, so in ihrer jeweiligen Genügsamkeit, und die philosophischen Begriffe greifen so wenig in die Bildung der wissenschaftlichen Funktionen ein wie die Funktionen in die Bildung der Begriffe. Nur in ihrer vollen Ausgereiftheit – und nicht im Prozeß ihrer Bildung – kreuzen Begriffe und Funktionen einander notwendig, wobei sie jeweils nur mit ihren eigenen Mitteln erschaffen wurden – in jedem Fall eine Ebene, Elemente, Agenzien. Darum ist es

stets peinlich, wenn die Wissenschaftler Philosophie ohne wirklich philosophisches Rüstzeug oder die Philosophen Wissenschaft ohne wahrhaft wissenschaftliche Mittel betreiben (wir haben hier nicht den Anspruch erhoben, dies zu tun).
Der Begriff reflektiert nicht über die Funktion, so wenig die Funktion sich auf den Begriff anwenden läßt. Begriff und Funktion müssen sich kreuzen, jede(r) auf seiner/ihrer Linie. Die Riemannschen Raumfunktionen etwa sagen uns nichts über einen Riemannschen Raumbegriff, wie er der Philosophie eigentümlich ist: Nur in dem Maße, wie die Philosophie zu seiner Erschaffung fähig ist, besitzt man den Begriff einer Funktion. Ebenso definiert sich die irrationale Zahl durch eine Funktion als gemeinsamen Grenzwert von zwei Reihen rationaler Zahlen, von denen die eine kein Maximum oder die andere kein Minimum besitzt; der Begriff dagegen verweist nicht auf Zahlenreihen, sondern auf Ideenfolgen, die sich über eine Lücke hinweg von neuem verknüpfen (anstatt sich durch Verlängerung zu verknüpfen). Der Tod kann einem wissenschaftlich bestimmbaren Sachverhalt gleichgesetzt werden, als eine Funktion unabhängiger Variablen oder gar als eine Funktion des Erlebens, er erscheint aber auch als ein reines Ereignis, dessen Variationen koextensiv zum Leben sind: die beiden ganz verschiedenen Aspekte findet man bei Bichat. Goethe konstruiert einen grandiosen Farbbegriff, und zwar mit den untrennbaren Variationen von Licht und Schatten, den Ununterscheidbarkeitszonen, den Prozessen von Intensivierung, die zeigen, in welchem Maße es auch in der Philosophie Experimente gibt, während Newton die Funktion von unabhängigen Variablen oder die Frequenz konstruiert hatte. Wenn die Philosophie den Beistand der jeweils zeitgenössischen Wissenschaft von Grund auf benötigt, so deshalb, weil die Wissenschaft unaufhörlich die Möglichkeit von Begriffen kreuzt und die Begriffe notwendig Anspielungen auf die Wissenschaft enthalten, die keine Beispiele, keine Anwendungen und nicht einmal Reflexionen

sind. Gibt es umgekehrt Funktionen von Begriffen, spezifisch wissenschaftliche Funktionen? Das hieße die Frage stellen, ob die Wissenschaft, wie wir glauben, gleichermaßen und dringend der Philosophie bedarf. Nur die Wissenschaftler aber können diese Frage beantworten.

7. Perzept, Affekt und Begriff

Der junge Mann wird auf der Leinwand solange lächeln, wie sie besteht. Unter der Haut jenes Frauengesichts schlägt das Blut, und der Wind bewegt einen Ast, eine Gruppe Männer ist dabei aufzubrechen. In einem Roman oder einem Film wird der junge Mann aufhören zu lächeln, aber wieder damit anfangen, wenn man diese oder jene Seite aufschlägt, diesen oder jenen Moment ins Auge faßt. Kunst bewahrt, und sie ist das einzige in der Welt, das sich bewahrt. Sie bewahrt, und sie bewahrt sich an sich (*quid juris?*), obwohl sie faktisch nicht länger besteht als ihr Träger und ihre Materialien (*quid facti?*), Stein, Leinwand, chemische Farbe usw. Das junge Mädchen bewahrt die Stellung, die es vor 5000 Jahren eingenommen hatte, eine Geste, die nicht mehr von der abhängt, die sie tat. Die Luft bewahrt die Bewegtheit, den Windhauch und das Licht jenes Tages vom letzten Jahr, und hängt nicht mehr von dem ab, der sie an jenem Morgen atmete. Kunst bewahrt, aber konserviert nicht nach Art der Industrie, die eine Substanz hinzufügt, damit die Sache sich länger hält. Das Ding ist von Beginn an von seinem »Modell« unabhängig geworden, unabhängig aber auch von eventuellen anderen Personen, die selbst Künstler-Dinge sind, Malpersonen, die jene Malluft atmen. Und es ist nicht minder unabhängig vom aktuellen Betrachter oder Zuhörer, die es erst nachträglich erfahren, wenn sie dazu die Kraft haben. Und was ist mit dem Schöpfer? Das Ding ist kraft der Selbst-Setzung des Geschaffenen, das sich in sich erhält, vom Schöpfer unabhängig. Was sich bewahrt, erhält, die Sache oder das Kunstwerk, ist *ein Empfindungsblock, das heißt eine Verbindung, eine Zusammensetzung aus Perzepten und Affekten.*
Die Perzepte sind keine Perzeptionen mehr, sie sind unabhängig vom Zustand derer, die sie empfinden; die Affekte sind keine Gefühle oder Affektionen mehr, sie übersteigen die Kräfte derer, die durch sie hindurchgehen. Die Empfin-

dungen, Perzepte und Affekte, sind *Wesen*, die durch sich selbst gelten und über alles Erleben hinausreichen. Sie sind, so könnte man sagen, in der Abwesenheit des Menschen, weil der Mensch, so wie er im Stein, auf der Leinwand oder im Verlauf der Wörter gefaßt wird, selbst eine Zusammensetzung, ein Komplex aus Perzepten und Affekten ist. Das Kunstwerk ist ein Empfindungssein und nichts anderes: es existiert an sich.

Die Akkorde sind Affekte. Konsonant und dissonant, die Ton- oder Farbakkorde sind die musikalischen oder malerischen Affekte. Rameau hat die Gleichheit von Akkord und Affekt herausgestellt. Der Künstler erschafft Blöcke aus Perzepten und Affekten, doch das einzige Gesetz des Schaffens lautet: die Zusammensetzung muß für sich selbst stehen können. Daß der Künstler es fertigbringt, daß sie für sich allein aufrecht steht: darin beruht die größte Schwierigkeit. Dazu bedarf es manchmal – vom Gesichtspunkt eines vorausgesetzten Modells, dem der erlebten Perzeptionen und Affektionen – einer gehörigen Portion geometrischer Unwahrscheinlichkeit, physischer Unvollkommenheit, organischer Anomalie, aber diese sublimen Fehler erreichen die Notwendigkeit von Kunst, wenn sie die inneren Mittel sind, sich aufrecht (oder sitzend oder liegend) zu halten. Es gibt eine malerische Möglichkeit, die nichts mit physischer Möglichkeit zu tun hat und die den akrobatischsten Stellungen die Kraft verleiht, senkrecht zu stehen. Umgekehrt sind so viele Werke, die den Anspruch erheben, Kunst zu sein, unfähig, auch nur einen Augenblick aufrecht zu stehen. Von alleine sich aufrecht zu halten: das heißt nicht, ein Oben und ein Unten zu haben, heißt nicht, gerade zu sein (selbst Häuser sind trunken und schief), das ist lediglich der Akt, kraft dessen der erschaffene Empfindungskomplex sich an sich selbst erhält. Ein Monument, aber ein Monument kann aus wenigen Strichen oder einigen Linien bestehen, wie ein Gedicht von Emily Dickinson. Aus der Skizze eines verbrauchten alten Esels, »welch ein Wunder!, aus zwei Federstrichen gemacht, die jedoch auf einen festen Grund gestellt sind«, wo die Empfindung um so besser von Jahren »fortwährender, verbissener, rücksichtsloser Arbeit« zeugt.[1] Die Moll-Tonart ist eine um so wesentlichere Prüfung, als sie den Musiker vor die Herausforderung stellt, sie ihrer ephemeren Verbindungen zu entreißen und solide und dauerhaft zu gestalten, sich selbst-bewahrend noch in den akrobatischsten Stellungen. Der Ton muß nicht weniger in seinem Erlöschen wie seiner Produktion und Entfaltung gehalten werden. Ungeachtet seiner Bewunderung für Pissaro und Monet warf Cézanne den Impressionisten vor, daß die optische Mischung der Farben nicht genüge, um ein hinreichend »Festes und Beständiges« »wie die Kunst der Museen«, wie »die farbige Unvergänglichkeit des Blutes« bei Rubens zu erreichen.[2] Das ist nur eine Redeweise, weil Cézanne nichts hinzufügt, das den Impressionismus bewahren würde, er sucht eine andere Festigkeit, andere Fundamente und andere Blöcke.

Die Frage, ob Drogen dem Künstler helfen, diese Empfindungswesen zu schaffen, ob sie zu den inneren Mitteln gehören, ob sie uns wirklich zu den »Pforten der Wahrnehmung« führen, ob sie uns den Perzepten und Affekten ausliefern, erhält insoweit eine allgemeine Antwort, als die unter Drogen geschaffenen Verbindungen meistens außerordentlich zerbrechlich sind und unfähig, sich selbst zu erhalten, als sie sich im gleichen Augenblick, da sie erschaffen oder betrachtet werden, auch schon wieder auflösen. Man kann auch Kinderzeichnungen bewundern oder vielmehr von ihnen ergriffen werden; doch selten halten sie sich auf-

---

1 Edith Wharton, *Les metteurs en scène*, Paris 1989, S. 263. (Es handelt sich um einen mondänen Akademiemaler, der freiwillig zu malen aufhört, nachdem er ein kleines Gemälde eines seiner verkannten Zeitgenossen entdeckt: »Und ich hatte kein einziges meiner Werke geschaffen, ich hatte sie bloß übernommen...«)
2 *Gespräche mit Cézanne*, hg. von Michael Doran. Deutsch von Jürg Bischoff, Zürich 1982, S. 151 u. 157.

recht, und Klee oder Miró gleichen sie nur, wenn man sie sich nicht allzulange anschaut. Dagegen bleiben die Malereien von Verrückten häufig bestehen, vorausgesetzt allerdings, daß sie vollgestopft sind und keine Lücke mehr offenlassen. Dennoch brauchen die Blöcke Räume von Luft und Leere um sich, denn selbst die Leere ist Empfindung, jede Empfindung verbindet sich mit der Leere, indem sie sich mit sich selbst verbindet, alles hält sich auf der Erde und in der Luft und erhält die Leere, erhält sich im Leeren, indem es sich selbst erhält. Eine Leinwand kann völlig bemalt sein, so daß nicht einmal mehr Luft durchdringt – ein Kunstwerk ist sie doch nur, wenn sie, wie der chinesische Maler sagt, genug Lücken läßt (und sei es durch die Vielfalt von Ebenen), damit dort Pferde herumtollen können.[3]

Man malt, skulptiert, komponiert, schreibt mit Empfindungen. Man malt, skulptiert, komponiert, schreibt Empfindungen. Die Empfindungen als Perzepte sind keine auf ein Objekt verweisenden Perzeptionen (Referenz): ähneln sie einer Sache, dann ist es in einer durch ihre eigenen Mittel geschaffenen Ähnlichkeit, und das Lächeln auf der Leinwand ist lediglich aus Farben, Strichen, aus Schatten und Licht gemacht. Wenn die Ähnlichkeit das Kunstwerk heimsuchen kann, dann deshalb, weil die Empfindung sich nur auf sein Material bezieht: Sie ist das Perzept oder der Affekt des Materials selbst, das Lächeln aus Ölfarbe, die Geste aus gebranntem Ton, der Schwung aus Metall, das Gedrungene des romanischen Steins und das Aufstrebende des gotischen Steins. Und das Material ist in jedem Einzelfall so vielfältig (der Träger der Leinwand, das Wirkende von Pinsel oder Bürste, die Farbe in der Tube), daß es schwierig ist zu sagen, wo die Empfindung tatsächlich beginnt und wo sie aufhört; natürlich gehören die Präparierung der Leinwand, die Spur des Pinselhaars und vieles andere mehr zur Empfindung. Wie

---

3 Vgl. François Cheng, *Vide et plein*, Paris 1979, S. 63 (Zitat des Malers Huang Pin-Hung).

könnte die Empfindung sich erhalten ohne ein Material, das zu dauern vermag, und diese wie immer kurze Zeit wird als Dauer angesehen; wir werden sehen, wie die Ebene des Materials unwiderstehlich aufsteigt und in die Kompositionsebene der Empfindungen selbst eindringt, bis sie dazugehört oder davon nicht mehr zu unterscheiden ist. In diesem Sinne sagt man, der Maler sei Maler und nichts als Maler, »mit einer so angepackten Farbe, als wäre sie aus der Tube gepreßt, mit dem Eindruck jedes seiner Pinselhaare in der Farbe«, mit diesem Blau, das kein Wasserblau ist, sondern »ein Blau flüssiger Farbe«. Und doch ist, zumindest *de jure*, die Empfindung nicht dasselbe wie das Material. Was sich *de jure* erhält, ist nicht das Material, das lediglich die faktische Voraussetzung bildet; was sich vielmehr an sich erhält – und zwar so lange, wie diese Voraussetzung erfüllt ist (solange Leinwand, Farbe und Stein nicht zu Staub zerfallen) –, das ist das Perzept oder der Affekt. Selbst wenn das Material nur einige Sekunden Bestand hätte, würde es der Empfindung das Vermögen schenken, zu existieren und sich an sich zu erhalten, *in der Ewigkeit, die zusammen mit dieser kurzen Dauer existiert*. Solange das Material andauert, so lange enthält die Empfindung in diesen Augenblicken eine Ewigkeit. Die Empfindung verwirklicht sich nicht im Material, ohne daß das Material nicht vollständig in die Empfindung, in das Perzept oder den Affekt übergeht. Die gesamte Materie wird expressiv. Der Affekt ist metallisch, kristallin, steinern..., und die Empfindung ist nicht farbig, sie ist, wie Cézanne sagt, farbgebend. Deshalb ist derjenige, der nichts als Maler ist, auch mehr als ein Maler, weil er »vor uns, vor der starren Leinwand«, nicht die Ähnlichkeit, sondern die reine Empfindung »der gemarterten Blume, der überall von seinem trunkenen Pinsel niedergesäbelten, durchpflügten und bedrängten Landschaft« »erscheinen läßt«, »das Farbenwasser der Natur« zurückgebend.[4] Von einem Material zu einem

---

4 Antonin Artaud, *Van Gogh, der Selbstmörder durch die Gesellschaft und Texte über Baudelaire, Coleridge, Lautréamont und Gérard de Nerval*,

anderen – von der Geige zum Klavier, vom Pinsel zur Bürste, von Öl- zu Pastellfarbe – geht man nur über, sofern der Empfindungskomplex dies verlangt. Und so stark sich ein Künstler auch für die Wissenschaft interessieren mag, ein Empfindungskomplex wird nie in den »Mischungen« des Materials aufgehen, die die Wissenschaften in Sachverhalten bestimmt: davon zeugt auf beeindruckende Weise die »optische Mischung« der Impressionisten.

Das Ziel der Kunst besteht darin, mit den Mitteln des Materials das Perzept den Perzeptionen eines Objekts und den Zuständen eines perzipierenden Subjekts zu entreißen, den Affekt den Affektionen als Übergang eines Zustands in einen anderen zu entreißen. Einen Block von Empfindungen, ein reines Empfindungswesen zu extrahieren. Dazu bedarf es einer Methode, die je nach Autor anders ist und zum Werk gehört. Man braucht nur Proust und Pessoa zu vergleichen, bei denen die Suche nach der Empfindung als Wesen zur Erfindung unterschiedlicher Verfahren führt.[5] In dieser Hinsicht befinden sich die Schriftsteller in keiner anderen Lage als die Maler, die Musiker, die Architekten. Das besondere Material der Schriftsteller sind die Wörter und die Syntax, die geschaffene Syntax, die unwiderstehlich in ihrem Werk aufsteigt und in die Empfindung gleitet. Um aus den erlebten Perzeptionen herauszutreten, genügt das Gedächtnis natürlich nicht, das lediglich alte Perzeptionen heraufbeschwört, auch ein unwillkürliches Gedächtnis nicht, das die Wieder-

---

ausgewählt und übersetzt von Franz Loechler, München 1993, S. 40 ff., und S. 40, 42: »Als ein Maler und nichts anderes hat sich van Gogh die Mittel der reinen Malerei zu eigen gemacht und er hat sie nicht überschritten [...] das Wunderbare ist, daß dieser Maler, der nichts als ein Maler ist, ebenso von allen geborenen Malern derjenige ist, der am meisten vergessen läßt, daß wir es mit Malerei zu tun haben [...].«

[5] José Gil widmet ein Kapitel den Verfahren, mit denen Pessoa, ausgehend von den erlebten Perzeptionen, das Perzept gewinnt, vor allem in »Meeresode« (*Fernando Pessoa ou la métaphysique des sensations*, Paris 1987, Kap. II).

erinnerung als erhaltenden Faktor der Gegenwart hinzufügt. Das Gedächtnis greift in der Kunst nur selten ein (selbst und vor allem auch bei Proust). Wohl ist jedes Kunstwerk ein Monument, aber hier ist das Monument nicht etwas, das eine Vergangenheit ins Gedächtnis zurückruft, es ist ein Block gegenwärtiger Empfindungen, die ihre Bewahrung nur sich selbst verdanken und die dem Ereignis die Verbindung verleihen, durch die es gefeiert wird. Der Akt des Monuments ist nicht das Gedächtnis, vielmehr die Fabulation. Man schreibt nicht mit Kindheitserinnerungen, sondern durch Kindheitsblöcke, die ein Kind-Werden des Gegenwärtigen sind. Die Musik ist voll davon. Nicht Gedächtnis braucht es, sondern ein komplexes Material, das man nicht im Gedächtnis findet, sondern in den Wörtern, in den Tönen: »Gedächtnis, ich hasse dich.« Zum Perzept oder Affekt dringt man nur vor als zu autonomen und sich selbst genügenden Wesen, die denjenigen, die sie empfinden oder empfunden haben, nichts mehr schulden: Combray, wie es niemals erlebt wurde, wie es nicht ist und nicht sein wird, Combray als Kathedrale oder Monument.

Und sind die Methoden auch sehr verschieden, nicht nur je nach Kunstform, sondern auch nach Autor oder Verfasser, so lassen sich dennoch große Monumentaltypen kennzeichnen oder »Spielarten« von Empfindungskomplexen: die *Schwingung* als Charakteristikum der einfachen Empfindung (aber sie ist bereits dauerhaft oder zusammengesetzt, da sie auf- oder absteigt, einen grundlegenden Niveauunterschied beinhaltet, einem unsichtbaren, eher nervlichen denn zerebralen Strang folgt); *die Umfassung oder das Ineinander von Körpern* (wenn zwei Empfindungen ineinander widerhallen, indem sie sich so sehr aneinanderschmiegen, und zwar in einer Verschränkung der Körper, die nur mehr aus »Energien« besteht); *das Zurückweichen, die Trennung, die Dehnung* (wenn zwei Empfindungen sich im Gegenteil voneinander entfernen, sich lösen, um aber nur noch durch das Licht, die Luft oder die Leere vereint zu sein, die sich zwischen sie oder in sie wie ein Keil hineintreiben, der in einem so dicht und so locker ist, daß er sich bei wachsender Distanz nach allen Richtungen hin ausdehnt und einen Block bildet, der keiner Stütze mehr bedarf). Die Empfindung schwingen lassen – die Empfindung verkoppeln – die Empfindung öffnen oder aufschlitzen, aushöhlen. Die Skulptur zeigt diese Typen fast in Reinkultur, mit ihren Stein-, Marmor- oder Metall-Empfindungen, die je nach der Anordnung von starken und schwachen Taktzeiten, von Vorsprüngen und Vertiefungen vibrieren, mit ihrem machtvollen Ineinander von Körpern, das sie miteinander verflicht, mit ihrer Aufteilung von großen Leerstellen von einer Gruppe zur anderen und innerhalb einer Gruppe, wo nicht mehr auszumachen ist, ob das Licht oder die Luft es ist, die modelliert oder selbst modelliert wird.

Der Roman hat sich häufig zum Perzept erhoben: Nicht die Perzeption der Heide, sondern die Heide als Perzept bei Thomas Hardy; die ozeanischen Perzepte Melvilles; die urbanen Perzepte oder jene des Spiegels bei Virginia Woolf. Die Landschaft sieht. Allgemeiner gesprochen, welcher große Schriftsteller hat nicht jenes Empfindungswesen zu erschaffen gewußt, das eine ganz bestimmte Stunde des Tages in sich bewahrt, die Wärme eines Augenblicks (Faulkners Hügel, Tolstois oder Tschechows Tundra)? Das Perzept, das ist die Landschaft vor dem Menschen, in der Abwesenheit des Menschen. Aber wieso muß denn in allen diesen Fällen das gesagt werden, da doch Landschaft nicht unabhängig ist von den unterstellten Perzeptionen der Personen und vermittelt über sie von den Perzeptionen und Erinnerungen des Autors? Und wie könnte denn die Stadt ohne den Menschen oder vor ihm sein, der Spiegel ohne die alte Frau, die sich darin widerspiegelt, auch wenn sie sich nicht darin betrachtet? Darin beruht das (häufig kommentierte) Rätsel Cézannes: »der Mensch soll nicht da sein, aber ganz eingegangen in die Landschaft«. Die Personen können nur existieren und der Autor sie nur erschaffen, weil sie nicht wahrnehmen, sondern in die Landschaft eingegangen und selbst Teil des Empfindungskomplexes sind. Wohl hat Ahab Perzeptionen des Meeres, aber doch nur, weil er in eine Beziehung zu Moby Dick getreten ist, die ihn Wal werden läßt und einen Empfindungskomplex bildet, der niemanden mehr braucht: Ozean. Mrs. Dalloway nimmt zwar die Stadt wahr, aber nur, weil sie wie »eine Klinge durch alle Dinge« in die Stadt eingedrungen und selbst unsichtbar geworden ist. *Die Affekte sind genau jenes Nicht-menschlich-Werden des Menschen,* wie die Perzepte (einschließlich der Stadt) *die nicht-menschlichen Landschaften der Natur sind.* »Eine Weltminute zieht vorüber«, und man bewahrt sie nur, indem man, wie Cézanne sagt, mit »ihr eins« wird.[6] Man ist nicht in der Welt, man wird mit der Welt, man wird in ihrer Betrachtung. Alles ist Schauen, Werden. Man wird Universum. Tier-Werden, Pflanze-Werden, Molekular-Werden, Null werden. Kleist ist sicher derjenige, der am meisten mittels Affekten schrieb, sich ihrer wie Steine oder Waffen bediente, sie in Werdensprozessen abrupter Versteinerung oder unendlicher Beschleunigung ergriff, im Hündin-Werden Penthesileas und ihrer halluzinierten Perzepte. Das gilt für alle Künste: Welche seltsamen Werden entfesselt die Musik vermittels ihrer »melodischen Landschaften« und ihrer »rhythmischen Personen«, wie Messiaen sagt, indem sie in einem Empfindungs-

---

6 Cézanne, a. a. O., S. 142. Vgl. Erwin Straus, *Vom Sinn der Sinne. Ein Beitrag zur Grundlegung der Psychologie*, Berlin/Heidelberg/New York 1952, S. 340: »Die großen Landschaften haben alle einen visionären Charakter. Die Vision ist ein Sichtbar-Werden des Unsichtbaren.... Unsichtbar ist die Landschaft darum, weil wir sie um so mehr gewinnen, je mehr wir uns in sie verlieren. Um in die Landschaft zu gelangen, müssen wir nach Möglichkeit alle zeitliche, räumliche, gegenständliche Bestimmtheit fahrenlassen; aber die Auflösung ergreift nicht nur das Gegenständliche, *sie ergreift* in gleichem Maße *uns selbst*. In der Landschaft hören wir auf, geschichtliche, d. h. uns selbst objektivierbare Wesen zu sein, Wesen. *Wir haben kein Gedächtnis* für die Landschaft, auch nicht für uns in der Landschaft. Wir träumen am hellen Tag und mit offenen Augen. Wir sind der gegenständlichen Welt, aber auch uns selbst entrückt. So das Empfinden.«

wesen das Molekulare und das Kosmische, die Sterne, die Atome und die Vögel komponiert? Welcher Schrecken sucht den Kopf van Goghs heim, gefangen in einem Sonnenblumen-Werden? Jedesmal bedarf es des Stils – der Syntax eines Schriftstellers, der Tonarten und Rhythmen eines Musikers, der Striche und Farben eines Malers –, um sich von den erlebten Perzeptionen zum Perzept, von den Affektionen zum Affekt zu erheben.

Wir legen solchen Nachdruck auf die Kunst des Romans, weil er die Quelle eines Mißverständnisses ist: Viele Menschen meinen, einen Roman könne man mit seinen Perzeptionen und Affektionen, seinen Erinnerungen oder Archiven, seinen Reisen und Phantasmen, seinen Kindern und Verwandten, mit den interessanten Personen, die man treffen konnte, und vor allem mit der interessanten Person, die man zwangsläufig selbst ist (wer ist es nicht?), schließlich mit seinen Meinungen als Kitt des Ganzen machen. Bei Bedarf werden dann große Autoren angeführt, die lediglich ihr Leben erzählt hätten, Thomas Wolfe oder Miller. Man bekommt gewöhnlich zusammengewürfelte Werke, wo man sich viel bewegt, allerdings auf der Suche nach einem Vater, den man nur in sich selbst findet: der Journalisten-Roman. Uns wird nichts erspart, bei fehlender wirklich künstlerischer Arbeit. Die Grausamkeit, deren Augenzeuge man war, auch die Verzweiflung, durch die man gegangen ist, müssen gar nicht so sehr verwandelt werden, damit sich einmal mehr die Meinung herstellt, die sich allgemein an Kommunikationsschwierigkeiten entzündet. Rossellini sah darin einen Grund, auf Kunst zu verzichten: Die Kunst hatte sich allzusehr vom Infantilismus und der Grausamkeit erobern lassen, von beiden auf einmal, grausam und plärrend, jammernd und befriedigt, so daß es besser war, darauf zu verzichten.[7] Noch interessanter ist, daß Rossellini denselben Übergriff in der Malerei sah. Doch vor allem die Literatur hat nicht aufge-

---

7 Roberto Rossellini, *Le cinéma révélé*, Paris 1988, S. 80 ff.

hört, derartige ambivalente Beziehungen zum Erleben zu unterhalten. Man mag durchaus eine große Beobachtungsgabe und viel Phantasie besitzen: Läßt sich mit Perzeptionen, Affektionen und Meinungen schreiben? Selbst in den am wenigsten autobiographischen Romanen kann man sehen, wie die Meinungen einer Vielzahl von Personen aufeinanderprallen, sich kreuzen, wobei jede Meinung von den Perzeptionen und Affektionen einer jeden abhängen, je nach deren sozialer Situation und ihren individuellen Abenteuern, das Ganze erfaßt von einem breiten Strom: der Meinung des Autors, die sich freilich aufspaltet und wieder auf die Personen zurückschlägt oder aber sich versteckt, damit der Leser sich seine eigene stricken kann: So fängt sogar die große Roman-Theorie Bachtins an (glücklicherweise bleibt er da nicht stehen, das ist gerade die »parodistische« Grundlage des Romans...).
Die schöpferische Fabulation oder Fiktion hat weder mit einer Erinnerung – und sei sie auch erweitert – zu tun noch mit einem Phantasma. Tatsächlich geht der Künstler, darin eingeschlossen der Romancier, über die perzeptiven Zustände und affektiven Übergänge des Erlebten hinaus. Er ist ein Seher, ein Werdender. Wie sollte er erzählen, was ihm geschehen ist oder was er sich in seiner Phantasie vorstellt, da er doch ein Schatten ist? Er hat in seinem Leben etwas allzu Großes, auch allzu Untragbares gesehen und die Zwänge des Lebens samt dem, wovon es bedroht ist, so daß der Rest an Natur, den er wahrnimmt, oder die Stadtviertel und deren Personen zu einer Vision gelangen, die vermittels ihrer die Perzepte dieses Lebens, dieses Augenblicks bildet, dabei die erlebten Perzeptionen in eine Art Kubismus, Simultaneismus, grellen Lichts oder Dämmerung, in Purpur oder Blau explodieren läßt, die kein anderes Objekt oder Subjekt mehr haben als sich selbst. »Stile nennt man jene in Zeit und Raum angehaltenen Visionen«, sagte Giacometti. Immer geht es darum, das Leben dort, wo es gefangen ist, zu befreien – oder es doch in einem unsicheren Kampf zu versuchen. Der Tod

des Stachelschweins bei Lawrence, der Tod des Maulwurfs bei Kafka: das sind fast unerträgliche Akte eines Romanciers; und zuweilen muß man sich auf den Boden legen, wie es auch der Maler tut, um zum »Motiv« vorzudringen, das heißt zum Perzept. Die Perzepte können teleskopisch oder mikroskopisch sein, sie verleihen den Personen und Landschaften Dimensionen von Riesen, als wären sie aufgebläht durch ein Leben, an das keine erlebte Perzeption herankommt. Die Größe Balzacs. Egal, ob seine Personen, seine Figuren medioker *sind* oder nicht: sie *werden* Riesen, wie Bouvard und Pécuchet, Bloom und Molly, Mercier und Camier, ohne aufzuhören, das zu sein, was sie sind. Kraft der Mediokrität, kraft selbst der Dummheit oder Gemeinheit können sie nicht einfach (einfach sind sie nie), sondern riesig werden. Sogar die Zwerge und Krüppel können gelegen kommen: Jede Fabulation ist Herstellung von Riesen.[8] Ob medioker oder grandios, sie sind zu lebendig, um gelebt oder erlebt zu werden. Thomas Wolfe holt aus seinem Vater einen Riesen und Miller aus der Stadt einen schwarzen Planeten heraus. Wolfe kann die Menschen des alten Catawha über ihre dümmlichen Meinungen und Gesprächsmanie beschreiben; und doch erstellt er damit ein geheimes Denkmal ihrer Einsamkeit, ihrer Wüste, ihrer ewigwährenden Erde und ihrer unbemerkten, vergessenen Leben. Faulkner kann ebenso ausrufen: o ihr Menschen von Yoknapatawpha... Es heißt, der monumentale Romancier lasse sich selbst vom Erleben »inspirieren«, und das stimmt; Monsieur de Charlus ähnelt stark Montesquiou, aber zwischen Montesquiou und Monsieur de Charlus besteht, wird einmal Bilanz gezogen, in

---

8 Im zweiten Kapitel von *Die beiden Quellen der Moral und der Religion* (aus dem Französischen von Eugen Lerch, Frankfurt am Main 1992) analysiert Bergson die Fabulation als ein von der Phantasie sehr verschiedenes visionäres Vermögen; sie besteht darin, Götter und Geister zu erschaffen, jene »›halbpersönlichen Mächte‹ oder ›wirksamen Gegenwarten‹«. Sie wirken zuerst in den Religionen, entwickeln sich dann aber frei in Kunst und Literatur.

etwa die gleiche Beziehung wie zwischen dem bellenden Tier-Hund und dem Sternbild des Hundes am Himmel.
Wie einen Augenblick der Welt dauerhaft machen oder es erreichen, daß er für sich existiert? Virginia Woolf gibt eine Antwort, die für die Malerei oder die Musik ebenso gilt wie für das Schreiben: »jedes Atom sättigen«, »alles eliminieren, was Abfall ist, Tod und Überflüssigkeit«, alles, was an unseren geläufigen und erlebten Perzeptionen klebt, was die Nahrung des mittelmäßigen Romanciers ausmacht, nichts anderes bewahren als die Sättigung, die uns ein Perzept gibt, »in den Augenblick das Absurde hineinnehmen, die Fakten, das Schmutzige, freilich transparent behandelt«, »alles hineinnehmen und währenddessen sättigen.«[9] Dafür, daß sie zum Perzept als der »geheiligten Quelle« vorgedrungen, das Leben im Lebenden oder das Lebende im Erleben gesehen haben, kommen der Romancier oder der Künstler mit geröteten Augen und außer Atem zurück. Sie sind Athleten: nicht solche, die ihren Körper in die richtige Form gebracht, das Erleben kultiviert hätten, wenngleich viele Schriftsteller nicht widerstehen konnten, im Sport ein Mittel zur Steigerung von Kunst und Leben zu sehen, vielmehr bizarre Athleten vom Typ »Hungerkünstler« oder »Großer Schwimmer«, der nicht schwimmen konnte. Eine Athletik, die nicht organisch oder muskulär ist, sondern eine »affektive Athletik«, die das anorganische Double der anderen wäre, eine Athletik des Werdens, die lediglich Kräfte offenbart, die nicht die ihren sind, »plastisches Phantom«.[10] In dieser Hinsicht sind die Künstler wie die Philosophen: Sie haben häufig eine fragile Gesundheit, aber dies nicht aufgrund ihrer Krankheiten oder Neurosen, vielmehr weil sie im Leben etwas für jeden von uns viel zu Großes gesehen haben, etwas zu Großes für sie, das ihnen das diskrete Zeichen des Todes

---

9 *The diaries of Virginia Woolf*, hg. von Anne Oliver Bell, London 1980, Bd. 3, S. 209.
10 Antonin Artaud, *Das Theater und sein Double*, Frankfurt am Main 1969, S. 141.

auferlegt hat. Aber dieses Etwas ist zugleich auch die Quelle oder der Atem, die sie über die Krankheiten des Erlebten hinweg leben lassen (was Nietzsche Gesundheit nennt). »Eines Tages wird man vielleicht wissen, daß es keine Kunst gab, sondern nur Medizin...«[11]

Der Affekt übersteigt die Affektionen nicht minder wie das Perzept die Perzeptionen. Der Affekt ist kein Übergang von einem Erlebniszustand in einen anderen, sondern das Nichtmenschlich-Werden des Menschen. Ahab ahmt nicht Moby Dick nach, und Penthesilea »mimt« keine Hündin: Das ist keine Nachahmung, keine erlebte Sympathie und auch keine imaginäre Identifikation. Das ist keine Ähnlichkeit, obwohl es Ähnlichkeit gibt. Aber es ist eben nur eine produzierte Ähnlichkeit. Es ist vielmehr eine extreme Kontiguität innerhalb einer Verklammerung zweier Empfindungen ohne Ähnlichkeit oder ganz im Gegenteil im Entferntsein eines Lichts, das beide in ein und demselben Reflex erfaßt. André Dhôtel hat seine Personen in seltsame Pflanzen-Werden versetzen können: Baum- oder Aster-Werden. Dabei verwandelt sich nicht, wie er sagte, das eine in das andere, sondern etwas passiert von einem zum anderen.[12] Dieses Etwas kann nur als Empfindung präzisiert werden. Das ist eine Unbestimmtheits-, eine Ununterscheidbarkeitszone, als ob Dinge, Tiere und Personen (Ahab und Moby Dick, Penthelisea und die Hündin) in jedem einzelnen Fall jenen doch im Unendlichen liegenden Punkt erreicht hätten, der unmittelbar ihrer natürlichen Differenzierung vorausgeht. Das nennt man einen Affekt. In *Pierre ou les ambiguités* erreicht Pierre die Zone, wo er sich nicht mehr von seiner Halbschwester Isabelle unterscheidet und zur Frau wird. Einzig das Leben schafft derartige Zonen, in denen die lebendigen Wesen herumwir-

---

11 Le Clézio, *HAI*, Paris 1987, S. 7 (»Ich bin ein Indianer«... obwohl ich weder Mais anbauen noch einen Einbaum schnitzen kann...). In einem berühmten Text sprach Michaux von jener der Kunst eigenen »Gesundheit«: Nachwort zu »Mes propriétés«, *La nuit remue*, Paris 1935, S. 193.
12 André Dhôtel, *Terres de mémoires*, Paris 1979, S. 225 f.

beln, und einzig die Kunst vermag in ihrem Geschäft des Mit-Erschaffens dahin vorzustoßen und darin einzudringen. Weil die Kunst selbst von diesen Unbestimmtheitszonen lebt, sobald das Material, wie in einer Skulptur Rodins, in die Empfindung übergeht. Das sind Blöcke. Malerei bedarf anderes als die Geschicklichkeit des Zeichners, der die Ähnlichkeit menschlicher und tierischer Gestalten kennzeichnete und uns an deren Transformation teilnehmen ließe. Es bedarf ganz im Gegenteil der Macht eines Stoffes, der die Formen auflösen und die Existenz eines solchen Bereichs durchsetzen kann, in dem man nicht mehr weiß, wer Tier und wer Mensch ist, weil etwas sich erhebt wie der Triumph oder das Monument ihrer Ununterschiedenheit; so Goya oder selbst Daumier, Redon. Der Künstler muß die Verfahren und plastischen oder syntaktischen Materialien schaffen, die zu einem derartig großen Unternehmen nötig sind, das überall die ursprünglichen Sümpfe des Lebens wiedererschafft (die Verwendung von Radierung und Aquatinta durch Goya). Der Affekt vollzieht gewiß keine Rückkehr zu den Ursprüngen, als fände man – in Begriffen der Ähnlichkeit – das Fortbestehen eines bestialischen oder primitiven Menschen unter dem zivilisierten. Die äquatorialen oder glazialen Zonen, die sich der Differenzierung der Arten, Geschlechter, Ordnungen und Reiche entziehen, agieren und prosperieren gegenwärtig in den gemäßigten Milieus unserer Zivilisation. Es geht nur um uns, hier und heute; aber was tierisch in uns ist, pflanzlich, mineralisch oder menschlich, ist nicht mehr unterschieden – obwohl gerade wir dabei gewaltig an Unterscheidung gewannen. Das Maximum an Bestimmtheit bricht aus diesem Nachbarschaftsblock wie ein Blitz hervor.
Genau weil die Meinungen Funktionen des Erlebens sind, beanspruchen sie eine gewisse Kenntnis von den Affektionen. Darin, was die Leidenschaften des Menschen und deren Ewigkeit angeht, sind die Meinungen unübertroffen. Doch hat man den Eindruck, so bemerkte Bergson, daß die Meinung die affektiven Zustände verkennt und daß sie jene

zusammenfaßt oder abtrennt, die es nicht sein sollten.[13] Es genügt nicht einmal, wie es die Psychoanalyse tut, den registrierten Affektionen verbotene Objekte vorzugeben oder die Unbestimmtheitszonen durch Ambivalenzen zu ersetzen. Ein großer Romanschriftsteller ist vor allem ein Künstler, der unbekannte oder verkannte Affekte erfindet und sie zutage fördert als das Werden seiner Personen: die Dämmerzustände der Ritter in den Romanen von Chrétien de Troyes (in Zusammenhang mit einem möglichen Begriff von Rittertum), die Zustände einer nahezu katatonischen »Ruhe«, die mit der Pflicht zusammenfallen, entsprechend Mme de Lafayette (in Zusammenhang mit einem Begriff von Quietismus)... bis zu den Zuständen Becketts als um so grandioseren Affekten, wie sie arm an Affektionen sind. Wenn Zola seinen Lesern suggeriert: »Passen Sie auf, meine Personen empfinden keine Gewissensbisse«, sollten wir darin nicht den Ausdruck einer physiologistischen These sehen, sondern die Zuschreibung neuer Affekte, die mit der Erschaffung von Personen im Naturalismus aufsteigen, der Durchschnittstyp, der Perverse, die Bestie (und was Zola Instinkt nennt, ist von einem Tier-Werden nicht zu trennen). Wenn Emily Bronté das Band zwischen Heathcliff und Catherine nachzeichnet, erfindet sie einen gewalttätigen Affekt, der auf keinen Fall mit der Liebe verwechselt werden darf, als eine Brüderlichkeit zwischen zwei Wölfen. Wenn Proust anscheinend auf so minuziöse Weise die Eifersucht beschreibt, dann erfindet er einen Affekt, weil er unaufhörlich die in der Meinung vorherrschende Rangordnung zwischen den Affektionen umkehrt, wonach die Eifersucht eine unglückliche Konsequenz der Liebe sei: Für ihn ist die Eifersucht vielmehr Finalität, Bestimmung, und wenn man lieben muß, dann um eifersüchtig sein zu können; die Eifersucht als Sinn der Zeichen, der Affekt als Semiologie. Wenn Claude Simon die wunderbare passive Liebe zur Mutter Erde schildert, dann moduliert er

---

13 Henri Bergson, *Denken und schöpferisches Werden*, Hamburg 1993.

einen Affekt aus Ton, kann er sagen: »Das ist meine Mutter«, und man glaubt ihm, da er es sagt, eine Mutter freilich, die er in die Empfindung hat übergehen lassen und der er ein so originelles Denkmal erbaut, daß sie nicht mehr mit ihrem realen Sohn ein zuschreibbares Verhältnis hat, sondern mit einer weit ferneren und gleichermaßen erschaffenen Person, mit Faulkners Eula. So können die großen schöpferischen Affekte je nach Autor sich verknüpfen oder entkoppeln, und zwar in Empfindungskomplexen, die sich transformieren, vibrieren, sich verklammern oder spalten: Es sind diese Empfindungswesen, die über das Verhältnis des Künstlers zu einem Publikum Aufschluß geben, über das Verhältnis der Werke eines Künstlers untereinander oder selbst über eine mögliche Affinität zwischen Künstlern.[14] Der Künstler fügt der Welt stets neue Spielarten hinzu. Die Empfindungswesen sind Spielarten, *Varietäten*, so wie die Begriffswesen Variationen und die Funktionswesen Variablen sind.

Von aller Kunst wäre zu sagen: Der Künstler ist Zeiger von Affekten, Erfinder von Affekten, Schöpfer von Affekten, in Verbindung mit den Perzepten oder Visionen, die er uns gibt. Nicht nur in seinen Werken erschafft er sie, er gibt sie uns und läßt uns mit ihnen werden, er nimmt uns mit hinein ins Zusammengesetzte. Die Sonnenblumen van Goghs sind Werden, wie die Disteln Dürers oder die Mimosen Bonnards. Redon nannte eine Lithographie: »Es gab vielleicht ein erstes in der Blume versuchtes Sehen«. Die Blume sieht. Reiner und schlichter Schrecken: »Und siehst du diese Sonnenblume, die durch mein Schlafzimmerfenster hereinsieht? Den ganzen Tag glotzt sie in mein Zimmer.«[15] Eine Geschichte der Blumen in der Malerei ist wie die immer wieder

---

14 Diese drei Fragen tauchen häufig bei Proust auf: vor allem in »Die wiedergefundene Zeit«, in: Marcel Proust, *Auf der Suche nach der verlorenen Zeit*, Bd. 13, Frankfurt am Main 1964, S. 308 f. (über die Kunst, das Sehen und die Kunst als Erschaffung von Welten).
15 Malcolm Lowry, *Unter dem Vulkan*, Deutsch von Susanna Rademacher. Durchgesehen von Karin Graf, Reinbek bei Hamburg 1984, S. 221.

neu aufgenommene und fortgesetzte Erschaffung von Blumen-Affekten und Blumen-Perzepten. Kunst ist die Sprache der Empfindungen, ob sie über Wörter, Farben, Töne oder Steine verläuft. Kunst hat keine Meinung. Die Kunst zerstört die dreifache Organisation der Perzeptionen, Affektionen und Meinungen, um sie durch ein zusammengesetztes Monument aus Perzepten, Affekten und Empfindungsblöcken zu ersetzen, die für die Sprache stehen. Der Schriftsteller bedient sich der Wörter, aber so, daß er eine Syntax erschafft, die sie in Empfindung überführt, die die Normalsprache zum Stottern bringt, oder zum Zittern, oder zum Schreien oder sogar zum Singen: Das ist der Stil, der »Ton«, die Sprache der Empfindungen oder die Fremdsprache in der Muttersprache, jene, die um ein künftiges Volk wirbt, o ihr Menschen des alten Catawba, o ihr Menschen von Yoknapatawpha. Der Schriftsteller verbiegt die Sprache, läßt sie vibrieren, umklammert sie, spaltet sie, um den Perzeptionen die Perzepte, den Affektionen die Affekte, der Meinung die Empfindung zu entreißen – mit Blick, so ist zu hoffen, auf jenes Volk, das noch fehlt. »Ich wiederhole – mein Gedächtnis liebäugelt nicht mit der Vergangenheit, sondern ist ihr feindlich gesinnt, arbeitet nicht an ihrer Nachbildung, sondern bemüht sich, von ihr Abstand zu nehmen.... Was hatte meine Familie sagen wollen? Ich weiß es nicht. Sie stammelte von Geburt an – wo sie allerdings etwas zu sagen gehabt hätte. Es lastet auf mir und vielen meiner Zeitgenossen, daß wir stammelnd zur Welt kamen. Nicht sprechen haben wir gelernt, sondern lallen – und erst als wir hinhorchten auf das anwachsende Rauschen der Zeit und weiß waren von der Gicht ihrer Wellenkämme, fanden wir zur Sprache.«[16] Dies genau ist die Aufgabe aller Kunst, und die Malerei, die Musik entreißen den Farben und Tönen nicht minder die neuen Ak-

---

16 Ossip Mandelstam, *Das Rauschen der Zeit. Gesammelte »autobiographische« Prosa der 20er Jahre*. Aus dem Russischen übertragen und herausgegeben von Ralph Dutli, Frankfurt am Main 1989, S. 88 f.

korde, die plastischen oder melodischen Landschaften, die rhythmischen Personen, die sie bis zum Gesang der Erde und zum Schrei der Menschen emporheben: daraus besteht der Ton, die Gesundheit, das Werden, ein visueller und akustischer Block. Ein Monument gedenkt nicht, feiert nicht etwas, das sich ereignet hat, sondern vertraut dem Ohr der Zukunft die fortbestehenden Empfindungen an, die das Ereignis verkörpern: das stets wiederkehrende Leiden der Menschen, ihr immer wieder aufflammender Protest, ihr immer wieder aufgenommener Kampf. Sollte alles vergebens sein, weil das Leiden ewig währt und die Revolutionen ihren Sieg nicht überdauern? Doch der Erfolg einer Revolution beruht nur in ihr selbst, eben in den Schwingungen, den Umklammerungen, den Öffnungen, die sie den Menschen im Moment ihres Vollzugs gab und die in sich ein immer im Werden begriffenes Monument bilden, wie jene Grabhügel, denen jeder neue Reisende einen weiteren Stein hinzufügt. Der Sieg einer Revolution ist immanent und besteht in den neuartigen Banden, die sie zwischen den Menschen stiftet, auch wenn sie nicht länger Bestand haben als ihr geschmolzener Stoff und rasch der Trennung, dem Verrat weichen.

Die ästhetischen Figuren (und der sie schaffende Stil) haben nichts mit Rhetorik zu tun. Sie sind Empfindungen: Perzepte und Affekte, Landschaften und Gesichter, Sehen und Werden. Aber definieren wir den philosophischen Begriff nicht auch durch das Werden, und fast mit denselben Ausdrücken? Und doch sind die ästhetischen Figuren nicht mit den Begriffspersonen identisch. Vielleicht gehen sie ineinander über, in die eine oder die andere Richtung, wie Igitur oder Zarathustra, aber doch nur in dem Maße, wie es dort Begriffsempfindungen gibt und Empfindungsbegriffe. Es ist nicht dasselbe Werden. Das sinnliche Werden ist jener Akt, durch den etwas oder jemand fortwährend anders-wird (und dabei bleibt, was er ist), Sonnenblume oder Ahab, während das begriffliche Werden der Akt ist, durch den das gemeinsame Ereignis selbst dem, was ist, ausweicht. Dieses ist die in einer absoluten Form gefaßte Heterogenität, jenes die in einer Ausdrucksmaterie eingebundene Alterität. Das Monument aktualisiert nicht das virtuelle Ereignis, es inkorporiert oder inkarniert es vielmehr: Es verleiht ihm einen Körper, ein Leben, eine Welt. So definierte Proust die Kunst als Monument durch jenes das »Erleben« überragende Leben, durch seine »qualitativen Unterschiede«, seine »Welten«, die ihre eigenen Grenzen konstruieren, ihre Nähen und Fernen, ihre Konstellationen, die Empfindungsblöcke, die sie in Bewegung setzen, eine Rembrandt-Welt oder eine Debussy-Welt. Diese Welten sind weder virtuell noch aktuell, sie sind möglich, das Mögliche als ästhetische Kategorie (»etwas Mögliches, sonst ersticke ich«), die Existenz des Möglichen, während die Ereignisse die Wirklichkeit des Virtuellen sind, Formen eines Natur-Denkens, die alle möglichen Welten überfliegen. Das heißt nicht, daß der Begriff *de jure* der Empfindung vorausgeht: Selbst ein Empfindungsbegriff muß mit seinen eigenen Mitteln geschaffen werden, und eine Empfindung existiert in ihrer möglichen Welt, ohne daß der Begriff notwendigerweise in seiner absoluten Form existiert.

Kann die Empfindung mit einer ursprünglichen Meinung, einer Urdoxa* als Grund der Welt oder unwandelbares Fundament gleichgestellt werden? Die Phänomenologie findet die Empfindung in perzeptiven und affektiven »materiellen Apriori«, die über die erlebten Perzeptionen und Affektionen hinausgehen: das Gelb van Goghs oder die angeborenen Empfindungen Cézannes. Die Phänomenologie muß sich – wie wir gesehen haben – zur Phänomenologie der Kunst machen, weil die einem transzendentalen Subjekt gegebene Immanenz des Erlebens sich in transzendenten Funktionen ausdrücken muß, die nicht nur die Erfahrung im allgemeinen bestimmen, sondern hier und jetzt das Erleben selbst durchqueren und sich in ihr inkarnieren, indem sie lebendige Empfindungen bilden. Das Sein der Empfindung, der Block aus Perzept und Affekt, wird als Einheit oder Umkehrbarkeit von Fühlendem und Gefühltem erscheinen, als ihre innige Verflechtung, wie Hände, die sich verschränken: Der Leib wird sich zugleich vom erlebten Körper, der wahrgenommenen Welt und von der noch zu sehr an die Erfahrung gebundenen Intentionalität des einen zur anderen lösen – während der Leib uns das Sein der Empfindung gibt und die vom Erfahrungsurteil getrennte Urmeinung trägt. Leib der Welt und Leib des Körpers als sich wechselseitig austauschende Korrelate, ideale Koinzidenz.[17] Ein wundersamer Carnismus beseelt diese letzte Anverwandlung der Phänomenologie und stürzt sie in das Geheimnis der Inkarnation; es ist ein zugleich frommer und sinnlicher Begriff, ein Gemisch aus Sinnlichkeit und Religion, ohne das das Fleisch vielleicht sich nicht aufrecht halten könnte (es rutschte, wie in den Figuren Bacons, an den Knochen abwärts). Die Frage, ob der Leib der Kunst adäquat sei, läßt sich folgendermaßen formulieren: Ist er in der Lage, Perzept und Affekt zu tragen, das Empfindungswesen auszubilden – oder muß nicht vielmehr der Leib getragen werden und in andere Lebensmächte übergehen?

Der Leib ist nicht die Empfindung, auch wenn er an ihrer

---

17 Seit der *Phénoménologie de l'expérience esthétique* (Paris 1953) entwickelte Mikel Dufrenne eine Analytik der perzeptiven und affektiven Aprioris, die die Empfindung als Verhätnis von Körper und Welt begründeten. Er blieb Erwin Straus nahe. Aber gibt es ein Sein der Empfindung, das sich im Leib manifestierte? Dies war der Weg Merleau-Pontys in *Das Sichtbare und das Unsichtbare*: Dufrenne hat gegenüber einer solchen Ontologie des Fleisches nicht wenige Vorbehalte geltend gemacht (*L'Œil et l'oreille*, Paris 1991). Kürzlich hat Didier Franck das Thema Merleau-Pontys wiederaufgegriffen und den entscheidenden Stellenwert des Leibs bei Heidegger und bereits bei Husserl aufgewiesen (*Heidegger et le problème de l'espace. Chair et corps*, Paris 1986). Dieses ganze Problem steht im Zentrum einer Phänomenologie der Kunst. Vielleicht wird das noch unveröffentlichte Buch Foucaults, *Les aveux de la chair* (Die Geständnisse des Fleisches) uns über die allgemeineren Ursprünge des Begriffs Fleisch bzw. Leib und seines Stellenwerts bei den Kirchenvätern Aufschluß geben.

Offenbarung beteiligt ist. Wir waren allzu schnell, als wir sagten, daß die Empfindung inkarniere. In der Malerei wird das Fleisch teils mit dem Inkarnat (Überlagerungen von Rot und Weiß), teils mit gebrochenen Farbtönen (Nebeneinander von Komplementärfarben in ungleichen Verhältnissen) gemacht. Die Empfindung dagegen wird durch das Tier-, das Pflanzen-Werden usw. gebildet, das unter den Inkarnatsflächen aufsteigt, in der anmutigsten, delikatesten Nacktheit, wie die Präsenz eines gehäuteten Tieres, einer geschälten Frucht, Venus im Spiegel; oder das im Verschmelzen, Sieden, Fluß der gebrochenen Farbtöne auftaucht, wie die Zonen der Ununterscheidbarkeit von Tier und Mensch. Vielleicht wäre es Durcheinander oder Chaos, gäbe es nicht ein zweites Element, um dem Fleisch Halt zu geben. Das Fleisch ist nur das Thermometer eines Werdens. Zu zart ist das Fleisch. Das zweite Element ist weniger der Knochen oder der Knochenbau als das Haus, das Gerüst. Der Körper entfaltet sich im Haus (oder in einem Äquivalent, einer Quelle, einer Baumgruppe). Definiert wird das Haus durch »die Flächen«, die unterschiedlich ausgerichteten Flächenstücke, die dem Fleisch das Gerüst bereitstellen: Vordergrund und Hintergrund, waagerechte, senkrechte, linke, rechte, aufrechte und schiefe, gerade und gekrümmte Seitenflächen...[18] Diese Flächen sind Mauern, aber auch Böden, Türen, Fenster, Spiegel, die eben genau der Empfindung die Macht geben, sich allein in autonomen *Rahmen* zu halten. Das sind die Seiten des Empfindungsblocks. Und es gibt sicher zwei Zeichen für das Genie, aber auch für die Bescheidenheit großer Maler: der Respekt, fast die Furcht, mit der sie sich der Farbe nähern und sich in sie hineinbegeben; die Sorgfalt, mit der sie die Verbindung der Flächenstücke und Ebenen vollziehen, von

18 Wie Georges Didi-Huberman zeigt, erzeugt das Fleisch einen »Zweifel«: es ist zu nahe am Chaos; von daher die Notwendigkeit einer Komplementarität von »Inkarnat« und »Seitenfläche«, zentrales Thema bereits von *La peinture incarnée*, dann wiederaufgegriffen und weiterentwickelt in *Devant l'image*, Paris 1990.

der die Art von Tiefe abhängt. Ohne diesen Respekt und diese Sorgfalt ist die Malerei null und nichtig, ohne Arbeit, ohne Gedanken. Die Schwierigkeit liegt nicht darin, die Hände, sondern die Ebenen zu verschränken. Vorsprünge bilden mit den Ebenen, die sich verbinden, oder im Gegenteil sie eindrücken, sie abschneiden. Häufig vermischen sich die beiden Probleme: die Architektur der Ebenen und das Regime der Farben. Die Verbindung der horizontalen und vertikalen Ebenen bei Cézanne: » Flächen in der Farbe, Flächen! Der farbige Ort, wo die Seele der Flächen in eins schmilzt...« Keine zwei großen Maler, keine zwei großen Werke, die auf dieselbe Weise vorgingen. Wenn es bei einem Maler auch Neigungen gibt: Bei Giacometti etwa unterscheiden sich die fliehenden horizontalen Ebenen rechts und links und scheinen sich auf dem Gegenstand zu vereinigen (dem Fleisch des kleinen Apfels), allerdings wie eine Zange, die ihn nach hinten ziehen und zum Verschwinden bringen würde, wenn nicht eine vertikale Ebene, von der nur ein winzig dünner Strich zu sehen ist, ihn fixieren, ihn im letzten Augenblick festhalten und ihm eine dauerhafte Existenz verleihen würde, und zwar nach Art einer langen Nadel, die ihn durchzieht und ihn seinerseits einem dünnen Faden ähnlich machte. Das Haus hat etwas von einem Werden überhaupt. Es ist Leben, »nicht-organisches Leben der Dinge«. Das Haus als Empfindung wird – unter allen möglichen Weisen – durch die Verbindung der tausendfältig ausgerichteten Ebenen definiert. Das Haus selbst (oder sein Äquivalent) ist die endliche Verbindung der farbigen Ebenen.
Das dritte Element ist die Welt, der Kosmos. Und nicht nur das offene Haus kommuniziert mit der Landschaft durch ein Fenster oder einen Spiegel, vielmehr ist noch das geschlossenste Haus auf eine Welt hin geöffnet. Monets Haus wird unaufhörlich von den Pflanzenkräften eines entfesselten Gartens ergriffen, einem Rosen-Kosmos. Eine kosmische Welt ist nicht Fleisch. Sie ist auch nicht Flächen, sich verbindende Flächenstücke, vielfältig ausgerichtete Ebenen, ob-

wohl die Vereinigung aller Ebenen im Unendlichen sie konstituieren kann. Im Grenzfall aber zeigt sich die Welt als bloße Fläche, als einzige große Ebene, als farbige Leere, monochromes Unendliches. Die Fenstertür öffnet sich, wie bei Matisse, nur noch auf eine schwarze Farbfläche. Der Leib oder vielmehr die Figur bewohnt nicht mehr den Schauplatz, das Haus, sondern ein Universum, das das Haus (Werden) stützt. *Es ist gleichsam der Übergang vom Endlichen zum Unendlichen*, aber auch vom Territorium zur Deterritorialisierung. Dies ist in der Tat der Moment des Unendlichen: unendlich variierte Unendlichkeiten. Bei van Gogh, bei Gauguin, bei Bacon heute tritt sichtbar die unmittelbare Spannung zwischen Fleisch und glatter Farbfläche hervor, zwischen Strömen gebrochener Töne und der unendlichen Rückfläche einer reinen homogenen, leuchtenden und gesättigten Farbe (»statt der nichtssagenden Wand der schäbigen Wohnung male ich das Unendliche, ich mache einen einfachen Hintergrund von sattestem, eindringlichstem Blau...«).[19] Freilich ist der monochrome Farbgrund etwas anderes als ein Hintergrund. Und wenn die Malerei bei Null anfangen will, indem sie das Perzept wie ein Minimum vor der Leere konstruiert oder es dem Maximum des Begriffs

---

19 Vincent van Gogh, Brief an Bernard, Anfang August 1988, in: *Sämtliche Briefe*, Berlin u. a. 1965-1968, Bd. 5, S. 278. Die gebrochenen Farben und deren Verhältnis zum Farbgrund sind ein häufiges Thema der Korrespondenz. Desgleichen Gauguin, Brief an Schuffenecker, 8. Okober 1888 (in: Paul Gauguin, *Briefe*, hg. von M. Malingue, übers. von Hermann Thiemke, Berlin 1960, S. 84 f.): »Ich habe ein Porträt von mir gemacht für Vincent [...] Ich halte es für eins meiner besten Bilder. Völlig unverständlich, so abstrakt ist es [...] Die Zeichnung ist ganz abstrakt [...] Die Farbe ist völlig unnatürlich. Denken Sie etwa an in großem Feuer gebrannte Töpfe. Alles Rot, alles Violett ist durch feurige Blitze zerrissen, ein Hochofen, der einem die Augen blendet, Sitz der Seelenkämpfe des Malers. Das Ganze auf einem chromfarbenen Hintergrund, der mit kindlichen Blumensträußen übersät ist: Das Zimmer eines reinen, unberührten jungen Mädchens.« Das ist die Idee eines »eigenmächtigen Koloristen« nach van Gogh.

annähert, verfährt sie mittels einer von jeglichem Haus und jeglichem Fleisch befreiten Monochromie. Besonders das Blau nimmt das Unendliche auf sich und macht aus dem Perzept eine »kosmische Sensibilität« oder das Begrifflichste in der Natur oder das »Propositionalste«, die Farbe in Abwesenheit des Menschen, der in Farbe übergegangene Mensch; doch ist das Blau (oder das Schwarz oder das Weiß) vollkommen identisch in einem Bild oder von einem Bild zum anderen, so wird der Maler blau – »Yves, der Monochrome« –, und zwar entsprechend einem reinen Affekt, der das Universum ins Leere fallen und dem Maler *par excellence* nichts mehr zu tun läßt.[20]

Die farbige oder vielmehr farbgebende Leere ist bereits Kraft. Die meisten großen Monochromen der modernen Malerei haben es nicht mehr nötig, auf kleine Mauerbüschel zurückzugreifen, sondern stellen subtile, nicht wahrnehmbare (aber doch für ein Perzept grundlegende) Variationen dar, sei es, weil sie auf der einen Seite von einem Streifen, einem Band, einem Flächenstück von anderer Farbe oder Farbtönung, die die Intensität der Farbfläche verändern, abgeschnitten oder eingerahmt werden; sei es, weil sie, Ton für Ton, fast virtuelle lineare oder kreisförmige Figuren darstellen; sei es, weil sie durchlöchert oder gespalten sind: dies sind, einmal mehr, Probleme der Verbindung, wenn auch weitaus umfassender. Kurzum, die gleichmäßige Farbfläche vibriert, zieht sich zusammen oder spaltet sich, da sie Träger flüchtig wahrgenommener Kräfte ist. Und zunächst war es das, was die abstrakte Malerei tat: sie rief die Kräfte herbei, bevölkerte die Farbfläche mit den Kräften, deren Träger sie ist, machte die unsichtbaren Kräfte an sich selbst sichtbar, erstellte Figuren, die geometrisch aussehen, aber die nur noch Kräfte sein sollten, Gravitations-, Schwer-, Rotations-,

---

20 Vgl. *Artstudio* 16, »Monochromes« (über Klein die Artikel von Geneviève Monnier und Denys Riout; und über die »aktuellen Anverwandlungen des Monochromen« den Artikel von Pierre Sterckx).

Wirbel-, Explosions-, Expansions-, Keimkraft, Kraft der Zeit (wie man von der Musik sagen kann, sie mache – zum Beispiel mit Messiaen – die Klangkraft der Zeit hörbar, oder von der Literatur, sie mache – zum Beispiel mit Proust – die unlesbare Kraft der Zeit lesbar und faßbar). Ist das nicht die Definition des Perzepts überhaupt: die sinnlich unspürbaren Kräfte, die unsere Welt bevölkern, die uns affizieren, uns werden lassen, spürbar zu machen? Was Mondrian durch einfache Differenzen zwischen den Seiten eines Quadrats erreicht, Kandinsky durch die linearen »Spannungen« und Kupka durch die um einen Punkt gekrümmten Flächen. Aus grauer Vorzeit kommt zu uns, was Worringer die abstrakte und unendliche »nordische gotische Linie« nannte, eine Weltlinie, die Bänder und Streifen, Räder und Kreisel, eine regelrechte »lebendige Geometrie« gestaltet, die, indem sie die mechanischen Kräfte zur sinnlichen Anschauung erhebt, ein machtvolles nicht-organisches Leben konstituiert.[21] Der ewige Gegenstand der Malerei: die Kräfte malen, wie Tintoretto.

Vielleicht finden wir auch das Haus wieder und den Körper? Ist der unendliche Farbgrund doch häufig das, auf den hin sich Fenster und Tür öffnen; oder die Mauer des Hauses selbst oder der Boden. Van Gogh und Gauguin übersäen den Farbgrund mit kleinen Blumensträußen, um daraus das Mauerpapier zu machen, von dem sich das Gesicht in gebrochenen Tönen abhebt. Und tatsächlich schützt uns das Haus nicht vor den kosmischen Kräften, allenfalls filtert es sie, wählt es sie aus. Manchmal macht es aus ihnen gütige Kräfte: Kein Maler hat je die archimedische Kraft, den Wasserdruck auf einen anmutigen Körper, der in der Badewanne des Hauses liegt, so gekonnt sichtbar gemacht wie Bonnard in *Nu dans le bain*. Doch auch die unheilvollsten Kräfte können durch die halb geöffnete oder geschlossene Tür eindringen: Es sind die kosmischen Kräfte, die selbst die Ununterscheid-

---

21 Wilhem Worringer, *Formprobleme der Gotik*, München 1927.

barkeitszonen in den gebrochenen Farben eines Gesichts provozieren, es schlagen, zerkratzen, allenthalben auflösen, und es sind diese Ununterscheidbarkeitszonen, die die im Farbgrund lauernden Kräfte sichtbar machen (Bacon). Es herrscht volle Komplementarität: Umklammerung der Kräfte als Perzepte und der Werdensprozesse als Affekte. Die abstrakte Kraftlinie ist, laut Worringer, reich an Tiermotiven. Den kosmischen oder kosmogenetischen Kräften entsprechen das Tier-Werden, Pflanzen-Werden, Molekular-Werden: bis der Körper im Farbgrund verschwindet oder in die Mauer tritt, oder umgekehrt der Farbgrund sich krümmt und in die Ununterscheidbarkeitszone des Körpers windet. Kurzum, das Empfindungswesen ist nicht der fleischliche Körper, sondern der Komplex aus den nicht-menschlichen Kräften des Kosmos, den nicht-menschlichen Werdensprozessen des Menschen und des ambivalenten Hauses, das sie austauscht und aufeinander abstimmt, sie wirbeln läßt wie Winde. Das Fleisch, der Leib ist lediglich der Entwickler, der in dem verschwindet, was er sichtbar macht: den Empfindungskomplex. Wie jede Malerei ist auch die abstrakte Empfindung nichts als Empfindung. Bei Mondrian dringt das Zimmer vor zum Empfindungswesen, indem es durch Farbstücke die unendliche leere Ebene unterteilt, die ihm umgekehrt eine unendliche Offenheit verleiht.[22] Bei Kandinsky sind die Häuser eine der Quellen der Abstraktion, die weniger aus geometrischen Figuren besteht als aus dynamischen Bahnen und Irrlinien, rings umher »gehenden Wegen«. Bei Kupka wird zunächst der Körper vom Maler in Farbbänder oder -stücke geteilt, die in der Leere jene gekrümmten Flächen ergeben werden, die ihn bevölkern, indem sie zu

22 Mondrian, »Réalité naturelle et réalité abstraite« (in: Seuphor, *Piet Mondrian, sa vie, son œuvre*, Paris 1982: über das Zimmer und wie es entfaltet wird. Michel Butor hat dieses Entfalten des Zimmers in Quadrate und Rechtecke und die Öffnung hin auf ein leeres, weißes inneres Quadrat als »Versprechen auf ein zukünftiges Zimmer« analysiert: *Répertoire III*, Paris 1968, S. 307 ff. Und 314 f.

kosmogenetischen Empfindungen werden. Ist dies die spirituelle Empfindung oder bereits ein lebendiger Begriff: das Zimmer, das Haus, das Universum? Die abstrakte Kunst, dann die Concept Art werfen unmittelbar die Frage auf, von der die gesamte Malerei heimgesucht wird: ihr Verhältnis zum Begriff, zum Konzept, ihr Verhältnis zur Funktion.

Die Kunst beginnt vielleicht mit dem Tier, zumindest mit dem Tier, das ein Territorium absteckt und eine Behausung errichtet (beides ergänzt sich oder verschmilzt bisweilen im sogenannten Habitat). Mit dem System Territorium/ Haus verändern sich viele organische Funktionen – Sexualität, Zeugung, Aggressivität, Nahrung; aber nicht diese Veränderung erklärt das Auftreten von Territorium und Behausung, eher umgekehrt: das Territorium impliziert die Emergenz von reinen sinnlichen Qualitäten, sensibilia, die nicht länger bloß funktional sind, statt dessen Ausdrucksmerkmale werden und darin eine Transformation der Funktionen ermöglichen.[23] Gewiß ist diese Expressivität bereits weit im Leben verstreut, und man kann sagen, daß schon die Feldlilie den Ruhm der Götter preist. Doch erst mit Territorium und Haus wird sie konstruktiv und errichtet die rituellen Monumente einer Tier-Messe, die die Qualitäten feiert, bevor sie aus ihnen neue Kausalitäten und Finalitäten gewinnt. Diese Emergenz ist bereits Kunst, nicht nur in der Behandlung äußerlicher Materialien, sondern in den Stellungen und Farben des Körpers, in den Gesängen und Schreien, die das Territorium markieren. Es ist ein Hervorsprudeln von Merkmalen, von Farben und Klängen, die in dem Maße, wie sie expressiv werden, auch untrennbar werden (philosophischer Begriff des Territoriums). Der *Scenopoeïetes dentirostris*, ein Vogel aus den Regenwäldern Australiens, läßt die

---

23 Es scheint uns der Fehler von Konrad Lorenz zu sein, daß er das Territorium durch eine Evolution der Funktionen zu erklären sucht: *Das sogenannte Böse. Zur Naturgeschichte der Aggression*, Wien 1963.

Blätter, die er jeden Morgen vom Baum abtrennt, zu Boden fallen, dreht sie so um, daß ihre hellere Innenseite mit dem Boden kontrastiert, konstruiert sich auf diese Weise eine Szene wie ein Ready-made, und läßt dann genau darüber, auf einer Liane oder einem Ast sitzend, seinen Gesang erschallen, einen komplexen Gesang aus eigenen Tönen und denen anderer Vögel, die er in den Intervallen nachahmt, während er zugleich die gelbe Wurzel von Federn unter seinem Schnabel freilegt: ein vollkommener Künstler.[24] Nicht die fleischgewordenen Synästhesien, sondern diese Empfindungsblöcke im Territorium – Farben, Stellungen und Klänge – umreißen ein Gesamtkunstwerk. Diese Klang-Blöcke sind Ritornelle; es gibt aber auch Ritornelle von Stellungen und Farben; und Stellungen und Farben fügen sich immer in die Ritornelle ein. Beugen und Aufrichten, Reigen, Farbstriche. Das Ritornell als ganzes ist das Empfindungswesen. Die Monumente sind Ritornelle. In dieser Hinsicht wird die Kunst auf immer vom Tier heimgesucht werden. Kafkas Kunst wird die tiefgründigste Meditation über Territorium und Haus sein, über den unterirdischen Bau, die Porträt-Stellungen (der gesenkte Kopf des Bewohners, das Kinn in die Brust gebohrt, oder aber der »schamhafte Lange«, der die Decke mit seinem kantigen Schädel durchstößt), die Musik-Klänge (die Hunde, die durch ihre bloße Stellung Musiker sind, Josefine, die Mäuse-Sängerin, von der man nie erfahren wird, ob sie singt, Gregor, der sein Gezische mit der Geige seiner Schwester in einem komplexen Verhältnis Zimmer-Haus-Territorium vereint). Nur das braucht es, um Kunst zu machen: ein Haus, Stellungen, Farben und Gesänge – vorausgesetzt, daß das alles auf einen verrückten Vektor wie ein Hexenbesen hin flüchtet und davonbraust: eine universale oder Deterritorialisierungslinie. »Perspektive eines Zimmers mit seinen Bewohnern.« (Klee)
Jedes Territorium, jede Wohnstätte verbindet ihre Ebenen

---

24 A.J. Marshall, *Bower Birds*, Oxford 1954.

oder Flächen, die nicht nur raumzeitlich sind, sondern qualitativ: zum Beispiel eine Stellung und ein Gesang, ein Gesang und eine Farbe, Perzepte und Affekte. Und jedes Territorium umfaßt oder schneidet Territorien anderer Arten oder durchbricht Wege von territoriumslosen Tieren und bildet so Verbindungen über die Arten hinweg. In diesem Sinn entwickelt Jakob von Uexküll unter einem ersten Aspekt eine Konzeption der melodischen, polyphonen, kontrapunktischen Natur. Der Gesang eines Vogels besitzt nicht nur seine kontrapunktischen Beziehungen, er kann vielmehr zusammen mit dem Gesang anderer Arten ebensolche finden, er kann selbst diese anderen Gesänge imitieren, als ginge es darum, ein Höchstmaß an Frequenzen zu besetzen. Das Spinnennetz enthält ein »getreues Abbild der Fliege«, das ihm als Kontrapunkt dient. Das Gehäuse der Schnecke wird nach deren Tod zum Kontrapunkt des Einsiedlerkrebses, der sie zu seiner eigenen Wohnstätte macht, und zwar mittels seines Schwanzes, der nicht als Schwimmorgan, sondern als Greiforgan ausgebildet ist und ihn befähigt, die leere Schale zu erbeuten. Die Zecke ist organisch so gebaut, daß sie ihren Kontrapunkt in einem beliebigen Säugetier findet, das unter ihrem Ast vorbeiläuft, so wie die gleich Dachziegeln angeordneten Eichblätter ihren Kontrapunkt in den herabrieselnden Regentropfen haben. Dies ist keine finalistische, sondern eine melodische Konzeption, wo sich nicht mehr ausmachen läßt, was Kunst und was Natur ist (die »Naturtechnik«): einen Kontrapunkt gibt es immer dann, wenn eine Melodie als »Motiv« in eine andere Melodie eingreift, wie bei den Hochzeiten von Hummel und Löwenmaul. Diese kontrapunktischen Beziehungen verbinden Ebenen, bilden Empfindungskomplexe und Blöcke und bestimmen Werdensprozesse. Doch die Natur besteht nicht nur aus diesen *melodischen Komplexen*, selbst wenn sie verallgemeinert sind; unter einem anderen Gesichtspunkt bedarf es auch einer unendlichen *symphonischen Kompositionsebene*: vom Haus zum Universum. Von der Endo-Empfindung zur Exo-

Empfindung. Denn das Territorium beschränkt sich nicht nur aufs Isolieren und Verbinden, es bietet eine Öffnung hin zu kosmischen Kräften, die aus dem Inneren aufsteigen oder von außen eindringen, und macht den Bewohner für deren Wirkung empfänglich. Eine Kompositionsebene der Eiche trägt oder umfaßt die Entwicklungskraft der Eichel und die Bildungskraft der Regentropfen; wie auch eine Kompositionsebene der Zecke die Kraft des Lichts trägt, die imstande ist, das Tier an die Spitze eines Astes und in ausreichende Höhe zu locken, und die Schwerkraft, mit der sie sich auf das unter ihm vorbeilaufende Säugetier fallen läßt – und zwischen beiden: nichts, eine bestürzende Leere, die Jahre dauern kann, wenn kein Säugetier vorbeikommt.[25] Bald gehen die Kräfte in subtilen Übergängen ineinander auf, lösen sich, kaum wahrgenommen, auch wieder auf, bald folgen sie aufeinander oder wetteifern miteinander. Bald lassen sie sich vom Territorium auswählen, und dann betreten sie als herzlich Willkommene das Haus. Bald stoßen sie einen rätselhaften Ruf aus, der den Bewohner dem Territorium entreißt und ihn auf eine unwiderstehliche Reise treibt, wie die Buchfinken, die sich urplötzlich zu Millionen versammeln, oder die Langusten, die wandernd eine Pilgerfahrt zum Grund des Meeres unternehmen. Bald prasseln sie auf das Territorium herab und reißen es unheilvoll nieder, stellen das Chaos wieder her, aus dem es sich kaum erhoben hatte. Doch wenn die Natur wie die Kunst ist, dann immer deshalb, weil sie auf alle möglichen Arten jene beiden lebendigen Elemente verbindet: das Haus und das Universum, das Heimliche* und das Unheimliche*, das Territorium und die Deterritorialisierung, die endlichen melodischen Kompositionen und die große unendliche Kompositionsebene, das kleine und das große Ritornell.

---

25 Vgl. das Hauptwerk von Jakob von Uexküll/Georg Kriszat, *Streifzüge durch die Umwelten von Tieren und Menschen; Bedeutungslehre*, Hamburg 1956 (S. 145-149: »Der Kontrapunkt als Motiv der Formbildung«).

Die Kunst beginnt nicht mit dem Leib, sondern mit dem Haus; deshalb ist die Architektur die erste der Künste. Wenn Dubuffet einen bestimmten Zustand von roher Kunst (art brut) herauszuarbeiten sucht, dann wendet er sich zunächst zum Haus hin; sein gesamtes Werk entwickelt sich zwischen Architektur, Skulptur und Malerei. Noch die wissenschaftlichste Architektur erstellt, wenn wir uns hier an die Form halten, unentwegt Ebenen und Flächen und verbindet sie. Deshalb kann man sie durch den »Rahmen« definieren, ein Ineinanderfügen unterschiedlich ausgerichteter Rahmen, der sich den anderen Künsten, von der Malerei bis zum Film, aufdrängt. Zur Vorgeschichte des Gemäldes gehört, so wird manchmal dargestellt, das Fresko im Rahmen der Mauer, das bemalte Glasfenster im Rahmen des Fensters, das Mosaik im Rahmen des Bodens: »Der Rahmen ist der Nabel, der das Gemälde wieder mit dem Monument verbindet, dessen Reduktion es darstellt«, wie der gotische Rahmen mit kleinen Säulen, Spitzbogen und durchbrochener Spitze.[26] Bernard Cache erhebt die Architektur zur ersten Kunst der Rahmung und zählt in diesem Sinne eine Reihe von rahmengebenden Formen auf, die weder den konkreten Inhalt noch die Funktion des Gebäudes präjudizieren: die isolierende Mauer, das einfassende oder auswählende Fenster (in enger Verbindung mit dem Territorium), der Fußboden, der bannt oder verknappt (»das Relief der Erde verknappen, um den menschlichen Bahnen freien Lauf zu lassen«), das Dach, das die Einzigartigkeit des Ortes umhüllt (»das Schrägdach stellt das Gebäude auf einen Hügel...«). Diese Rahmen ineinanderfügen oder alle diese Ebenen – Mauerstück, Fensterfläche, Bodenfläche, Schrägseite – verbinden: das ist ein zusammengesetztes System, reich an Punkten und Kontrapunkten. Die Rahmen und ihre Verbindungen halten die Empfindungskomplexe, geben den Figuren Halt, verschmelzen mit ihrem

---

26 Henry van de Velde, *Déblaiement d'art*, Archives d'architecture moderne, S. 20 (Brüssel 1894).

Halt-Geben, mit ihrer eigenen Haltung. Hier sind die Seiten eines Empfindungswürfels. Die Rahmen oder Flächenstücke sind keine Koordinaten, sie gehören zu den Empfindungskomplexen, deren Seiten, Schnittstellen sie bilden. Doch so ausdehnungsfähig das System auch sein mag, es bedarf noch einer weitläufigen Kompositionsebene, die eine *Entrahmung* entlang der Fluchtlinien vollzieht, eine Entrahmung, die das Territorium nur insofern betrifft, als sie es sogleich auf das Universum hin öffnet, die vom territoralen Haus zur kosmischen Stadt führt und nun die Identität des Ortes auflöst je nach der Erde, wobei eine Stadt weniger einen Ort besitzt als Vektoren, die die abstrakte Linie des Reliefs falten. Auf dieser Kompositionsebene als »einem abstrakten Vektorenraum« zeichnen sich geometrische Figuren ab, Kegel, Prisma, Dieder, straffe Ebene, die nur noch kosmische Kräfte sind mit der Fähigkeit, ineinander aufzugehen, sich umzuwandeln, gegeneinander zu wetteifern, aufeinanderzufolgen: eine Welt vor dem Menschen, auch wenn sie vom Menschen geschaffen wurde.[27] Nun müssen die Ebenen wieder voneinander gelöst werden, um sie auf ihre Zwischenräume zurückzuführen, statt wechselseitig aufeinander, und um neue Affekte zu schaffen.[28] Wir haben gesehen, daß die Malerei derselben Bewegung folgte. Der Rahmen oder Rand des Gemäldes ist in erster Linie die äußerliche Umhüllung einer Serie von Rahmen oder Flächen, die sich verbinden,

---

27 Über alle diese Punkte, die Analyse der rahmensetzenden Formen und der kosmischen Stadt (Beispiel Lausanne) vgl. Bernard Cache, *L'ameublement du territoire* (erscheint demnächst).

28 Der Begriff der Entrahmung, der Dekadrierung, wurde von Pascal Bonitzer gebildet, um im Film neue Beziehungen der Ebenen, der Einstellungen zur Geltung zu bringen (*Cahiers du cinéma*, Nr. 284, Januar 1978): »getrennte, zerbrochene, fragmentierte« Einstellungen, dank deren der Film eine Kunst wird, indem er sich von den gewöhnlichsten Emotionen löste, die seine ästhetische Entwicklung zu hemmen drohten, und neue Affekte schuf (*Le champ aveugle*, Paris 1982, »systèmes des émotions«).

indem sie Kontrapunkte aus Linien und Farben erstellen und
Empfindungskomplexe bestimmen. Doch das Gemälde wird
auch von einer Macht der Entrahmung durchzogen, die es
auf eine Kompositionsebene oder ein unendliches Kräftefeld
hin öffnet. Diese Verfahren können sehr unterschiedlich sein,
selbst auf der Ebene des äußeren Rahmens: unregelmäßige
Formen, Seiten, die nicht verbunden sind, gemalte oder
pointillierte Rahmen Seurats, Spitzquadrate Mondrians, alles
das, was dem Gemälde die Fähigkeit gibt, aus der Leinwand
herauszutreten. Die Geste des Malers verbleibt nie innerhalb
des Rahmens, sie geht aus dem Rahmen heraus und fängt
auch nicht mit ihm an.
In der Literatur und besonders im Roman scheint es nicht
anders zu sein. Was zählt, das sind nicht die Meinungen der
Figuren entsprechend ihrem sozialen Typus und ihrem Charakter, wie in den schlechten Romanen, vielmehr die kontrapunktischen Beziehungen, in die sie eintreten können, und
die Empfindungskomplexe, die diese Figuren selbst spüren
oder in ihren Werdensprozessen und Visionen spüren lassen.
Der Kontrapunkt dient nicht dazu, von wirklichen oder fik-
tiven Gesprächen zu berichten, sondern er soll den Wahnsinn
eines jeden Gesprächs, eines jeden Dialogs, und sei er innerlich, heraufbringen. Dies alles muß der Romancier aus den
Perzeptionen, Affektionen und Meinungen seiner psychosozialen »Modelle« herausziehen, die vollständig in den Perzepten und Affekten aufgehen, auf deren Höhe die Figur –
ohne Wahrung eines anderen Lebens – gebracht werden
muß. Dies impliziert eine weitläufige Kompositionsebene,
die nicht vorweg abstrakt konzipiert, sondern je nach Fort-
gang des Werks konstruiert wird, wobei je nach dem Eindringen der kosmischen Kräfte immer grenzenlosere Komplexe geöffnet, durchmischt, aufgelöst und wieder zusammengesetzt werden. Die Romantheorie Bachtins geht in
diese Richtung, indem sie von Rabelais bis Dostojewski die
Koexistenz kontrapunktischer, polyphoner und mehrstim-
miger Komplexe mit einer architektonischen oder sympho-

nischen Kompositionsebene zeigt.[29] Eine beispiellose Kunst des Kontrapunkts vermochte ein Romancier wie Dos Passos in den Komplexen zu erreichen, die er zwischen Figuren, Aktualitäten, Biographien, Kameraaugen formt, während zugleich eine Kompositionsebene sich ins Unendliche erweitert und alles in das Leben, den Tod, die kosmische Stadt hineinzieht. Kommen wir nun auf Proust zurück, so deshalb, weil er es mehr als jeder andere zuwege brachte, daß die beiden Elemente, obgleich jeweils im anderen anwesend, fast aufeinanderfolgen; die Kompositionsebene zeigt sich nach und nach, für das Leben, für den Tod, Empfindungskomplexe, die er im Verlauf der verlorenen Zeit errichtet, bis sie in ihm selbst mit der wiedergefundenen Zeit erscheinen, die Kraft oder vielmehr die Kräfte der reinen Zeit, sinnlich faßbar geworden. Alles fängt mit Häusern an, von denen jedes einzelne seine Stücke zusammenfügen und Komplexen Halt geben muß, Combray, die Stadtvilla der Guermantes, der Salon der Verdurins, und die Häuser selbst verbinden sich an entsprechenden Schnittstellen, doch ist bereits ein planetarischer Kosmos da, im Fernrohr sichtbar, der sie ruiniert oder umwandelt und sie in einem Unendlichen der bloßen Fläche absorbiert. Alles fängt mit Ritornellen an, und jedes einzelne komponiert sich nicht nur in sich selbst, wie das kleine Thema der Sonate von Vinteuil, sondern verbindet sich mit anderen wechselnden Empfindungen, der einer unbekannten Passantin, der des Gesichts von Odette, der des Blattwerks im Bois de Boulogne – und alles endet im Unendlichen mit dem großen Ritornell, dem Thema des Septetts in fortwährender Verwandlung, dem Gesang des Universums, der Welt vor oder nach dem Menschen. Aus jedem fertigen Ding macht Proust ein Empfindungswesen, das sich unaufhörlich bewahrt, aber indem es auf eine Kompositionsebene des Seins flieht: »Fluchtwesen«...

---

29 Michael M. Bachtin, *Formen der Zeit im Roman*, Frankfurt am Main 1989; ders., *Literatur und Karneval*, Frankfurt am Main 1990; ders., *Die Ästhetik des Wortes*, Frankfurt am Main 1979.

Beispiel XIII
In der Musik scheint es nicht anders zu sein, vielleicht verkörpert sie es sogar noch stärker. Dennoch heißt es, der Klang habe keinen Rahmen. Aber die Empfindungskomplexe, die Klangblöcke besitzen deshalb nicht weniger Seitenflächen oder rahmensetzende Formen, die sich in jedem Einzelfall verbinden müssen, um eine gewisse Geschlossenheit zu sichern. Die einfachsten Fälle sind die *Melodie*, ein monophonisches Ritornell; das *Motiv*, das bereits polyphonisch ist, wobei ein Element einer Melodie in die Entwicklung einer anderen eingreift und sich zum Kontrapunkt macht; das *Thema* als Objekt harmonischer Veränderungen über die melodischen Linien hinweg. Diese grundlegenden Formen bilden das Klanghaus und sein Territorium. Sie entsprechen den drei Modalitäten eines Empfindungswesens, denn die Melodie ist eine Schwingung, das Motiv eine Umklammerung, eine Verkopplung, während das Thema nicht abschließt, ohne auch zu lösen, zu spalten und zu öffnen. In der Tat, das wichtigste musikalische Phänomen, das in dem Maße auftritt, wie die lautlichen Empfindungskomplexe vielschichtiger werden, beruht darin, daß deren Abschluß oder Schließung (durch Verbindung ihrer Rahmen, ihrer Flächen) einhergeht mit der Möglichkeit der Öffnung auf eine immer unbegrenztere Kompositionsebene. Die Musikwesen sind wie die Lebewesen nach Bergson, die ihre individuierende Abschließung kompensieren durch eine Öffnung, die aus Modulation, Repetition, Transposition, Juxtaposition besteht... Schaut man sich die Sonate näher an, findet man darin eine äußerst rigide, auf eine Doppelthematik gegründete rahmensetzende Form, deren erster Satz folgende Teile aufweist: Exposition des ersten Themas, Überleitung, Exposition des zweiten Themas, Durchführung des ersten oder zweiten Themas, Koda, Durchführung des ersten Themas mit Modulation usw. Das ist ein regelrechtes Haus mit Zimmern. Doch es ist eher der erste Satz, der auf diese Weise eine Zelle bildet; selten folgt ein großer Musiker der kanonischen Form; die anderen Sätze, besonders der zweite, können sich durch Thema und Variation öffnen, bis schließlich Liszt eine Vereinigung der Sätze in der »symphonischen Dichtung« vollzieht. Die Sonatenform erscheint dann eher wie eine Weggabelung, wo aus der Verbindung der musikalischen Teile, der Abschließung der Klangkomplexe die Öffnung einer Kompositionsebene erwächst. In dieser Hinsicht wird das alte Verfahren von Thema und Variation, das den Harmonierahmen des Themas aufrechterhält, durch eine Art Entrahmung ersetzt, wenn

das Klavier die *Kompositionsetüden* erzeugt (Chopin, Schumann, Liszt): Das ist ein neues wesentliches Moment, erstreckt sich die schöpferische Arbeit doch nicht mehr auf die Klangkomplexe, Motive und Themen, um daraus eine Ebene zu entwickeln, sondern erstreckt sich demgegenüber direkt auf die Kompositionsebene selbst, um daraus sehr viel freiere und rahmenlosere Komplexe entstehen zu lassen, fast unvollständige oder überladene Aggregate, die in ständigem Ungleichgewicht sind. Was immer stärker zählt, das ist die »Farbe« des Klangs. Man gerät vom Haus zum Kosmos (einer Formulierung gemäß, die Stockhausens Werk aufgreifen wird). Die Arbeit der Kompositionsebene entwickelt sich in zwei Richtungen, die eine Auflösung des Klangrahmens nach sich ziehen werden: die riesigen gleichmäßigen Flächen der steten Variation, die die klanghaft gewordenen Kräfte sich umklammern und vereinigen lassen, wie bei Wagner; oder die gebrochenen Töne, die die Kräfte trennen und streuen, indem sie deren reversible Übergänge aufbauen, wie bei Debussy. Wagner-Universum, Debussy-Universum. Alle Melodien, alle rahmensetzenden oder gerahmten kleinen Ritornelle, die für Kinder, die häuslichen, beruflichen, nationalen, territorialen – sie alle werden davongetragen in das große Ritornell, den machtvollen Gesang der Erde – der territorialisierten –, der sich mit Mahler, Berg und Bartók erhebt. Und gewiß, jedesmal erzeugt die Kompositionsebene neue Abschließungen, wie in der Serie. Doch jedesmal besteht die Geste des Musikers darin zu entrahmen, die Öffnung zu finden, die Kompositionsebene aufzunehmen, und zwar jener Formel gemäß, von der Boulez besessen ist: eine Transversale ziehen, die auf die harmonische Vertikale wie die melodische Horizontale nicht rückführbar ist, die Klangblöcke in die variable Individuierung hineinzieht, aber auch sie öffnen oder spalten in einen Zeit-Raum, der ihre Dichte und ihren Weg auf der Ebene bestimmt.[30] Das große Ritornell erhebt sich in dem Maße, wie man sich vom Haus entfernt, selbst wenn es nur darum geht, dahin zurückzukehren: denn niemand erkennt uns mehr, wenn wir zurückkehren.

---

30 Boulez, namentlich *Points de repère*, Paris 1981, S. 159 ff. (*Pensez la musique aujourd'hui*, Paris 1964, S. 59-62). Die Ausdehnung der Serie auf Dauer, Intensität und Timbre ist keine Schließung, sondern im Gegenteil eine Öffnung dessen, was sich in der Serie der Tonhöhen schloß.

Komposition, Komposition: das ist die einzige Definition von Kunst. Die Komposition ist ästhetisch, und was nicht komponiert ist, ist kein Kunstwerk. Dennoch darf die technische Komposition, Arbeit am Material, die häufig die Wissenschaft (Mathematik, Physik, Chemie, Anatomie) ins Spiel bringt, nicht verwechselt werden mit der ästhetischen Komposition, die Arbeit an der Empfindung ist. Nur letztere verdient im vollen Ausmaß den Namen Komposition, und kein Kunstwerk ist je durch oder für die Technik gemacht worden. Gewiß umfaßt die Technik vieles, was sich je nach Künstler und Werk individualisiert: die Wörter und die Syntax in der Literatur; in der Malerei nicht nur die Leinwand, sondern auch deren Vorbereitung, die Pigmente, ihre Mischung, die Methoden der Perspektive; oder auch die zwölf Töne der abendländischen Musik, die Instrumente, die Tonleiter, die Tonhöhen... Und das Verhältnis der beiden Ebenen, der technischen Kompositionsebene und der ästhetischen Kompositionsebene, verändert sich fortwährend im historischen Verlauf. Nehmen wir zwei virtuell gegensätzliche Zustände in der Ölmalerei: In einem ersten Fall wird das Gemälde durch einen weißen Untergrund aus Kreide präpariert, auf den man zeichnet und dann die Zeichnung laviert (Skizze), schließlich trägt man die Farben, Schatten und Licht auf. Im anderen Fall wird der Untergrund immer dichter, opaker und absorbierender, so daß er beim Lavieren Farbe annimmt, und die Arbeit vollzieht sich mit der vollen Farbmasse auf einer braunfarbigen Skala, wobei die »Korrekturen« die Skizzen ersetzen: der Maler malt auf Farbe, dann Farbe neben der Farbe, wobei die Farben immer akzentuiert werden, die Architektur gesichert wird durch »den Kontrast der Komplementärfarben und die Konkordanz der analogen« (van Gogh); durch und in der Farbe findet man die Architektur, selbst wenn auf die Akzente verzichtet werden muß, um große farbgebende Einheiten wiederherzustellen. Tatsächlich sieht Xavier de Langlois in diesem zweiten Fall insgesamt einen langwährenden Verfall, der ins Ephemere abgleitet und dem es nicht gelingt, eine Architektur zu restaurieren: Das Gemälde wird finsterer, trübt ein oder bröckelt rasch ab.[31] Sicherlich wirft diese Bemerkung, zumindest negativ, die Frage nach dem Fortschritt in der Kunst auf, da für Langlois der Verfall bereits nach van Eyck beginnt (ein wenig so, wie andere die Musik mit dem Gregorianischen Gesang aufhören lassen oder die Philosophie mit Thomas von Aquin). Doch das ist eine technische Aussage, die lediglich das Material betrifft: Abgesehen davon, daß die Dauer des Materials relativ ist, gehört die Empfindung einer anderen Ordnung an und besitzt so lange eine Existenz für sich, wie das Material besteht. Das Verhältnis von Empfindung und Material muß folglich in den Grenzen der beliebigen Dauer des Materials bewertet werden. Gibt es ein Fortschreiten in der Kunst, dann deshalb, weil Kunst nur leben kann, indem sie neue Perzepte und Affekte als Umwege, Wiederkehr, Trennungslinien, Wechsel von Niveaus und Abstufungen erschafft... Von diesem Gesichtspunkt aus gewinnt die Trennung der zwei Zustände der Ölmalerei einen ganz anderen Aspekt, einen ästhetischen und nicht mehr technischen – wobei diese Unterscheidung sich natürlich nicht auf die von »darstellend vs. nicht-darstellend« reduziert, da keine Kunst, keine Empfindung je darstellend war.

Im ersten Fall *verwirklicht sich die Empfindung im Material* und hat außerhalb dieser Verwirklichung keine Existenz. Man könnte sagen, die Empfindung (der Empfindungskomplex) projiziere sich auf die angemessen vorbereitete technische Kompositionsebene, so daß die ästhetische Kompositionsebene diese wieder überdeckt. Das Material muß also selbst Mechanismen der Perspektive umfassen, dank deren die projizierte Empfindung nicht nur durch das Bedecken des Gemäldes sich realisiert, sondern entspre-

---

31 Xavier de Langlais, *La technique de la peinture à l'huile*, Paris 1973. (Und Goethe, *Zur Farbenlehre*, § 902-909).

chend einer Tiefe. Die Kunst besitzt dann den Anschein von Transzendenz, der sich nicht in einem Darzustellenden äußert, vielmehr im paradigmatischen Charakter der Projektion und im »symbolischen« Charakter der Perspektive. Die Figur ist wie die Fabulation nach Bergson: sie hat einen religiösen Ursprung. Doch wird sie ästhetisch, tritt die Empfindungstranszendenz in einen stummen oder offenen Gegensatz zur über-sinnlichen Transzendenz der Religionen.

Im zweiten Fall verwirklicht sich nicht mehr die Empfindung im Material, *vielmehr geht das Material in die Empfindung über*. Natürlich existiert die Empfindung außerhalb dieses Übergangs nicht mehr, verfügt die technische Kompositionsebene nicht über mehr Autonomie als im ersten Fall: sie hat nie für sich selbst Geltung. Aber man könnte jetzt sagen, daß sie in die ästhetische Kompositionsebene *aufsteigt* und ihr, wie Damisch sagt, eine eigene Dichte verleiht, die unabhängig ist von jeder Perspektive und Tiefe. Das ist der Moment, da die Figuren der Kunst sich von einer scheinbaren Transzendenz oder einem paradigmatischen Modell befreien und sich zu ihrem unschuldigen Atheismus, ihrem Heidentum bekennen. Und sicher kommt es zwischen diesen beiden Fällen, diesen beiden Zuständen der Empfindung, diesen beiden Polen der Technik fortwährend zu Übergängen, Verbindungen und Koexistenzen (zum Beispiel die Arbeit mit der pastos aufgetragenen Farbe bei Tizian oder Rubens): das sind eher abstrakte Pole denn wirklich geschiedene Bewegungen. Es bleibt die Tatsache, daß die moderne Malerei, selbst wenn sie sich mit Öl und Bindemittel begnügt, sich immer stärker dem zweiten Pol zuwendet und das Material »in die Dichte« der ästhetischen Kompositionsebene aufsteigen und übergehen läßt. Weshalb es auch so falsch ist, die Sensation, die Empfindung in der modernen Malerei durch die Übernahme einer reinen visuellen Planheit zu definieren: Der Irrtum rührt vielleicht daher, daß die Dichte nicht stark oder tief zu sein braucht. Von Mondrian konnte man sagen, er sei ein Maler der Dichte; und wenn Seurat die Malerei als »Kunst, eine Oberfläche zu vertiefen« definiert, genügt es ihm, sich auf die Vertiefungen und Erhebungen des Canson-Papiers zu stützen. Diese Malerei hat keinen Untergrund mehr, da das »Untere« hervorbricht: Die Oberfläche ist aushöhlbar oder die Kompositionsebene nimmt Dichte an, insofern das Material aufsteigt, unabhängig von Tiefe oder Perspektive, unabhängig von Schatten und sogar der chronomatischen Ordnung der Farbe (der eigenmächtige Kolorist). Man deckt nicht mehr zu, man läßt aufsteigen, anhäufen, aufschichten, durchqueren, emporheben, falten. Das ist ein Aufstieg des Bodens, und die Skulptur kann eben werden, da die Ebene Schichten gewinnt. Man malt nicht mehr »auf«, man malt »unter«. Die informelle Kunst hat diese neuen Mächte der Textur, dieses Aufsteigen des Bodens mit Dubuffet sehr weit getrieben; wie auch der abstrakte Expressionismus, die *minimal art*, indem sie mit Quellungen, Fasern, Blattschichten arbeiten und Tarlatan oder Tüll verwenden, und zwar so, daß der Maler hinter seinem Bild malen kann, in einem Zustand der Blindheit.[32] Mit Hantaï verbergen die Faltungen dem Blick des Malers, was sie, einmal entfaltet, dem Auge des Betrachter darbieten. Auf jeden Fall und in allen ihren Zuständen ist die Malerei Denken: das Sehen vollzieht sich im Denken, und das Auge denkt mehr noch als daß es hört.

Hubert Damisch hat aus der Dichte der Ebene ein regelrechtes Konzept gemacht und gezeigt, daß »das Flechten in der Malerei der Zukunft sehr wohl einen ähnlichen Dienst erfüllen könnte wie es der der Perspektive war«. Was nicht nur der Malerei eigen ist, da Damisch dieselbe Unterscheidung auf der Ebene der Architektur wiederfindet, etwa wenn Scarpa die Bewegung der Projektion und die Mechanismen der Perspektive zurückdrängt, um die Volumen in die Dichte der

---

32 Vgl. »Christian Bonnfoi, interviewé et commenté par Yves-Alain Bois«, *Macula* 5-6.

Ebene selbst einzuschreiben.[33] Und von der Literatur bis zur Musik macht sich eine materielle Dichte geltend, die sich auf keine formale Tiefe reduzieren läßt. Dies ist ein charakteristisches Merkmal der modernen Literatur, wenn die Wörter und die Syntax in die Kompositionsebene emporsteigen und sie vertiefen, statt dort eine Perspektivierung zu vollziehen. Und der Musik, wenn sie auf die Projektion wie auf die von der Höhe, der Temperatur und der Chronomatik erzwungenen Perspektiven verzichtet und der Klangebene eine singuläre Dichte gibt, von der sehr unterschiedliche Elemente zeugen: die Entwicklung der Etüden für Klavier, die aufhören, bloße technische Übungen zu sein, um »Kompositionsetüden« zu werden (mit der Ausweitung, die sie bei Debussy erhalten); die entscheidende Bedeutung, die bei Berlioz die Orchestrierung gewinnt; der Aufstieg der Klangfarben bei Strawinsky und Boulez; die Wucherung der Perkussions-Affekte mit Metall, Trommelfell und Holz und ihre Mischung mit den Blasinstrumenten, die auf diese Weise untrennbare Material-Blöcke bilden (Varèse); die Neubestimmung des Perzepts in Abhängigkeit vom Geräusch, vom rohen und komplexen Klang (Cage); nicht nur die Ausdehnung der Chromatik auf andere Komponenten als die Tonhöhe, sondern die Tendenz zum nicht-chronomatischen Auftreten des Klangs in einem unendlichen Kontinuum (elektronische oder elektro-akustische Musik).

Es gibt nur eine Ebene, in dem Sinne, als Kunst keine andere Ebene umfaßt als die der ästhetischen Komposition: Die technische Ebene wird in der Tat von der ästhetischen

---

33 Hubert Damisch, *Fenêtre jaune cadmium. Ou les dessous de la peinture*, Paris 1984, S. 275-305 (und S. 80, die Dichte der Ebene bei Pollock). Damisch hat mit am nachdrücklichsten auf der Beziehung von Kunst und Denken, Malerei und Denken insistiert, so wie es namentlich Dubuffet herzustellen suchte. Mallarmé erhob die »Dichte« zu einer von der Tiefe getrennten Dimension: vgl. Jacques Schérer, *Le »Livre« de Mallarmé*, Paris 1978, S. 55 – ein Thema, das Boulez für die Musik übernimmt (*Points de repère*, a. a. O., S. 161).

Kompositionsebene notwendig überdeckt oder absorbiert. Unter dieser Bedingung wird der Stoff expressiv: der Empfindungskomplex verwirklicht sich im Material oder das Material geht in den Komplex ein – aber immer so, daß es sich auf einer genuin ästhetischen Kompositionsebene befindet. Gewiß treten in der Kunst technische Probleme auf, kann die Wissenschaft zu ihrer Lösung beitragen; doch sie stellen sich abhängig von Problemen der ästhetischen Komposition, die die Empfindungskomplexe betreffen und die Ebene, auf die sie sich mit ihren Materialien notwendig beziehen. Jede Empfindung ist eine Frage, auch wenn nur das Schweigen darauf antwortet. Das Problem in der Kunst besteht immer darin herauszufinden, welches Monument auf einer bestimmten Ebene errichtet oder welche Ebene unter einem bestimmten Monument gezogen werden soll – und beides gleichzeitig: so bei Klee »das Monument an der Grenze zum fruchtbaren Land« und das »Monument im fruchtbaren Land«. Gibt es nicht ebenso viele verschiedene Ebenen, wie es Universen, Autoren, selbst Werke gibt? In der Tat können die Universen von einer Kunst zur anderen wie innerhalb einer Kunst auseinander hervorgehen oder einander wechselseitig einfangen und Konstellationen und Universen bilden, unabhängig von aller Ableitung, können sich aber auch in Sternennebel oder unterschiedliche Sternensysteme zerstreuen, unter qualitativen Entfernungen, die keine des Raums und der Zeit mehr sind. Die Universen verbinden oder trennen sich entlang ihrer Fluchtlinien, so daß die Ebene einzig sein kann und zur gleichen Zeit die Universen multipel und aufeinander nicht zurückführbar.

Alles (einschließlich der Technik) spielt sich zwischen den Empfindungskomplexen und der ästhetischen Kompositionsebene ab. Diese nun kommt nicht vorher, ist nicht willentlich oder vorgefaßt, hat nichts mit einem Programm zu tun; aber sie kommt auch nicht danach, obwohl sich ihre Bewußtwerdung allmählich vollzieht und häufig nachträglich erscheint. Die Stadt kommt nicht nach dem Haus, der Kosmos nicht nach dem Territorium. Das Universum kommt nicht nach der Figur, und die Figur ist *Welttauglichkeit*. Wir sind von der zusammengesetzten Empfindung zur Kompositionsebene gegangen, um allerdings ihre strikte gleichzeitige Existenz oder ihre Komplementarität zu erkennen, wo keine ohne die andere vorankommt. Die zusammengesetzte Empfindung, bestehend aus Perzepten und Affekten, deterritorialisiert das Meinungssystem, das die herrschenden Perzeptionen und Affektionen in einem natürlichen, historischen und gesellschaftlichen Milieu vereinigte. Aber die zusammengesetzte Empfindung reterritorialisiert sich auf der Kompositionsebene, stellt sie hier doch ihre Häuser auf, präsentiert sie sich hier doch in ineinandergefügten Rahmen oder verbundenen Flächenstücken, die ihre Komponenten abstecken: zu reinen Perzepten gewordene Landschaften, zu reinen Affekten gewordene Personen. Und gleichzeitig zieht die Kompositionsebene die Empfindung in eine höhere Deterritorialisierung hinein, läßt sie eine Art Entrahmung durchlaufen, die sie auf einen unendlichen Kosmos hin öffnet und spaltet. Wie bei Pessoa besetzt die Empfindung auf der Ebene keine Stelle, ohne diesen Ort auszuweiten, ihn bis zur Erde insgesamt zu strecken und alle Empfindungen zu befreien, die sie enthält: öffnen oder spalten, *dem Unendlichen gleich werden*. Vielleicht liegt darin das Eigentümliche der Kunst: das Endliche zu durchlaufen, um das Unendliche wiederzufinden, zurückzugeben.

Wodurch das Denken definiert wird, die drei großen Formen des Denkens – Kunst, Wissenschaft und Philosophie –: immer dem Chaos trotzen, eine Ebene entwerfen, eine Ebene auf dem Chaos ziehen. Aber die Philosophie will das Unendliche retten, indem sie ihm Konsistenz verleiht: Sie zeichnet eine Immanenzebene, die unter der Einwirkung von Begriffspersonen Ereignisse oder konsistente Begriffe ins Unendliche trägt. Die Wissenschaft dagegen verzichtet auf das

Unendliche, um die Referenz zu gewinnen: sie entwirft eine Ebene von lediglich undefinierten Koordinaten, die unter der Einwirkung von Partialbeobachtern jedesmal Sachverhalte, Funktionen oder referentielle Propositionen definiert. Die Kunst will Endliches erschaffen, das das Unendliche zurückgibt: Sie entwirft eine Kompositionsebene, die ihrerseits unter der Einwirkung ästhetischer Figuren Momumente oder zusammengesetzte Empfindungen trägt. Damisch hat Klees Bild »Gleich unendlich« analysiert. Das ist gewiß keine Allegorie, sondern die sich als Malerei präsentierende Geste des Malens. Uns scheint: die am Rand tanzenden und die Leinwand durchquerenden braunen Flecken sind das unendliche Passieren des Chaos; die Streuung von Punkten auf der Leinwand, dividiert durch Stäbchen, ist die endliche zusammengesetzte Empfindung, öffnet sich aber zur Kompositionsebene, die uns das Unendliche gibt, = ∞ Man meine deshalb aber nicht, daß die Kunst gleichsam eine Synthese von Wissenschaft und Philosophie sei, von endlichem und unendlichem Weg. Die drei Wege sind jeweils spezifisch, gleichermaßen direkt, und unterscheiden sich durch die Natur der Ebene und dessen, was sie besetzt. Denken heißt denken durch Begriffe oder durch Funktionen oder auch durch Empfindungen, und keine dieser Denkformen ist besseres, vollkommeneres, vollständigeres, synthetischeres »Denken« als die anderen. Die Rahmen der Kunst sind keine wissenschaftlichen Koordinaten, wie auch die Empfindungen keine Begriffe sind, und umgekehrt. Die beiden jüngsten Versuche zur Annäherung von Kunst und Philosophie sind die abstrakte Kunst und die »Konzeptkunst«; aber sie setzen an die Stelle der Empfindung nicht den Begriff, sie kreieren Empfindungen und nicht Begriffe, Konzepte. Die abstrakte Kunst sucht nur die Empfindung zu verfeinern, sie zu entmaterialisieren, indem sie eine architektonische Kompositionsebene spannt, auf der die Empfindung ein rein spirituelles Wesen würde, eine denkende und gedachte Strahlenmaterie, nicht mehr eine Empfindung von Meer oder Baum, sondern eine Empfindung des Meer-Begriffs oder des Baum-Begriffs. Die Konzeptkunst sucht durch Verallgemeinerung eine entgegengesetzte Entmaterialisierung, indem sie eine ausreichend neutralisierte Kompositionsebene begründet (der Katalog, der nicht gezeigte Werke aufnimmt, der Boden, bedeckt mit seiner eigenen Karte, die ihrer Bestimmung entzogenen architekturlosen Räume, die »flatbed«-Ebene, damit hier alles den Wert einer ins Unendliche reproduzierbaren Empfindung annimmt: die Dinge, die Abbildungen oder Klichees, die Propositionen – ein Ding, seine Photographie in demselben Maßstab und am selben Ort, seine lexikalische Definition. Es ist dennoch so sicher nicht, daß man in letzterem Fall auf diese Weise zur Empfindung oder zum Begriff vordringt, da die Kompositionsebene die Tendenz aufweist, »informativ« zu werden, und die Empfindung von der bloßen »Meinung« eines Betrachters abhängt, dem es eventuell zukommt, zu »materialisieren« oder nicht, das heißt, darüber zu entscheiden, ob dies Kunst ist oder nicht. So viel Mühe, um im Unendlichen die Perzeptionen und Affektionen des Alltags wiederzufinden und den Begriff auf eine Doxa des Gesellschaftskörpers oder der großen amerikanischen Metropole zurückzuführen.

Die drei Denkformen kreuzen sich, verknüpfen sich, dies aber ohne Synthese oder Identifikation. Die Philosophie bringt mit ihren Begriffen Ereignisse zum Erscheinen, die Kunst errichtet mit ihren Empfindungen Monumente, die Wissenschaft konstruiert mit ihren Funktionen Sachverhalte. Ein reichhaltiges Gewebe von Korrespondenzen kann sich zwischen den Ebenen herstellen. Doch das Netz hat seine Kulminationspunkte, und zwar da, wo die Empfindung selbst Begriffs- oder Funktions-Empfindung wird, der Begriff Funktions- oder Empfindungs-Begriff, die Funktion Empfindungs- oder Begriffs-Funktion. Und eines der Elemente erscheint nicht, ohne daß das andere noch zukünftig sein kann, noch unbestimmt oder unbekannt. Jedes auf einer Ebene geschaffene Element appelliert an andere heterogene

Elemente, die auf den anderen Ebenen zu erschaffen bleiben: das Denken als Heterogenese. Es stimmt, daß diese Kulminationspunkte zwei extreme Gefahren in sich bergen: daß sie uns entweder zu der Meinung zurückführen, der wir entkommen, oder aber ins Chaos stürzen, dem wir trotzen wollten.

Schluß
Vom Chaos zum Gehirn

Wir wollen doch nichts anderes als ein wenig Ordnung, um uns vor dem Chaos zu schützen. Nichts ist schmerzvoller, furchteinflößender als ein sich selbst entgleitendes Denken, als fliehende Gedanken, die, kaum in Ansätzen entworfen, schon wieder verschwinden, bereits angenagt vom Vergessen oder in andere hineingestürzt, die wir ebensowenig beherrschen. Dies sind unendliche *Variabilitäten*, deren Verschwinden und Erscheinen zusammenfallen. Dies sind unendliche Geschwindigkeiten, die mit der Bewegungslosigkeit des farblosen und stummen Nichts verschwimmen, das sie durchqueren, ohne Natur oder Denken. Dies ist der Augenblick, von dem wir nicht wissen, ob er für die Zeit zu lang oder zu kurz ist. Wir erhalten Peitschenhiebe, die wie Arterien pochen. Wir verlieren fortwährend unsere Gedanken. Deshalb krallen wir uns so verbissen an verfestigte Meinungen. Wir wollen doch nichts anderes, als daß unsere Gedanken und Ideen sich nach einem Minimum an konstanten Regeln verknüpfen, und die Ideenassoziation hat nie einen anderen Sinn gehabt: die uns schützenden Regeln zu liefern, Ähnlichkeit, Kontiguität, Kausalität, die uns gestatten, ein wenig Ordnung in die Gedanken zu bringen, von einem zum anderen überzugehen gemäß einer Ordnung von Raum und Zeit, die unsere »Phantasie« (Delirium, Wahnsinn) daran hindert, das Universum im Augenblick zu durchqueren, um darin geflügelte Pferde und Feuerdrachen zu erschaffen. Aber in den Gedanken und Ideen gäbe es kein bißchen Ordnung, gäbe es sie nicht auch in den Dingen oder Sachverhalten gleich einem objektiven Anti-Chaos: »Würde der Zinnober bald rot, bald schwarz, bald leicht, bald schwer sein [...], so könnte meine empirische Einbildungskraft nicht einmal Gelegenheit bekommen, bei der Vorstellung der roten Farbe den schweren Zinnober in die Gedanken zu bekommen

(...).«¹ Und schließlich ist beim Zusammentreffen der Dinge mit dem Denken notwendig, daß die Empfindung sich als Unterpfand oder Zeuge ihrer Zusammenstimmung reproduziert – die Empfindung der Schwere immer dann, wenn wir das Zinnober in die Hand nehmen, die von Rot immer dann, wenn wir es betrachten –, und zwar mit unseren Organen des Leibes, die die Gegenwart nicht wahrnehmen, ohne ihr eine Konformität mit der Vergangenheit aufzuzwingen. Alles das verlangen wir, um uns *eine Meinung zu bilden*, als eine Art »Sonnenschirm« zum Schutz gegen das Chaos.

Aus all dem sind unsere Meinungen gemacht. Doch Kunst, Wissenschaft, Philosophie fordern mehr: sie ziehen Ebenen auf dem Chaos. Diese drei Disziplinen sind nicht wie die Religionen, die sich auf Göttergeschlechter oder die Epiphanie eines einzigen Gottes berufen, um auf den Sonnenschirm ein Firmament zu malen, gleichsam Figuren einer Urdoxa*, aus der unsere Meinungen hervorgehen würden. Philosophie, Wissenschaft und Kunst wollen, daß wir das Firmament zerreißen und uns ins Chaos stürzen. Nur um diesen Preis werden wir es besiegen. Und ich habe den Acheron dreimal als Sieger überquert. Der Philosoph, der Wissenschaftler, der Künstler scheinen vom Land der Toten zurückzukehren. Vom Chaos mitgebracht hat der Philosoph *Variationen*, die unendlich bleiben, aber untrennbar geworden sind auf absoluten Oberflächen oder in absoluten Volumen, die eine Schnittebene der Immanenz zeichnen: Das sind keine Assoziationen deutlich geschiedener Ideen mehr, sondern Neu-Verkettungen in einem Begriff, die sich über eine Zone der Undeutlichkeit herstellen. Der Wissenschaftler bringt vom Chaos *Variablen* mit, die durch Verzögerung unabhängig geworden sind, das heißt durch Beseitigung der anderen beliebigen, potentiell interferierenden Variabilitäten,

---

1 Kant, *Kritik der reinen Vernunft*, Transzendentale Deduktion der reinen Verstandesbegriffe (Ausgabe A), Von der Synthesis der Reproduktion in der Einbildung.

so daß die zurückbehaltenen Variablen unter bestimmbaren Verhältnissen in eine Funktion eingehen: Das sind nicht mehr Verbindungen von Eigenschaften in den Dingen, sondern endliche Koordinaten auf einer Schnittebene der Referenz, die von lokalen Wahrscheinlichkeiten zu einer globalen Kosmologie reicht. Der Künstler bringt vom Chaos *Varietäten* mit, die keine Reproduktion des Sinnlichen im Organ mehr bilden, sondern ein Sein des Sinnlichen, ein Sein der Empfindung auf einer anorganischen Kompositionsebene erstellen, die das Unendliche zurückzugeben vermag. Der Kampf mit dem Chaos, dessen Wirken Cézanne und Klee in der Malerei, im Herzen der Malerei gezeigt haben, findet sich in anderer Gestalt auch in der Wissenschaft und der Philosophie wieder: Es geht immer darum, das Chaos durch eine Schnittebene zu überwinden, die es durchquert. Der Maler durchsteht eine Katastrophe oder eine Feuersbrunst und hinterläßt auf der Leinwand die Spur davon wie vom Sprung, der ihn vom Chaos zur Komposition führt.[2] Selbst die mathematischen Gleichungen verfügen nicht über eine ruhige Gewißheit wie zur Bestätigung einer herrschenden wissenschaftlichen Meinung, sondern entsteigen einem Abgrund, der den Mathematiker »mit beiden Füßen auf die Kalküle springen« und dabei vorhersehen läßt, daß er die Wahrheit nicht verwirklichen und nicht zu ihr gelangen kann, »ohne an beiden Seiten anzustoßen«.[3] Und das philosophische Denken versammelt all seine Begriffe in der Freundschaft nicht, ohne daß es noch immer von einem Riß durchzogen wird, der diese Begriffe wieder auf den Haß zurückführt oder sie im gleichzeitig existierenden Chaos zerstreut, in dem sie wiederaufgegriffen und gesucht werden

---

[2] Über Cézanne und das Chaos vgl. Gasquet, in: *Gespräche mit Cézanne*; über Klee und das Chaos vgl. die Notizen zum »Graupunkt«, in: Paul Klee, *Das bildnerische Denken*, Basel 1956, sowie *Pädagogisches Skizzenbuch*, Berlin ³1981. Und die Analysen von Henri Maldiney, *Regard Parole Espace*, Paris 1976, S. 150 f., 183 ff.
[3] Galois, in: Dalmas, *Evariste Galois*, a. a. O., S. 121, 130.

müssen, in das ein Sprung getan werden muß. Als würfe man ein Netz aus – aber der Fischer wird womöglich mitgerissen und findet sich auf offener See wieder, während er sich im Hafen angelangt wähnte. Die drei Disziplinen schreiten auf unterschiedliche Weise über Krisen und Stöße voran, und es ist die Aufeinanderfolge, die in jedem einzelnen Fall die Rede von »Fortschritt« erlaubt. Man könnte sagen, daß der Kampf *gegen das Chaos* nicht ohne Affinität zum Gegner vonstatten geht, weil sich ein anderer Kampf entwickelt, der wichtiger wird: *gegen die Meinung*, die doch vorgab, uns gegen das Chaos zu schützen.

In einem ungemein poetischen Text beschreibt Lawrence, was die Dichtung tut: Unablässig stellen die Menschen einen Schirm her, der ihnen Schutz bietet, auf dessen Unterseite sie ein Firmament zeichnen und ihre Konventionen und Meinungen schreiben; der Dichter, der Künstler aber macht einen Schlitz in diesen Schirm, er zerreißt sogar das Firmament, um ein wenig freies und windiges Chaos hereindringen zu lassen und in einem plötzlichen Lichtschein eine Vision zu rahmen, die durch den Schlitz erscheint, die Schlüsselblume von Wordsworth oder der Apfel Cézannes, der Umriß von Macbeth oder Ahab. Nun folgt die Menge der Nachahmer, die den Schirm mit einem Stück flicken, das vage der Vision ähnelt, und die der Ausleger, die den Schlitz mit Meinungen füllen: Kommunikation. Immer weitere Künstler werden nötig sein, um weitere Schlitze anzubringen, um die notwendigen und vielleicht immer größeren Zerstörungen vorzunehmen und so ihren Vorgängern die unkommunizierbare Neuheit zurückzugeben, die man nicht mehr zu sehen vermochte. Das heißt, daß der Künstler sich weniger mit dem Chaos herumschlägt (das er in gewisser Weise aus vollem Herzen herbeiwünscht) als mit den »Klichees« der Meinung.[4] Der Maler malt nicht auf einer noch unberührten Leinwand, wie auch der Schriftsteller nicht auf

---

4 D.H. Lawrence, »Le chaos en poésie«, in: Cahiers de l'Herne, S. 189-191.

einem weißen Blatt schreibt, vielmehr sind Blatt wie Leinwand schon derart bedeckt mit bereits bestehenden, fertigen Klichees, daß als erstes ausgewischt, gewaschen, gewalzt, ja zerfetzt werden muß, um einen Luftzug vom Chaos her eindringen zu lassen, der uns die Vision bringt. Wenn Lucio Fontana die farbige Leinwand mit einem Rasiermesser einschneidet, dann durchschneidet er nicht die Farbe, im Gegenteil: Er macht uns durch den Schlitz die reine Farbfläche sichtbar. Tatsächlich kämpft die Kunst mit dem Chaos, aber nur, um dabei eine Vision zum Vorschein zu bringen, die es einen Augenblick illuminiert, eine Empfindung. Sogar die Häuser...: Aus dem Chaos treten die trunkenen Häuser Soutines hervor, hier und da anstoßend, sich wechselseitig daran hindernd, wieder darin zu versinken; und Monets Haus taucht wie ein Schlitz auf, durch den hindurch das Chaos zur Vision der Rosen wird. Selbst die zarteste Röte öffnet sich dem Chaos, wie das Fleisch auf der Muskelfigur.[5] Ein chaotisches Werk ist gewiß nicht besser als ein Werk der Meinung, die Kunst besteht aus Chaos ebensowenig wie aus Meinung; aber wenn sie sich mit dem Chaos herumschlägt, dann, um ihm die Waffen zu entlehnen, die sie gegen die Meinung richtet, um sie mit erprobten Waffen besser schlagen zu können. Ja sogar weil das Gemälde zunächst mit Klichees gespickt ist, muß der Maler sich dem Chaos stellen und die Zerstörungen vorantreiben, um eine Empfindung zu erzeugen, die jeder Meinung, jedem Klichees trotzt (wie lange?). Die Kunst ist nicht das Chaos, wohl aber eine Komposition des Chaos, die die Vision oder Sensation schenkt, so daß die Kunst einen Chaosmos bildet, wie Joyce sagt, ein komponiertes Chaos – weder vorausgesehen noch vorgefaßt. Die Kunst verwandelt die chaotische Variabilität in *chaoide* Varietät, zum Beispiel die grauschwarze und grüne Glut Grecos; die Goldglut Turners oder die Rotglut de Staëls. Die

---

[5] Georges Didi-Huberman, *La peinture incarnée*, Paris 1985, S. 120-123: über das Fleisch, den Leib, und das Chaos.

Kunst kämpft mit dem Chaos, aber um es spürbar zu machen, sogar in Gestalt der reizendsten Person, der bezauberndsten Landschaft (Watteau).
Eine ähnlich gewundene, schlangengleiche Bewegung beseelt vielleicht die Wissenschaft. Ein Kampf gegen das Chaos scheint wesentlicher Teil von ihr zu sein, wenn sie die verlangsamte Variabilität unter Konstanten oder Grenzwerten hindurchkommen läßt, wenn sie sie derart auf Gleichgewichtszentren bezieht, sie einer Selektion unterwirft, die nur eine kleine Zahl unabhängiger Variablen in Koordinatenachsen zurückbehält, wenn sie zwischen diesen Variablen Beziehungen herstellt, deren künftiger Zustand sich vom gegenwärtigen her bestimmen läßt (deterministisches Kalkül), oder wenn sie im Gegenteil so viele Variablen auf einmal eingreifen läßt, daß der Sachverhalt lediglich statistisch ist (Wahrscheinlichkeitskalkül). In diesem Sinne wird man von einer dem Chaos abgetrotzten genuin wissenschaftlichen Meinung sprechen, gleichsam von einer Kommunikation, die bald durch Anfangsinformationen, bald durch Informationen in Großmaßstab definiert ist und meistens vom Elementaren zum Zusammengesetzten verläuft, sei es vom Gegenwärtigen zum Künftigen, sei es vom Molekularen zum Molaren. Doch auch hier gilt: Die Wissenschaft kann es nicht vermeiden, daß sie vom Chaos, das sie bekämpft, zutiefst angezogen wird. Wenn die Verzögerung jener schmale Rand ist, der uns vom ozeanischen Chaos trennt, so nähert sich die Wissenschaft so weit wie möglich den allernächsten Wogen, indem sie Verhältnisse setzt, die sich mit dem Erscheinen und dem Verschwinden der Variablen erhalten (Differentialrechnung); der Unterschied wird immer kleiner zwischen dem chaotischen Zustand, worin das Erscheinen und das Verschwinden einer Variabilität ineinander aufgehen, und dem semi-chaotischen Zustand, der ein Verhältnis wie den Grenzwert der erscheinenden oder verschwindenden Variablen darstellt. Wie Michel Serres in bezug auf Leibniz sagt, »gäbe es zwei Unter-Bewußte: das tiefere wäre wie eine

beliebige Menge strukturiert, eine reine Mannigfaltigkeit oder Möglichkeit im allgemeinen, aleatorisches Gemisch von Zeichen; das weniger tiefe wäre überdeckt von Kombinationsschemata dieser Mannigfaltigkeit...«.[6] Man könnte sich eine Serie von Koordinaten oder Phasenräumen gleich einer Aufeinanderfolge von Sieben vorstellen, wobei das vorhergehende jeweils ein chaotischer Zustand und das folgende ein chaoider Zustand wäre, so daß man durch Chaos-Schwellen hindurchginge, statt vom Elementaren zum Zusammengesetzten zu kommen. Die Meinung präsentiert uns eine Wissenschaft, die angeblich von Einheit träumt, von der Vereinheitlichung ihrer Gesetze, und heute noch nach einer Gemeinschaft der vier Kräfte sucht. Hartnäckiger jedoch ist der Traum, ein Stück vom Chaos zu fassen, auch wenn die unterschiedlichsten Kräfte darin wirken. Die Wissenschaft gäbe alle rationale Einheit, nach der sie strebt, für ein Stückchen Chaos, das sie erforschen könnte.

Die Kunst faßt ein Stück Chaos in einen Rahmen, um daraus ein komponiertes Chaos zu bilden, das spürbar wird oder aus dem sie eine chaoide Empfindung als Varietät gewinnt; die Wissenschaft aber faßt ein derartiges Stück in ein Koordinatensystem und bildet ein referentiell gemachtes Chaos, das Natur wird und aus dem sie eine aleatorische Funktion und chaoide Variablen gewinnt. Auf diese Weise erscheint einer der wichtigsten Aspekte der modernen mathematischen Physik in Übergängen zum Chaos unter dem Einfluß »seltsamer« oder chaotischer »Attraktoren«: Zwei benachbarte Trajektorien in einem bestimmten Koordinatensystem bleiben es nicht mehr und divergieren auf exponentielle Weise, bevor sie sich einander durch Operationen der Streckung und Faltung wieder nähern, durch Operationen, die sich wiederholen und das Chaos schneiden.[7] Bringen die

---

6 Michel Serres, *Le système de Leibniz*, Bd. 1, Paris 1990, S. 11 (und über die Aufeinanderfolge der Siebe S. 120-123).

7 Über die »seltsamen Attraktoren«, die unabhängigen Variablen und die

Gleichgewichtsattraktoren (Fixpunkte, Grenzzykel, Ringkörper) durchaus den Kampf der Wissenschaft gegen das Chaos zum Ausdruck, so enthüllen die »seltsamen Attraktoren« deren tiefgreifende Anziehung durch das Chaos wie auch die Bildung eines Chaosmos im Innern der modernen Wissenschaft (alles das, was sich in den vorausgehenden Perioden auf die eine oder andere Weise verriet, so durch die Faszination für die Turbulenzen). Wir stoßen also auf eine ähnliche Schlußfolgerung wie in der Kunst: Der Kampf mit dem Chaos ist lediglich das Instrument eines tiefgründigeren Kampfes gegen die Meinung, denn das Unglück der Menschen rührt von der Meinung her. Die Wissenschaft wendet sich gegen die Meinung, die ihr einen religiösen Hang zu Einheit und Vereinheitlichung andichtet. Doch sie wendet sich auch in sich gegen die eigentliche wissenschaftliche Meinung in Gestalt der Urdoxa, die zum einen in der deterministischen Voraussage beruht (der Laplacesche Gott), zum anderen in der probalitären Näherung (der Maxwellsche Dämon): Indem sich die Wissenschaft von den Anfangsinformationen und den Informationen im Großmaßstab löst, ersetzt sie die Kommunikation durch Bedingungen der Kreativität, die durch die singulären Effekte kleinster Fluktuationen definiert sind. Kreation, Schöpfung sind die ästhetischen Varietäten oder die wissenschaftlichen Variablen, die auf einer Ebene erscheinen, die einen Schnitt durch die chaotische Variabilität zu legen vermag. Was die Pseudo-Wissenschaften anbelangt, die die Meinungsphänomene berücksichtigen wollen, so fußen die künstlichen Gehirne, deren sie sich bedienen, weiterhin auf Modellen probabilistischer Prozesse, stabiler Attraktoren, auf einer regelrechten Logik der Rekognition der Formen, müssen tatsächlich aber zu chaoiden Zuständen und chaotischen Attraktoren gelangen, wenn sie den Kampf des Denkens gegen die Meinung verstehen

---

»Wege hin zum Chaos« vgl. Prigogine und Stengers, *Entre le temps et l'éternité*, a. a. O., Kap. IV. Und Gleick, a. a. O.

wollen und zugleich die Entartung des Denkens zur Meinung (einer der Entwicklungswege der Computer führt in Richtung auf Übernahme eines chaotischen oder chaotisierenden Systems).

Das bestätigt der dritte Fall, nicht mehr die sinnliche Varietät und nicht die funktionale Variable, sondern die begriffliche Variabilität, wie sie in der Philosophie erscheint. Die Philosophie kämpft ihrerseits mit dem Chaos als undifferenziertem Abgrund oder Ozean der Unähnlichkeit. Es wäre falsch, daraus den Schluß zu ziehen, die Philosophie halte sich auf der Seite der Meinung oder diese könne deren Stelle einnehmen. Ein Begriff ist kein Zusammenhang verbundener Gedanken oder Ideen wie eine Meinung. Er ist auch keine Ordnung von Gründen, keine Serie von geordneten Vernunftgründen, die im Notfall eine Art rationalisierter Urdoxa* bilden könnten. Um zum Begriff zu gelangen, ist es nicht einmal damit getan, daß die Phänomene sich Prinzipien unterwerfen, die analog sind zu jenen, die Gedanken bzw. Ideen verbinden, oder die Dinge solchen Prinzipien zu unterwerfen, die den Vernunftgründen eine Ordnung vorgeben. Wie Michaux sagt, was den »landläufigen Ideen« genügt, genügt nicht den »Vitalideen« – jenen, die man erschaffen muß. Die Ideen lassen sich nur als Bilder verbinden und sind nur als Abstraktionen in eine Ordnung zu bringen; um zu den Begriffen zu gelangen, müssen wir die einen wie die anderen überwinden und *so schnell wie möglich* zu mentalen Objekten vordringen, die als reale Wesen bestimmbar sind. Das haben bereits Spinoza wie Fichte gezeigt: Wir müssen uns der Fiktionen und Abstraktionen bedienen, aber nur solange wie nötig, um auf eine Ebene zu gelangen, wo wir von realem Sein zu realem Sein gehen und durch Konstruktion von Begriffen fortschreiten würden.[8] Wir haben gesehen, daß dieses Ergebnis in dem Maß erreicht werden

---

8 Vgl. Martial Guéroult, *L'évolution et la structure de la Doctrine de la science chez Fichte*, Bd. I, Paris 1930, S. 174.

konnte, wie Variationen entsprechend Nachbarschafts- oder Ununterscheidbarkeitszonen nicht mehr zu trennen waren: Sie lassen sich nun nicht länger je nach Laune der Einbildungskraft assoziieren, je nach Anspruch der Vernunft unterscheiden und anordnen, und bilden statt dessen wirkliche Begriffsblöcke. Ein Begriff ist ein Zusammenhang untrennbarer Variationen, der auf einer Immanenzebene produziert oder konstruiert wird, insoweit diese die chaotische Variabilität schneidet und ihr Konsistenz (Realität) verleiht. Ein Begriff ist folglich ein chaoider Zustand *par excellence*; er verweist auf ein konsistent gemachtes und zum Denken, zum mentalen Chaosmos gewordenes Chaos. Und was wäre *denken*, wenn es sich nicht unablässig am Chaos messen würde? Die Vernunft dreht uns nur dann ihr wahres Gesicht zu, wenn sie »in ihrem Krater donnert«. Selbst das Cogito ist nichts als eine Meinung, bestenfalls eine Urdoxa*, solange man daraus nicht die untrennbaren Variationen zieht, die aus ihm einen Begriff machen, vorausgesetzt, man verzichtet darauf, darin einen Schirm zu finden oder einen Schutz, vorausgesetzt, man hört auf, eine Immanenz vorauszusetzen, die *ihm selbst* immanent würde, um es selbst vielmehr auf eine Immanenzebene zu stellen, der es zugehört und die es wieder aufs offene Meer hinauszieht. Kurzum, das Chaos besitzt drei Töchter je nach Ebene, die es schneidet: dies sind die Chaoiden, Kunst, Wissenschaft und Philosophie, als Formen des Denkens oder der Schöpfung. Chaoiden werden jene Realitäten genannt, die sich auf Ebenen, die das Chaos schneiden, herstellen.

Die Verknüpfung (nicht Einheit) *der drei Ebenen ist das Gehirn*. Sicher, wird das Gehirn als eine bestimmte Funktion betrachtet, erscheint es zugleich als ein komplexer Zusammenhang von horizontalen Konnexionen und wechselseitig aufeinander reagierenden vertikalen Integrationen, wie es die »Gehirn-Karten« belegen. Dann ist die Frage eine doppelte: Sind die Konnexionen im vorhinein hergestellt und werden geleitet wie durch Schienen, oder entstehen und zerfallen sie in Kräftefeldern? Und bilden die Integrationsprozesse lokalisierte hierarchische Zentren oder doch eher Formen (Gestalten*), die ihre Stabilitätsbedingungen in einem Feld erreichen, von dem die Stellung des Zentrums selbst abhängt? Die diesbezügliche Bedeutung der Gestalttheorie* betrifft sowohl die Theorie des Gehirns wie die Konzeption der Wahrnehmung, weil sie sich unmittelbar vom Status des Kortex absetzt, so wie er von den bedingten Reflexen aus erschien. Doch welcher Standpunkt auch immer in Betracht gezogen wird, es läßt sich mühelos zeigen, daß die fertigen wie die entstehenden Wege, daß die mechanischen wie die dynamischen Zentren auf ähnliche Schwierigkeiten stoßen. Bereits vorliegende Wege, denen man nach und nach folgt, implizieren eine vorgängige Verlaufslinie, wogegen Bahnen, die sich in einem Kraftfeld bilden, sich durch das Lösen von Spannung vollziehen, die ebenfalls nach und nach wirkt (etwa der Spannung bei der Annäherung der Forea und dem auf die Netzhaut, die ähnlich einem Rindenfeld strukturiert ist, projizierten Lichtpunkt): Beide Schemata setzen eine »Ebene« voraus, kein Ziel oder Programm, sondern ein *Überfliegen des gesamten Feldes*. Genau das erklärt die Gestalttheorie nicht, so wie auch der Mechanismus nicht die Vormontage erklärt.

Was wunder, wenn das als konstituiertes Wissenschaftsobjekt behandelte Gehirn nichts anderes sein kann als ein Organ zur Bildung und Kommunikation der Meinung: da doch die allmählichen Konnexionen und die zentrierten Integrationen unter dem engen Modell der Rekognition verbleiben (Gnosie und Praxie, »das ist ein Würfel«, »das ist ein Bleistift«...) und die Gehirnbiologie sich hier an den gleichen Postulaten ausrichtet wie die engstirnigste Logik. Die Meinungen sind prägnante Formen wie die Seifenblasen nach der Gestalttheorie in Anbetracht von Milieus, Interessen, Glaubensüberzeugungen und Hindernissen. Es erscheint dann schwierig, die Philosophie, die Kunst und selbst die Wissenschaft als »mentale Objekte« zu behandeln, als bloße

Verknüpfungen von Neuronen im objektivierten Gehirn, da das lächerliche Modell der Rekognition diese in der Doxa unterbringt. Wenn die mentalen Objekte der Philosophie, der Kunst und der Wissenschaft (das heißt die Vitalideen) einen Ort haben sollten, dann im tiefsten Innern der synaptischen Spalten, in den Hiatus, den Intervallen und Zwischenzeiten eines nicht objektivierbaren Gehirns, dort, wo auf der Suche nach ihnen einzudringen schöpferisch tätig zu sein hieße. Es wäre ein wenig wie beim Einstellen eines Fernsehschirms, dessen Intensitäten zum Vorschein bringen würden, was sich der objektiven Definitionsmacht entzieht.[9] Das heißt, daß das Denken, und zwar nicht einmal in der Form, die es aktiv in der Wissenschaft annimmt, nicht von einem Gehirn abhängt, das aus organischen Konnexionen und Integrationen besteht: Nach der Phänomenologie soll es von Beziehungen zwischen Mensch und Welt abhängen – mit denen das Gehirn zwangsläufig übereinstimmt, da es ihnen entnommen ist, so wie die Sinnesreize der Welt und die Reaktionen dem Menschen entnommen sind, einschließlich ihrer Ungewißheiten und Ausfälle. »Der Mensch denkt und nicht das Gehirn«; doch dieser Wiederaufstieg der Phänomenologie, die das Gehirn in Richtung auf ein Sein in der Welt überschreitet, mit einer doppelten Kritik des Mechanismus und des Dynamismus, läßt uns kaum aus der Sphäre der Meinungen heraustreten, sie führt uns lediglich zu einer als Urmeinung oder Sinn der Sinne postulierten Urdoxa*.[10]
Sollte die Wende nicht woanders sein, da, wo das Gehirn »Subjekt« ist, Subjekt wird? Das Gehirn denkt, nicht der Mensch, der Mensch ist lediglich eine zerebrale Kristallisierung. Man wird vom Gehirn so sprechen wie Cézanne von der Landschaft: der abwesende Mensch, aber vollständig im Gehirn aufgegangen... Philosophie, Kunst, Wissenschaft

---

9 Jean-Clet Martin, *Variations. La philosophie de Gilles Deleuze*, Paris 1993.
10 Erwin Straus, a. a. O., Teil III.

sind nicht die mentalen Objekte eines objektivierten Gehirns, sondern die drei Aspekte, unter denen das Gehirn Subjekt wird, Hirn-Denken, die drei Ebenen, die Floße, auf denen es ins Chaos eintaucht und ihm trotzt. Welches sind die Merkmale dieses Gehirns, das nicht mehr durch Konnexionen und sekundäre Integrationen definiert ist? Das ist kein Gehirn hinter dem Gehirn, sondern zunächst einmal ein Zustand distanzlosen Überfliegens, dicht am Boden, des Selbstüberfliegens, dem kein Abgrund, keine Falte und kein Hiatus entgehen. Das ist eine primäre, »wahre Form« entsprechend Ruyers Definition: weder Gestalt* noch wahrgenommene Form, sondern eine *Form an sich*, die auf keinen äußeren Blickpunkt verweist, so wenig wie die Netzhaut oder der gestreifte Bereich der Gehirnrinde auf ein(e) andere(s) verweisen, eine absolute konsistente Form, die unabhängig von jeder zusätzlichen Dimension *sich* überfliegt, die sich folglich auf keine Transzendenz beruft, die nur eine einzige Seite aufweist, wie groß die Zahl ihrer Dimensionen auch sein mag, die allen ihren Determinationen ohne Nähe oder Ferne ko-präsent bleibt, sie mit unendlicher Geschwindigkeit, ohne Grenz-Geschwindigkeit, durchquert und aus ihnen untrennbare Variationen macht, denen sie gleiche Potentialität ohne Verschmelzung verleiht.[11] Wir haben gesehen, daß dies der Status des Begriffs als reines Ereignis oder Realität des Virtuellen war. Und sicher lassen sich die Begriffe nicht auf ein und dasselbe Gehirn reduzieren, da jeder einzelne einen »Überflugsbereich« bildet und die Übergänge eines Begriffs in den anderen solange unreduzierbar bleiben, als ein neuer Begriff nicht seinerseits die Kopräsenz oder die gleichwertige Potentialität der Bestimmungen notwendig macht. Ebensowenig kann man sagen, daß jeder Begriff ein Gehirn sei. Doch unter diesem ersten Aspekt einer absoluten

---

11 Ruyer, *Néo-finalisme*, a. a. O., Kap. VII-X. In seinem ganzen Werk hat Ruyer eine doppelte Kritik gegen Mechanismus und Dynamismus (Gestalt) geführt, die sich von der der Phänomenologie grundlegend unterscheidet.

Form erscheint das Gehirn durchaus als das Vermögen der Begriffe, das heißt als das Vermögen, sie zu erschaffen, während es zur gleichen Zeit die Immanenzebene zieht, auf der die Begriffe sich niederlassen, sich verschieben, Ordnung und Beziehungen untereinander verändern, sich erneuern und unaufhörlich erschaffen. Das Gehirn ist der *Geist* selbst. Zur gleichen Zeit wird das Gehirn Subjekt oder vielmehr, einem Ausdruck Whiteheads gemäß, »Superjekt«, wird der Begriff zum Objekt, zum Ereignis oder zur Schöpfung selbst, und wird die Philosophie zur Immanenzebene, die die vom Gehirn entworfenen Begriffe trägt. Daher erzeugen die Gehirnbewegungen Begriffspersonen.

Das Gehirn sagt Ich, aber Ich ist ein anderer. Es ist nicht mehr dasselbe Gehirn wie das der Konnexionen und sekundären Integrationen, obwohl es darin keine Transzendenz gibt. Und dieses Ich ist nicht nur das »ich begreife« des Gehirns als Philosophie, es ist auch das »ich empfinde« des Gehirns als Kunst. Die Empfindung ist nicht weniger Gehirn als der Begriff. Beim Blick auf die Nervenverbindungen Reiz/Reaktion und die Gehirnintegrationen Perzeption/Aktion wird man sich nicht fragen, an welchem Moment des Wegs oder auf welchem Niveau die Empfindung auftritt, denn sie ist vorausgesetzt und bleibt im Hintergrund. Das Zurücktreten ist nicht das Gegenteil des Überfliegens, sondern ein Korrelat. Die Empfindung ist der Sinnesreiz selbst, und zwar nicht als allmähliche Verlängerung bis hin zur Reaktion, sondern insofern sie sich selbst oder ihre Schwingungen bewahrt. Die Empfindung zieht die Schwingungen des Reizmittels auf einer Nervenoberfläche oder in einem Gehirnvolumen zusammen: Die vorhergehende ist noch nicht verschwunden, da taucht bereits die folgende auf. Dies ihre Art und Weise, auf das Chaos zu reagieren. Weil die Empfindung die Schwingungen zusammenzieht, schwingt sie selbst. Weil sie Schwingungen bewahrt, bewahrt sie sich selbst: sie ist Monument. Weil sie ihre Harmonischen zum Klingen bringt, klingt sie selbst. Die Empfindung ist die zusammengezogene, Qualität und Varietät gewordene Schwingung. Deshalb wird das Subjekt-Hirn hier *Seele* oder *Kraft* genannt, weil nur die Seele im Zusammenziehen bewahrt, was die Materie zertreut oder ausstrahlt, in Bewegung setzt, reflektiert, bricht oder umformt. So bleibt unsere Suche nach der Empfindung solange vergeblich, solange wir bei Reaktionen und den Sinnesreizen, die sie verlängern, bei Aktionen und den Perzeptionen, die sie reflektieren, stehenbleiben: Weil nämlich die Seele (oder vielmehr die Kraft) – wie Leibniz sagte – nichts tut oder nicht handelt, sondern nur präsent ist, sie bewahrt: die Kontraktion ist keine Aktion, sondern reine Passion, eine Kontemplation, die das Vorgehende im Folgenden bewahrt.[12] Die Empfindung liegt folglich auf einer anderen Ebene als die Mechanismen, Dynamismen und Finalitäten: Es ist eine Kompositionsebene, auf der die Empfindung sich bildet, indem sie zusammenzieht, woraus sie sich zusammensetzt, und indem sie sich mit anderen Empfindungen zusammenfügt, die sie ihrerseits zusammenzieht. Die Empfindung ist reine Kontemplation, denn durch Kontemplation zieht man zusammen, dabei sich selbst in dem Maße betrachtend, als man die Elemente betrachtet, aus denen man hervorgeht. Betrachtung, Kontemplation, das heißt erschaffen, ein Mysterium der passiven Schöpfung, Empfindung. Die Empfindung füllt die Kompositionsebene aus, füllt sich mit sich selbst aus, indem sie sich mit dem füllt, was sie betrachtet: sie ist »enjoyment«, und »self-enjoyment«. Sie ist ein Subjektum oder vielmehr ein *Injektum*. Plotin konnte alle Dinge als Kontemplationen definieren, nicht nur die Menschen und die Tiere, sondern auch die Pflanzen, die Erde und die Steine. Nicht Ideen betrachten wir durch den Begriff, viemehr die Elemente der Materie durch die Empfindung. Die Pflanze betrachtet, indem sie die Elemente

---

12 Im *Traktat über die menschliche Natur* definiert Hume die Einbildungskraft durch diese Kontemplation- passive Kontraktion, Betrachtung und Übernahme einer Gewohnheit (Erstes Buch, Dritter Teil, 14. Abschnitt).

betrachtet, aus denen sie hervorgeht, das Licht, den Kohlenstoff und die Salze, und füllt sich selbst mit Farben und Gerüchen, die jedesmal ihre Varietät, ihre Komposition bestimmen: sie ist Empfindung an sich.[13] Als ob die Blumen sich selbst empfinden würden, indem sie empfinden, woraus sie bestehen, Ansätze von einem ersten Sehen oder Riechen, bevor sie durch ein mit Nerven und Gehirn ausgestattetes Agens wahrgenommen oder gar empfunden werden.

Steine und Pflanzen besitzen gewiß kein Nervensystem. Aber wenn die Nervenkonnexionen und Gehirnintegrationen eine mit den Geweben koexistierende Gehirn-Kraft als Empfindungsvermögen voraussetzen, kann man möglicherweise auch ein Empfindungsvermögen voraussetzen, das mit den embryonalen Geweben koexistiert und sich innerhalb der Art als Kollektivgehirn darstellt; oder mit den Pflanzengeweben in den »kleinen Arten« koexistiert. Und die chemischen Affinitäten und physikalischen Kausalitäten verweisen selbst auf Primärkräfte, die ihre langen Ketten erhalten können, indem sie deren Elemente zusammenziehen und in Resonanz zueinander bringen: Die geringste Kausalität bleibt unverständlich ohne diese subjektive Instanz. Nicht jeder Organismus ist mit einem Gehirn ausgestattet, und nicht jedes Leben ist organisch, aber es gibt überall Kräfte, die Mikro-Gehirne bilden, oder ein anorganisches Leben der Dinge. Wenn es nicht unbedingt notwendig ist, wie Fechner oder Conan Doyle von der glänzenden Hypothese eines Nervensystems der Erde auszugehen, so deshalb, weil sich die Kraft zur Kontraktion oder zur Bewahrung, das heißt zur Empfindung, als ein Globalgehirn nur im Verhältnis zu solchen unmittelbar zusammengezogenen Elementen und einem solchen Kontraktionsmodus darstellen, die sich je nach Bereich unterscheiden und eben genau irreduzible Va-

---

13 Der große Text Plotins über die Kontemplationen steht zu Beginn der *Enneades*, III, 8. Von Hume bis zu Butler und Whitehead werden die Empiristen das Thema wiederaufgreifen, indem sie es auf die Materie wenden: von daher ihr Neo-Platonismus.

rietäten bilden. Letzten Endes aber sind es dieselben letzten Elemente und dieselbe Kraft im Hintergrund, die eine einzige Kompositionsebene bilden, welche alle Varietäten des Universums trägt. Der Vitalismus konnte schon immer in zweierlei Weise gedeutet werden: im Sinne einer Idee, die wirkt, aber die nicht ist, die folglich nur vom Gesichtspunkt einer äußerlichen zerebralen Erkenntnis aus wirkt (von Kant bis Claude Bernard); oder im Sinne einer Kraft, die ist, aber die nicht wirkt, die folglich ein reines inneres Empfinden ist (von Leibniz bis Ruyer). Wenn die zweite Interpretation uns zwingend erscheint, so deshalb, weil die bewahrende Kontraktion der Aktion oder selbst der Bewegung gegenüber immer verschoben ist und sich als ein reines erkenntnisloses Schauen darstellt. Man sieht das selbst im eigentlich zerebralen Bereich des Erlernens oder der Bildung von Gewohnheiten: Obwohl sich alles von einer Prüfung zur anderen in aktiven fortschreitenden Konnexionen und Integrationen zu vollziehen scheint, ist es, wie Hume gezeigt hat, notwendig, daß die Prüfungen oder Fälle, die Gelegenheiten, sich in einer schauenden »Einbildungskraft« zusammenziehen, während sie gegenüber den Aktionen wie der Erkenntnis unterschieden bleiben; und selbst wenn man eine Ratte ist, »kontrahiert«[14] man eine Gewohnheit durch Kontemplation. Freilich muß man unter dem Lärm der Aktionen jene inneren schöpferischen Empfindungen und jenes schweigende Schauen entdecken, die von einem Gehirn zeugen.

Diese zwei primären Aspekte oder Blätter des Subjekt-Hirns, Empfindung wie Begriff, sind höchst fragil. Nicht allein Unterbrechungen und objektive Desintegrationen, vielmehr eine große Müdigkeit bewirkt, daß die Empfindungen, schwerfällig geworden, die Elemente und Schwingungen entweichen lassen, weil es ihnen immer schwerer fällt, sie zusammenzuziehen. Das Alter ist eben diese Müdigkeit:

---

14 Frz. *contracter*; hier im Sinne von *contracter une habitude*: eine Gewohnheit annehmen. [A. d. Ü.]

Dann folgt entweder der Absturz ins mentale Chaos, außerhalb der Kompositionsebene, oder der Rückfall auf Fertigmeinungen, Klischees, die davon zeugen, daß ein Künstler nichts mehr zu sagen hat, nicht mehr in der Lage ist, neue Empfindungen zu schaffen, nicht mehr weiß, wie er bewahren, schauen, kontrahieren soll. Der Fall der Philosophie liegt ein wenig anders, obwohl auch er von einer ähnlichen Müdigkeit abhängt; diesmal vermag das ermüdete Denken, unfähig, sich auf der Immanenzebene aufrechtzuerhalten, die unendlichen Geschwindigkeiten der dritten Art nicht mehr zu ertragen, die einem Wirbel gleich die Ko-Präsenz des Begriffs mit allen seinen intensiven Komponenten auf einmal messen (Konsistenz); es wird zurückgeworfen auf die relativen Geschwindigkeiten, die lediglich die Abfolge der Bewegung von einem Punkt zum anderen, von einer extensiven Komponente zur anderen, von einem Idee zur anderen betreffen und einfache Assoziationen messen, ohne in der Lage zu sein, Begriffe wiederherzustellen. Sicher kommt es vor, daß diese relativen Geschwindigkeiten sehr hoch sind, so daß sie das Absolute simulieren; und sie bleiben doch variable Geschwindigkeiten von Meinung, Diskussion oder »flinke Antworten« wie bei den unermüdlichen jungen Leuten, deren schnelles Mundwerk gepriesen wird, aber auch den müden Alten, die verlangsamte Meinungen verfolgen und stagnierende Diskussionen durch Monologe am Leben erhalten, Monologe im Inneren ihres hohl gewordenen Kopfes, wie eine ferne Erinnerung an ihre alten Begriffe, an die sie sich noch klammern, um nicht völlig dem Chaos zu verfallen.

Sicher flößen uns die Kausalitäten, Assoziationen, Integrationen Meinungen und Glaubensüberzeugungen ein, wie Hume sagt, das heißt Arten und Weisen, etwas (einschließlich »geistige Gegenstände«) zu erwarten und wiederzuerkennen: es wird regnen, das Wasser wird kochen, das ist der kürzeste Weg, das ist dieselbe Gestalt unter einem anderen Aspekt... Auch wenn sich derartige Meinungen häufig unter die wissenschaftlichen Aussagen mischen, gehören sie doch nicht dazu, und die Wissenschaft unterwirft jene Prozesse andersgearteten Verfahren, die eine Erkenntnistätigkeit ergeben und auf ein Erkenntnisvermögen als drittem Blatt eines Subjekt-Hirns verweisen, das nicht weniger schöpferisch ist als die beiden anderen. Die Erkenntnis ist weder eine Form noch eine Kraft, sondern eine *Funktion*: »ich funktioniere«. Das Subjekt stellt sich jetzt als ein »Ejekt« dar, weil es Elemente herauszieht, deren Hauptmerkmal Distinktion, Unterscheidung ist: Grenzwerte, Konstanten, Variablen, Funktionen, alle jene Funktive und Prospekte, die die Terme der wissenschaftlichen Aussage bilden. Die geometrischen Projektionen, die algebraischen Substitutionen und Transformationen beruhen nicht darauf, etwas vermittels Variationen wiederzuerkennen, sondern Variablen und Konstanten auseinanderzuhalten oder fortschreitend die Glieder zu unterscheiden, die nach aufeinanderfolgenden Grenzwerten streben. So daß, wenn eine Konstante in einem wissenschaftlichen Verfahren bestimmt ist, es nicht darum geht, Fälle oder Momente in ein und derselben Kontemplation, Betrachtung, zusammenzuziehen, sondern darum, zwischen Faktoren, die unabhängig bleiben, eine notwendige Beziehung herzustellen. Die grundlegenden Akte des wissenschaftlichen Erkenntnisvermögens sind in diesem Sinne aus unserer Sicht die folgenden: Setzen von Grenzwerten, die den Verzicht auf unendliche Geschwindigkeiten markieren und eine Referenzebene entwerfen; Festlegen der Variablen, die sich in auf diese Grenzwerte zustrebende Reihen anordnen; Koordinieren der unabhängigen Variablen, und zwar derart, daß zwischen ihnen oder ihren Grenzwerten notwendige Beziehungen hergestellt werden, von denen distinkte Funktionen abhängen, wobei die Referenzebene eine Koordination *in actu* ist; Bestimmen der Gemische oder Sachverhalte, die sich auf die Koordinaten und auf die sich die Funktionen beziehen. Es ist unzulänglich zu sagen, diese Verfahren der wissenschaftlichen Erkenntnis seien Funktionen des Gehirns; die Funktionen sind selbst die Falten eines

Gehirns, das die variablen Koordinaten einer Erkenntnisebene entwirft (Referenz) und überallhin Partialbeobachter verschickt. Es gibt ein weiteres Verfahren, das genau von der Beharrlichkeit des Chaos zeugt, und zwar nicht allein im Umkreis der Referenz- oder Koordinationsebene, sondern auch in den Windungen seiner variablen und stets wieder ins Spiel gebrachten Oberfläche. Dies sind die Verfahren der Abzweigung und der Individuation: Sind die Sachverhalte ihnen unterworfen, so deshalb, weil sie nicht zu trennen sind von Potentialen, die sie dem Chaos selbst entnehmen und nur auf die Gefahr ihres Auseinandergerissen- oder Überwältigtwerdens aktualisieren können. Es ist Aufgabe mithin der Wissenschaft, das Chaos zur Darstellung zu bringen, in das das Gehirn selbst als Erkenntnissubjekt eintaucht. Das Gehirn setzt unaufhörlich Grenzen, die Funktionen von Variablen in besonders weiträumigen Bezirken bestimmen; die Beziehungen zwischen diesen Variablen (Konnexionen) weisen um so mehr einen unbeständigen und zufälligen Charakter auf, nicht nur in den elektrischen Synapsen, die von einem statistischen Chaos zeugen, sondern auch in den chemischen Synapsen, die auf ein deterministisches Chaos verweisen.[15] Es gibt weniger Gehirnzentren als Punkte, die in einem Bezirk verdichtet, in einem anderen zerstreut sind; sowie »Oszillatoren«, oszillierende Moleküle, die von einem Punkt zum anderen übergehen. Wie Erwin Straus gezeigt hat, bestand selbst in einem linearen Modell wie dem der bedingten Reflexe das Wesentliche darin, die Verbindungsstücke zu verstehen, die Hiatus und die Leerstellen. Die am Modell des Baums ausgerichteten Paradigmen des Gehirns machen rhizomatischen Figuren Platz, azentrischen Systemen, endlichen Automatennetzen, chaoiden Zuständen. Sicher wird dieses Chaos durch die Verstärkung meinungserzeugender

---

[15] Steven Rose, *The Conscious Brain*, New York 1975: »Das Nervensystem ist unbeständig, probabilistisch, also interessant.«

Bahnungen unter der Einwirkung von Gewohnheiten oder Rekognitionsmodellen kaschiert; es wird aber desto spürbarer, je mehr man schöpferische Prozesse und die darin implizierten Abzweigungen berücksichtigt. Und die Individuation ist im zerebralen Sachverhalt um so funktionaler, als ihre Variablen nicht die Zellen selbst sind, da diese fortwährend absterben, ohne sich zu erneuern, und damit das Gehirn zu einem Ensemble kleiner Tode machen, die den unaufhörlichen Tod in uns einpflanzen. Sie appelliert an ein Potential, das sich gewiß in den bestimmbaren Verbindungen aktualisiert, die aus den Perzeptionen hervorgehen, aber mehr noch in der freien Wirkung, die je nach der Erschaffung der Begriffe, Empfindungen oder Funktionen selbst variiert.

Die drei Ebenen sind samt ihren Elementen nicht weiter reduzierbar: *Immanenzebene der Philosophie, Kompositionsebene der Kunst, Referenz- oder Koordinationsebene der Wissenschaft; Form des Begriffs, Kraft der Empfindung, Funktion der Erkenntnis; Begriffe und Begriffspersonen, Empfindungen, Sensationen, und ästhetische Figuren, Funktionen und Partialbeobachter*. Für jede Ebene stellen sich analoge Probleme: In welchem Sinne und wie ist die Ebene in jedem einzelnen Fall einheitlich oder mannigfaltig – welche Einheit, welche Mannigfaltigkeit? Wichtiger jedoch erscheinen uns nun die Probleme der Interferenz zwischen Ebenen, die sich im Gehirn verbinden. Ein erster Interferenztyp taucht auf, etwa wenn ein Philosoph den Begriff einer Empfindung, Sensation, oder einer Funktion zu erschaffen versucht (z. B. einen Begriff für den Riemannschen Raum oder die irrationale Zahl); oder wenn ein Wissenschaftler Funktionen von Empfindungen zu erschaffen versucht, wie Fechner oder wie in den Theorien der Farbe oder des Tons, womöglich sogar Funktionen von Begriffen, wie Lautman es für die Mathematik zeigt, insofern diese virtuelle Begriffe aktualisieren soll; oder auch, wenn ein Künstler reine Empfindungen von Begriffen oder von Funktionen erschafft, wie man es in den Spielarten abstrakter Kunst oder bei Klee

sehen kann. In allen diesen Fällen lautet die Regel, daß die interferierende Disziplin dabei ihre eigenen Mittel verwenden muß. So spricht man zuweilen von der inneren Schönheit einer geometrischen Figur, einer Operation oder eines Beweises, doch dieser Schönheit eignet solange nichts Ästhetisches, als man sie durch Kriterien definiert, die der Wissenschaft entlehnt sind, wie Proportion, Symmetrie, Asymmetrie, Projektion, Transformation: das hat Kant nachdrücklich bewiesen.[16] Die Funktion muß vielmehr in einer Empfindung erfaßt sein, die ihr Perzepte und Affekte verleiht, die ausschließlich von der Kunst selbst komponiert sind, und zwar auf einer spezifischen Kreationsebene, die sie jeglicher Referenz entreißt (das Überkreuzen zweier schwarzer Linien oder die rechtwinkligen Farbschichten bei Mondrian; oder die Annäherung an das Chaos durch die Empfindung seltsamer Attraktoren bei Noland oder Shirley Jaffe).
Es sind also äußerliche Interferenzen, da jede Disziplin auf ihrer eigenen Ebene verbleibt und ihre eigenen Elemente benutzt. Ein zweiter Interferenztyp aber ist innerlich, wenn Begriffe und Begriffspersonen aus einer ihnen entsprechenden Immanenzebene zu entspringen scheinen, um sich auf einer anderen Ebene unter die Funktionen und die Partialbeobachter oder unter die Empfindungen und die ästhetischen Figuren einzuschleichen; gleiches gilt für die anderen Fälle. Dieses Einschleichen geschieht so subtil, wie bei Zarathustra in der Philosophie Nietzsches oder bei Igitur in der Dichtung Mallarmés, daß man sich auf komplexen Ebenen wiederfindet, die schwer zu charakterisieren sind. Die Partialbeobachter wiederum führen in die Wissenschaft Sensibilia ein, die zuweilen den ästhetischen Figuren auf einer Mischebene nahestehen.
Schließlich gibt es nicht lokalisierbare Interferenzen. Das rührt daher, weil jede gesonderte Diszilpin auf ihre Weise auf ein Negatives bezogen ist: Sogar die Wissenschaft ist auf eine

---

16 Kant, *Kritik der Urteilskraft*, § 62.

Nicht-Wissenschaft bezogen, die deren Effekte zurückstrahlt. Es geht nicht bloß um die Behauptung, die Kunst müsse uns bilden, erwecken und Empfindungen beibringen, uns, die wir keine Künstler sind – und die Philosophie müsse uns lehren zu begreifen, und die Wissenschaft, zu erkennen. Derartige Pädagogiken sind nur möglich, wenn jede der Disziplinen für sich in einem wesentlichen Bezug zu dem sie betreffenden Nein steht. Die Ebene der Philosophie ist solange vor-philosophisch, als man sie an sich selbst unabhängig von den Begriffen betrachtet, die sie besetzen; die Nicht-Philosophie aber befindet sich dort, wo die Ebene dem Chaos trotzt. *Die Philosophie bedarf einer Nicht-Philosophie, die sie umfaßt, sie bedarf eines nicht-philosophischen Verständnisses, so wie die Kunst der Nicht-Kunst bedarf und die Wissenschaft der Nicht-Wissenschaft.*[17] Nicht als Beginn brauchen sie sie, und auch nicht als Endzweck, in dem sie durch ihre Verwirklichung verschwinden müßten, sie brauchen sie vielmehr in jedem Moment ihres Werdens oder ihrer Entwicklung. Wenn nun aber die drei Nein sich noch in bezug auf die Gehirnebene unterscheiden, so tun sie dies nicht mehr in bezug auf das Chaos, in das das Gehirn eintaucht. In diesem Eintauchen, so könnte man sagen, löst sich vom Chaos der Schatten des »künftigen Volkes«, wie die Kunst es nennt, aber auch die Philosophie und die Wissenschaft: Volk als Masse, Volk als Welt, Volk als Gehirn, Volk als Chaos. Ein nicht-denkendes Denken, das in den dreien ruht wie der nicht-begriffliche Begriff Klees oder das innere Schweigen Kandinskys. Dort werden die Begriffe, die Empfindungen, die Funktionen unentscheidbar, wie gleichzeitig Philosophie, Kunst und Wissenschaft ununterscheidbar werden, so als teilten sie sich denselben Schatten, der sich über ihre unterschiedliche Natur ausbreitet und sie auf immer begleitet.

---

17 François Laruelle schlägt ein Verständnis der Nicht-Philosophie als »Reales (der) Wissenschaft« vor, jenseits des Erkenntnisobjekts: *Philosophie et non-philosophie*, a. a. O. Doch ist nicht einsichtig, warum dieses Reale der Wissenschaft nicht genausogut auch Nicht-Wissenschaft ist.

Inhalt

Einleitung   So ist denn die Frage...   5

I. Philosophie

1. Was ist ein Begriff?   21
2. Die Immanenzebene   42
3. Die Begriffspersonen   70
4. Geophilosophie   97

II. Philosophie, logische Wissenschaft und Kunst

5. Funktive und Begriffe   135
6. Prospekte und Begriffe   157
7. Perzept, Affekt und Begriff   191

Schluß   Vom Chaos zum Gehirn   238